Los siete linajes de las hadas

NINA LLINARES

Los siete linajes de las hadas

Las mujeres del otro mundo

EDICIONES OBELISCO

Si este libro le ha interesado y desea que le mantengamos informado
de nuestras publicaciones, escríbanos indicándonos qué temas son de su interés
(Astrología, Autoayuda, Psicología, Artes Marciales, Naturismo,
Espiritualidad, Tradición…) y gustosamente le complaceremos.

Puede consultar nuestro catálogo en www.edicionesobelisco.com

*Los editores no han comprobado la eficacia ni el resultado de las recetas,
productos, fórmulas técnicas, ejercicios o similares contenidos en este libro.
Instan a los lectores a consultar al médico o especialista de la salud ante
cualquier duda que surja. No asumen, por lo tanto, responsabilidad alguna
en cuanto a su utilización ni realizan asesoramiento al respecto.*

Colección Nueva Conciencia
LOS SIETE LINAJES DE LAS HADAS
Nina Llinares

1.ª edición: octubre de 2022

Maquetación: *Juan Bejarano*
Corrección: *M.ª Ángeles Olivera*
Diseño de cubierta: *Enrique Iborra*

© 2022, Nina Llinares
(Reservados todos los derechos)
© 2022, Ediciones Obelisco, S.L.
(Reservados los derechos para la presente edición)

Edita: Ediciones Obelisco, S.L.
Collita, 23-25. Pol. Ind. Molí de la Bastida
08191 Rubí - Barcelona - España
Tel. 93 309 85 25
E-mail: info@edicionesobelisco.com

ISBN: 978-84-9111-880-0
Depósito Legal: B-15.037-2022

Impreso en Ingrabar

Printed in Spain

Dedicatoria

A las hadas de Avalon

»Si te interesa la magia natural, las hadas se interesan por ti«.

Nina Llinares

Agradecimientos

Me gustaría dar las gracias a todas las personas conocidas y desconocidas que a lo largo de toda mi vida me han inspirado con sus relatos sobre las hadas, muy especialmente a todas las que he conocido en mis viajes a los lugares de tradición celta, en especial en Glastonbury, a lo largo de más de veinticinco años.

A mis queridas amigas Bibi y Ani por acompañarme en los viajes a las tierras de la Diosa en Escocia, Gales e Irlanda, por su paciencia y cariño, incluso cuando las condiciones meteorológicas o la comodidad no eran las mejores.

Mi gratitud especial a todas las personas que han confiado en mí en cada viaje a Glastonbury, cada grupo al que, a lo largo de veinticinco años guiando meditaciones y trabajos energéticos de conexión con las hadas y la magia de Avalon, ha recibido mensajes y regalos energéticos, y reforzado su vínculo con las mujeres del otro mundo, las sacerdotisas de la Diosa y las hadas de Avalon: gracias por compartir vuestros testimonios y por enriquecer mi aprendizaje, que nunca termina, con la realidad mágica y alentadora de las hadas.

A Emilio Ebri un profundo agradecimiento por mostrarme, la primera vez que fui a Glastonbury, los secretos y la magia de Avalon. Tenías razón: fuiste mi regalo de cumpleaños.

A Joana Goulden, por su amistad, su profesionalidad, su paciencia y por ser, en Glastonbury, en tantas ocasiones y momentos, «mi hada madrina», capaz de resolver y hacer que resulte sencillo cualquier problema inesperado.

A Mike Jackson, propietario de la tienda de minerales en Glastonbury The Cristal Man, por su enseñanza sobre los minerales propios de la zona, por su cariño y detalles con cada persona de cada grupo, y por ser un caballero mágico y contarme secretos sobre el Tor.

A la Fundación Chalice Well, de la que me honra ser socia, por mantener la belleza y la pureza de este enclave de hadas y por permitirme disfrutar en cada ocasión al realizar los rituales, ceremonias y meditaciones que allí, junto al pozo sagrado y en cada uno de sus rincones especiales, he guiado durante tantos años fuera del horario turístico. Gracias.

A Jorge Mendioroz, mi amigo y maestro, por tu incondicional apoyo, tu corazón generoso y por ser «mi elfo aristocrático» favorito.

A Nayum-al-Massir, mi bardo preferido, por amar a las hadas, a la Diosa, a las sacerdotisas y a Avalon tanto como yo. Te quiero, druida.

A mi hijo Juan Edén, por tu amor a Glastonbury, por acompañarme desde que eras pequeño, por tu paciencia en mis ausencias y por elegirme como madre. Te quiero.

Mi más sentido agradecimiento a mi editora de la editorial Obelisco, Anna Mañas, por creer y apoyar este proyecto. Gracias.

Mi vínculo con las hadas

Soy consciente de la realidad de las hadas desde que era un bebé. Podía verlas y, sobre todo, sentirlas. Era un hecho que para mí era normal; creía que todo el mundo las veía. Antes de aprender a hablar ya hablaba con ellas a mi manera, sobre todo cuando a mi alrededor, en la naturaleza, había flores; ellas siempre estaban ahí, con sus movimientos rápidos, con sus giros y piruetas, con sus formas multicolores y alegres. En esa época creía que su vida era la de las flores, porque donde había flores, ahí estaban ellas.

Cuando comprendí que las personas de mi entorno no las veían, no dije nada. Ya era la *oveja colorines* de la familia como para ponerme una medalla más de rarita. Pero encontré un modo de seguir estando en contacto con ellas de alguna manera; dibujando, y más tarde, cuando crecí y aprendí a escribir, escribiendo, ya que, cuando cumplí seis años, sucedió una serie de circunstancias en mi vida, entre ellas enfermedades como la tuberculosis, largas temporadas de reposo en la cama, medicación... y dejé de verlas. Aunque seguía soñando con ellas de vez en cuando.

Y más adelante, en la adolescencia, me olvidé de ellas por completo.

Hasta mucho tiempo después, cuando empecé mi formación como técnico en Dietética y Nutrición, que a través de redescubrir mi pasión por las flores y sus remedios naturales, incluida la valiosa información recopilada en los libros del doctor Edward Bach, las hadas no «regresaron» a mi vida.

Y me di cuenta de que siempre me han estado acompañando de manera simbólica; siempre he tenido en mi hogar *cosas de hadas*: figuritas, láminas, cuadros, libros, oráculos, varitas mágicas...

Como escritora sobre temática celta, las hadas han estado presentes como protagonistas en todas mis novelas. Y hace más de veinticinco años, desde el primer viaje que realicé a Glastonbury, fueron ellas las que me instruyeron, desde la realidad de Avalon, y en estado meditativo, para acceder a valiosa información que se encuentra en la mayor parte del contenido de este libro.

El resto de información también está relacionada con mi experiencia, investigación, comprobación y conexión con los linajes de las hadas a través de algunos cuarzos maestros que, como llaves de acceso, me han ayudado a recopilar información directamente del akasha, de los registros akásicos.

Toda esta información la recopilé, la experimenté y la ordené en formato de curso presencial que he venido impartiendo durante muchos años en diversos centros y ciudades, y, sobre todo, en las actividades de grupo guiando a las personas en los viajes a Avalon-Glastonbury (Inglaterra) a lo largo de todos estos años, y que ahora, en forma de libro, tienes en tus manos.

Deseo que para ti sea una ayuda más en tu camino para recordar o fortalecer tu vínculo con las hadas, las mujeres del otro mundo, del mundo mágico.

Gracias por tu confianza.

Nina Llinares

Primera
Parte

¿Qué es un hada?

*M*ás allá de los cuentos, las leyendas, el folclore y la fantasía, hubo un tiempo no registrado por la historia ni la ciencia, tiempos antiguos del matriarcado, de la Diosa, sobre todo en lo que hoy en día llamamos Europa, en el que los seres del otro mundo cohabitaban la realidad de las personas humanas con las hadas y otros seres del mundo feérico, del mundo mágico; seres diferentes, más sutiles, con rasgos y apariencias distintos pero, de algún modo, parecidos a los humanos. Por lo que ante la pregunta «¿Qué es un hada?», la respuesta es la siguiente: «Un hada es una mujer del otro mundo, del mundo mágico».

Un hada es un ser femenino que es y existe en una realidad paralela a la realidad humana. Un hada es un ser al servicio de Gaia, la Madre Tierra, y su vínculo está relacionado con el reino vegetal. Ésta es la clave por excelencia para entender la realidad de las hadas y su mundo, el tema principal de este libro.

La naturaleza de las hadas es pura energía creativa, lo cual les permite proyectarse en bellas formas etéreas semejantes a las humanas y con sus distintivas alas transparentes o de colores.

La realidad de las hadas se encuentra en una franja dimensional situada entre la tercera y la cuarta dimensión. La realidad de las hadas no puede entenderse con la razón, con la mente racional. Sin embargo, es natural y sencillo para el corazón, porque el corazón sabe. Y cuando es el momento, recuerda. Porque la verdad está en el corazón. Y a través del sentimiento irás recordando tu vínculo con las hadas.

Las hadas son especialistas en saber y ver la verdad del corazón, motivo por el cual, cuando tienes un deseo en el corazón (no de ego, curiosidad o superficialidad), las hadas te ayudarán. Sobre todo si eres una persona agradecida. Las hadas, aunque no son humanas, pueden sentir la integridad de una persona y su intención.

La forma de vida de las hadas, su lenguaje, sus costumbres, su forma de comunicarse entre ellas y con todo lo que les rodea en la naturaleza es diferente a la humana; ellas suelen utilizar la vibración característica de la energía de los sonidos, los olores, las formas, y con sus habilidades mágicas –que, para ellas, son totalmente naturales y sencillas–, pueden emitir imágenes, sensaciones y emociones a través del viento, el agua, el fuego, las mariposas, las nubes, las flores y un largo etcétera que, para nuestra mente lógica y racional, podrían parecernos difíciles o complicadas.

Incluso su ciclo de vida es diferente al humano: al ser tan sutiles, el tiempo no les afecta de la misma manera que a las personas, y, por tanto, no envejecen.

Las hadas, además, tienen especialidades diferentes, según al linaje al que pertenezcan, también llamado linaje de las hada. En estas páginas descubriremos o afianzaremos sus características y los matices que definen sus linajes.

Todos los linajes de las hadas (siete en concreto) están vinculados al reino vegetal. El reino vegetal es anterior al reino humano, por lo que, de alguna y muchas maneras, a los seres humanos y a las hadas nos vincula un mismo latido, un mismo impulso: el sentimiento de amor y respeto por la naturaleza, por los seres verdes de la verdad, los árboles, las plantas y los vegetales.

A grandes rasgos, las hadas son las guardianas, las encargadas de orquestar el crecimiento, desarrollo y evolución de las plantas; su química, sus semillas, el crecimiento y desarrollo de algunos árboles frutales y de las flores, y, sobre todo, de sus cualidades sanadoras. Es decir, el principal motivo, propósito y dedicación de las hadas es el de realizar o intervenir en procesos alquímicos de la naturaleza vegetal. Las hadas vibran en la resonancia de la alegría porque su amor por Gaia, la Madre Tierra, les aporta una felicidad que no podemos imaginar con nuestra mente humana.

Hubo un tiempo muy antiguo, en la época del matriarcado, como decía, en el que este vínculo entre las hadas y las personas humanas era vivido de manera normal, natural, alegre y de apoyo y respeto absoluto. Las realidades física y sutil no estaban separadas aun siendo diferentes. Eran tiempos en los que las personas vivían en contacto directo con la naturaleza, no existían las ciudades tal y como las conocemos ahora, y la vida, en muchos sentidos y variadas maneras, era más sencilla, más natural.

Se dieron diversos motivos para que el vínculo natural que nos unía a los seres llamados del otro mundo, especialmente con las hadas, se fuera distanciando y olvidando. Uno de ellos, muy importante, coincidió con la llegada del patriarcado y de las religiones patriarcales, que abolió, además, las costumbres y el culto a la Diosa. Las tradiciones paganas y la relación con los llamados seres luminosos, seres mágicos de la naturaleza, se eclipsó, se olvidó y casi se perdió, y la humanidad pasó a «jugar otro juego de aprendizaje», ni mejor ni peor, sino diferente. Nuevas pruebas, retos, desafíos, normas, leyes, supersticiones, y un largo etcétera, tal y como cuenta la historia escrita –por hombres– sobre los acontecimientos de esta etapa acerca de las conquistas, imposiciones, invasiones, prohibiciones, y un largo etcétera, nos fue alejando de las hadas.

Y las realidades se separaron. Los seres del otro mundo, de una vibración más etérea, más sutil; en definitiva, diferente, dejaron de ser perceptibles para la mirada común humana. Y, cuando las realidades se separaron y las hadas y otros seres del otro mundo se instalaron en una realidad menos tangible, no visible al ojo humano ordinario, algunas personas, generalmente mujeres, de manera espontánea, seguían viéndolas, y sobre todo, seguían sintiéndolas. A esta capacidad de poder verlas, de seguir en contacto con ellas, se la llamó el don natural, el de poder ver a los seres protegidos por la Diosa Dana o Dann (Diosa celta). Este don se solía heredar. En ocasiones pasaba de padres a hijos o a nietos, y de madres a hijas o a nietas, saltándose una generación, aunque, otras veces, se producía de forma espontánea, sin que ninguna otra persona de la misma familia pudiera verlas o supiera de su existencia.

Las hadas siempre han estado (y siguen estando) cerca. Muy cerca. Pero nuestro enfoque en una realidad de supervivencia en unos tiempos mucho más difíciles, violentos e injustos que los de ahora, fue olvidando el vínculo.

Sin embargo, el corazón, no. El corazón recuerda. Y de esto trata este libro: de recordar el vínculo que nos une a los linajes de las hadas, las mujeres del otro mundo.

La ayuda de las hadas

Vínculo del corazón

Todas las personas que nos sentimos atraídas por las hadas –por lo general desde la infancia– nos caracterizamos por tener una naturaleza delicadamente sensible, un sentido estético particular que denota una preferencia especial por la belleza y los detalles, los adornos delicados, los colores suaves, un gusto por los espacios de la naturaleza esplendorosa, las plantas, las flores, los aromas, los perfumes, el arte y lo artístico, los objetos bellamente estéticos, la música, la poesía, los pájaros, los adornos y las figuritas de hadas. Incluso nuestro temperamento tiende a ser sentimental y romántico, en ocasiones vulnerable, y, de alguna o de muchas maneras, no hemos dejado de creer en ellas a través de los años; seguimos creyendo en su existencia a pesar de que nuestra lógica nos dice muchas veces que no son reales y que sólo viven en nuestra imaginación. Sin embargo, nuestro corazón nos asegura que son reales y que, aunque no lo recordemos, las conocemos, y de cierta forma mágica, tenemos y sentimos un vínculo especial con ellas.

En cada uno de los apartados de este libro, iremos viendo y, seguramente recordando, sus linajes. Descubriremos sus nombres, cualidades, atributos y peculiaridades, que nos permitirán recordar dicho vínculo, o quizá actualizarlo o fortalecerlo y poder sentirlas y disfrutar de la inestimable ayuda y magia real de las hadas, ya que su ayuda, en general, se basa en apoyarnos, facilitarnos y ayudarnos a conseguir lo que deseamos.

Facilitadoras de deseos

Las hadas pueden ayudarnos a conseguir lo que deseamos, sí, pero no tal y como se describe en los cuentos de hadas de manera fácil, sencilla e ilusoria.

La ayuda que nos pueden ofrecer las hadas para conseguir lo que deseamos, básica y fundamentalmente, tal y como repetiré a lo largo de este libro en diversas ocasiones, se basa en su capacidad única de conocer cómo funcionan las leyes de la energía, y, de entre ellas, sobre todo, la ley de oportunidad, para «facilitarnos» todo aquello que merecemos –nuestros deseos–, pero que no terminamos de creer merecerlo, ya que, si fuera así, no necesitaríamos ningún tipo de ayuda.

Esto quiere decir que las hadas no pueden darnos nada que no nos pertenezca de manera natural y de forma potencial. Es decir, las hadas no consiguen imposibles. Por el contrario, ayudan a que se haga realidad lo que sí merecemos y nos pertenece.

Su ayuda se basa en encontrar facilidades, posibilidades para que nos salgan al encuentro de manera natural y sencilla. Soluciones alternativas más fáciles, rápidas o despejadas para conseguir lo que es de ley que consigamos, y que, sin su ayuda, quizá con mucho esfuerzo, podríamos lograr realizando ciertos cambios o acertando a la hora de tomar decisiones, o tal vez se obtendría más tarde o nunca... porque nunca se sabe, ya que la realidad humana es una realidad siempre cambiante, dual e incierta.

Leyes de la energía

Esta particularidad propia de las hadas (saber y aplicar cómo funcionan las leyes de la energía) asegura una cuestión importante: las hadas jamás se saltarán las líneas de destino y de la suerte en el equilibrio del flujo de los acontecimientos: no perjudican a nadie para que otros se beneficien, ni nada parecido. Las hadas son seres mágicos impecables.

En su ejercicio también tienen sus propias leyes, aunque éstas no sean humanas. Se trata de leyes de su propia realidad y del orden de la magia natural de la Madre Naturaleza.

Cada realidad tiene sus parámetros. Las leyes que rigen la energía y la vida misma son muchas, y, además, están relacionadas de manera intrínseca unas con otras: la ley del amor es el principio o motor creativo a través del cual se manifiesta la vida, y de la que parten y se relacionan todas las demás leyes. El amor, para su manifestación, está directamente relacionado con la ley del equilibrio, y, para que haya equilibrio, ha de haber armonía, orden, para poder activar la siguiente ley, la ley de la oportunidad, relacionada con la atracción, la prosperidad, la abundancia, la realización y la consecución de nuestras metas, proyectos y deseos. Y en este sentido, ellas, las hadas, son capaces de ayudarnos utilizando nuestros propios medios de una manera más creativa, a través de sincronicidades, de causalidades.

Las hadas no son humanas

Nunca debemos olvidar que las hadas no son humanas ni sienten ni piensan como personas humanas. Su realidad y su forma de vida son diferentes —ni mejor ni peor— a las de los humanos (sencillamente distintas, tal y como iremos viendo y comprendiendo a lo largo de estas páginas).

Quizá nos resulte sorprendente, o incluso extraño, el hecho de que, ante una situación, circunstancia o estado de ánimo triste, dramático, doloroso... para una persona humana, para un hada, sin embargo, resulte irrelevante, y que, aun así, si se lo pedimos, ésta nos ayude. En este caso, lo único que le motivará a ayudar será el dolor de la mujer y no la causa del dolor, la pena, la tristeza o el sentimiento de pérdida, sino su estado de ánimo, motivo por el que intentará que consiga superarlo de la manera más rápida, eficaz y duradera posible. Las hadas son especialmente solidarias con las mujeres. Por ejemplo, ante el dolor causado por la pérdida de un ser querido, el hada tratará de ayudar a superar la tristeza de la persona, aunque no comprenda el motivo de tal aflicción, ya que, para un hada, la muerte no existe.

Las hadas son seres libres

Las hadas son seres independientes y libres que toman sus propias decisiones y pueden brindarnos su ayuda porque así lo sienten y deciden.

Esto quiere decir que no se sienten obligadas a ayudarnos por mucho que las invoquemos: ellas tienen que sentir el vínculo, la motivación, la necesidad de que precisamos su ayuda.

Si crees en ti mismo, ellas creerán en ti. Si tú te ayudas, ellas te ayudarán. Las hadas ayudan a quien se ayuda a sí mismo. Y jamás permiten que establezcamos dependencias con ellas, tal y como irás descubriendo con la práctica.

Comunicación con las hadas

La comunicación es intercambio de información, y forma parte de la naturaleza en todos los sentidos. Todo cuanto existe posee su propia forma de comunicarse, de intercambiar información, de relacionarse. Para las personas, desde el principio de los tiempos, la comunicación ha sido, y es, primordial. El lenguaje, el idioma, acompañado de los gestos, es la manera en la que nos comunicamos unos con otros, pero también hemos desarrollado otras formas de comunicación. Así, podemos comunicarnos a través de símbolos y señales: lenguaje para ciegos (braille), para sordos (lenguaje de señas y gestos), para conducir vehículos atendiendo a las señales de tráfico, la taquigrafía, el código morse, el lenguaje en clave como el que utilizan los controladores aéreos, el arte como manera de expresión y comunicación... Podemos expresarnos y comunicarnos a través del lenguaje artístico: podemos expresar nuestros sentimientos y emociones, y comunicarnos a través de la música, de la pintura, de la escultura, del baile, de la danza, etc.

Podemos comunicarnos con determinados animales si conocemos sus reclamos, silbidos, ladridos, maullidos, y sabemos lo que pueden estar demandándonos o transmitiéndonos. Podemos incluso comunicarnos telepáticamente si nos sentimos motivados e interesados y desarrollamos esa habilidad sensorial.

Incluso podemos comunicarnos con nuestras plantas y nuestros árboles a través del sentimiento. Y, además, existe una forma de comunicación sagrada, de la que ya apenas se recuerda su gran importancia y relevancia: la comunicación con la Madre Tierra y los seres del otro mundo, los seres con los que compartimos esta realidad, aunque viven en dimensiones o bandas de frecuencia diferentes a la humana ordinaria. Sólo las tribus aborígenes, chamánicas y algunos movimientos o asociaciones culturales, religiosas, místicas o interesadas en las tradiciones antiguas como, por ejemplo, la cultura celta, siguen practicando este lenguaje comunicativo: el lenguaje de los rituales y ceremonias.

Podemos comunicarnos con las hadas a través de rituales y ceremonias de meditación, ensoñación, visualización creativa, conexión y canalización. Y, como veremos a continuación, aunque los rituales y las ceremonias forman parte de nuestra vida cotidiana, en la mayoría de ocasiones han perdido, en gran medida, su significación sagrada o especial, diferente y única.

El lenguaje de los rituales y ceremonias

¿Qué es un ritual? ¿Qué es una ceremonia? Es un acto más común y cotidiano de lo que creemos. Tanto un ritual como una ceremonia pueden ser muy sencillos o muy elaborados. Muy prácticos y cotidianos, simples, o incluso realizados de manera automática y mecánica, o, por el contrario, extensos y complicados o especializados. Por ejemplo, aunque no lo recordemos y hayamos olvidado su significado e intención sagrada, el hecho de poner la mesa a la hora de comer, cenar o desayunar entraña un simbolismo, un significado profundo y sagrado: realizamos un ritual al convertir en un altar una mesa común donde vamos a realizar una ceremonia: comer, nutrirnos y compartir los alimentos. Por este motivo, sobre todo si tenemos invitados o vamos a celebrar algún acontecimiento especial, colocamos sobre la mesa común un mantel, colocamos objetos ordenados que, por lo general, representan los cuatro elementos: agua, flores, velitas, platos, cubiertos y vasos, de manera primorosa y ordenada, estética y bella. Y nos sentamos alrededor de la mesa para compartir dicha comida. Antiguamente era común el hecho de bendecir los alimentos y se daba las gracias por tenerlos para poder disfrutarlos y compartirlos. Las ceremonias de las religiones, las misas por ejemplo, son un ritual en sí mismo.

Preparar un pequeño altar en tu casa cuando te dispones a meditar es un ritual que tiene como objetivo crear y generar un foco de energía donde el orden y la armonía ayuden a que la práctica meditativa sea más efectiva.

Algo tan sencillo y cotidiano como ducharnos cada mañana en un lugar preparado para realizar el ritual del aseo personal (el cuarto de baño) también es un ritual, el de la higiene personal, por muy monótono y mecánico que parezca.

Las fiestas de cumpleaños, los bautizos, las bodas, las comuniones, las celebraciones de aniversario o de jubilación, las despedidas de soltera/o, la petición de mano, la mayoría de edad y un largo etcétera de rituales y ceremonias en las que intervenimos, con frecuencia organizando o participando en ellas también son ceremonias. Incluso hay personas que adoran cocinar, para quienes el hecho de preparar la comida constituye todo un ritual que marca la diferencia de platos preparados con amor o comida elaborada de manera mecánica, rutinaria o sin ganas ni atención en la importancia que tiene la nutrición, así como la preparación y presentación de los alimentos.

En realidad, intervenimos en diversos rituales y ceremonias que, por lo cotidiano, han perdido su connotación especial. Y aunque en la mayoría de ocasiones y culturas haya caído en desuso la intención sagrada, el mismo acto de celebrar y compartir lleva asociado esta significación.

En ocasiones, algo tan sencillo como un bello canto es en sí mismo una ceremonia, ya sea de reconocimiento, de petición o de gratitud. Y otras veces, como en una danza sagrada, oriental o chamánica, por ejemplo para pedir que llueva, es una ceremonia en la que se prepara un altar que propiciará tal petición, un altar elaborado de manera consciente donde cada objeto que se coloca tiene un significado especial para llevar a cabo dicho ritual.

Otro ejemplo: en el origen de las fiestas patronales de cada pequeño pueblo o gran ciudad se encuentra un ritual de celebración de raíces ancestrales y sagradas para recibir bendiciones (en los tiempos inmemoriales por parte de la naturaleza) del patrón protector de dicho lugar.

Ofrecer o celebrar una ceremonia tiene su raíz en los tiempos antiguos del matriarcado, donde los rituales, su petición, agradecimiento o devoción a la Diosa y a los elementos del fuego, de la tierra, del aire y del agua eran naturales y cotidianos, ya que través de estos rituales y ceremonias, los seres humanos se comunicaban con la Madre Tierra y la sagrada y bendita naturaleza y sus elementales, los seres mágicos del otro mundo, y, entre ellos, sobre todo las hadas.

Así, con la práctica realizada –y recordando–, es posible comunicarse con las hadas a través del lenguaje antiguo: rituales y ceremonias, un lenguaje ancestral de comunicación con la Madre Tierra, con los elementos y sus elementales. Ésta es la razón por la que, como iremos viendo a lo largo del libro, hay hadas de tierra, de aire, de agua, de fuego, de éter, de las flores y del arcoíris. Y, poco a poco, irás sintiendo con cuál o cuáles de sus siete linajes tienes mayor afinidad por resonar con tu naturaleza personal.

¿Qué sabes sobre las hadas?

Cuantas más cosas conozcas sobre las hadas, más fácil será que refuerces el vínculo con ellas, y sus cualidades, dones, atributos, características y especialidades, y, sobre todo, más fácil y sencillo resultará que las sientas y que sientas las maneras en las que te pueden ayudar más allá de la fantasía, los mitos, las leyendas, las películas de ciencia ficción y los cuentos de hadas para niños crédulos.

Quizá tu vínculo ha sido siempre muy especial con ellas, pero no eras demasiado consciente de que era así; tal vez por ese motivo estás leyendo este libro; incluso es posible que hayan sido ellas quienes te hayan guiado para que lo tuvieras en estos momentos en tus manos y que tomaras consciencia de que, de alguna manera especial, afiances la seguridad de que te han estado ayudando desde siempre, probablemente desde que naciste.

Es importante reforzar la confianza y el vínculo con ellas y sus especialidades; de lo contrario, apenas serías consciente de todo lo que puedes conseguir y disfrutar sobre la parte mágica de tu vida en cuanto a alegría, felicidad, celebración y recursos de superación ante cualquier experiencia limitadora, triste o desafiante propia de la realidad humana.

Pero vayamos paso a paso.

Lo importante ahora es afianzar, descubrir o averiguar cómo es la realidad de las hadas.

Y luego profundizaremos en sus siete linajes.

La realidad de las hadas

Cómo sienten las hadas

Conocer la realidad de las hadas es un proceso que ha de ser alegre. La propuesta de este libro es que así sea. Y es importante que no tengas prisa. Tómate estas páginas como un regalo que te permites y del que disfrutas en tu propio tiempo libre. Intenta que toda la información que ofrezco llegue a tu corazón sin que tu mente o tu cuerpo estén cansados.

No leas si tienes sueño o prisa.

La realidad de las hadas es pura magia. Su mundo, su realidad son mágicos. No trates de memorizar nada, sólo siente desde el corazón. Y desde el corazón, cuando leas, conecta con tu niña o niño interior; tenlo presente, porque tu niña o niño de la infancia creía en ellas, y probablemente las veía, las sentía y sabía de su existencia mágica. De nuevo, no tengas prisa; ellas son y están fuera del tiempo tal y como lo medimos los humanos. Te lo sugiero y te lo digo de todo corazón.

Las hadas poseen una forma de sentir diferente a la de las personas humanas adultas, porque, cuando somos niños, nuestra realidad es diferente. Es la etapa en la que el tiempo, las responsabilidades o las preocupaciones del día a día todavía no nos afectan como sí lo harán a medida que vayamos creciendo: en la infancia vivimos cada experiencia sintiendo de otra manera la energía de todo cuanto nos rodea, de un modo muy parecido a como la perciben las hadas. Ellas la sienten y asimilan la vibración esencial (la energía) tanto de cosas materiales como de pensamientos, emociones y, sobre todo, de sentimientos, ya que, al fin y al cabo, todo es vibración. Por ejemplo, les encanta la fragancia de un aroma, la energía de un pensamiento amoroso, la vibración de cascabeles o campanitas, la risa de los niños, la música armoniosa, la alegría, el perfume (especialmente de rosa), la belleza de las flores, la ternura, los minerales y su color, los sabores dulces como la miel o las confituras y mermeladas, etc.. Para las hadas, se trata de vibraciones afines a su propia esencia de maravilla de luz y color.

Ellas, las hadas, son seres alegres cuya realidad les permite disfrutar del ahora en todo momento. Saben fluir con los acontecimientos y conocen cómo utilizar recursos que a las personas humanas nos cuesta o no sabemos cómo emplear, por lo que tanto para las hadas como para los seres mágicos del otro mundo, nosotros, los humanos, somos los seres de la Tierra Media: nos definen así porque vivimos en el medio de muchas realidades y no somos conscientes de ello, y desperdiciamos infinitas oportunidades para sentirnos felices y satisfechos con nosotros mismos y con nuestras vidas, sobre todo porque mantenemos constantemente la mente ocupada sin permitirnos espacios para celebrar el momento, estar en silencio, escuchar lo que sentimos con todos los sentidos más allá de los pensamientos, las responsabilidades, la televisión y otros males que nos alejan de la maravilla de los pequeños detalles que nos rodean y que están repletos de magia.

Además, y en general (y no lo digo ni por ti ni por mí, sino por nuestras circunstancias), los seres humanos vivimos en una realidad dentro de realidades, y en nuestro mundo sensorial sólo tenemos acceso a lo que vemos y tocamos, y que, de alguna manera, comprendemos y controlamos de la realidad material.

Sin embargo, las hadas, su realidad, su mundo y su forma de sentir son diferentes. Se podría decir que su realidad, su vida y su forma de vivirla es mucho más sensorial y natural, con diferentes matices según al linaje al que pertenezcan, tal y como iremos viendo, sintiendo y recordando, ya que existen muchas clases de hadas, algunas incluso mimetizadas con algunas flores y mariposas. Y puedo asegurar (aunque quizá ya lo sabes por tu propia experiencia) que, en muchísimas ocasiones, lo que aparentaba ser una mariposa o una libélula en realidad era un hada.

Les encantan los jardines llenos de flores, sobre todo a las llamadas hadas de las flores, que suelen vivir (además de en parajes naturales donde abundan las flores silvestres) en jardines especiales donde la paz y el silencio nos aportan una paz muy especial a las personas sensibles.

Las hadas tienen muchos tamaños, apariencias y formas diferentes, y, por supuesto, podemos verlas, pero hay que tener en cuenta que sólo es posible verlas si ellas así lo desean: el único momento del día en el que se pueden ver durante unos segundos es al atardecer, cuando no es ni de noche ni de día, en lugares especiales.

Dónde poder ver hadas con más facilidad (y, sobre todo, sentirlas)

Por lo general, suele ser más fácil ver hadas en zonas intermedias de lugares en la naturaleza, como, por ejemplo:

* Las delimitaciones naturales que señalan los zarzales en los campos. Los zarzales marcan los límites de manera natural, y suelen ser zonas mágicas para poder ver hadas e incluso unicornios. De ahí procede la palabra *morada* para definir el lugar donde se vive, el propio hogar, ya que las moras silvestres son los frutos de las zarzas, y en otro nivel de realidad, es en los zarzales donde viven los unicornios y, en ocasiones, las hadas.
* En algunos cruces de caminos, sobre todo en caminos comarcales de la naturaleza campestre. Antiguamente, las hadas cuidaban y velaban los cruces de caminos, de donde

procede el término *encrucijada*, con el significado de no saber qué camino tomar, o, en un cruce de caminos, sentir temor a equivocarnos de dirección, y, en aquellos tiempos en los que no existían ni señales de tráfico ni carteles, ni tan siquiera el lenguaje escrito, y sólo unos cuantos afortunados disponían de un caballo para viajar o de rudimentarios carruajes, los viajes, tanto personales como comerciales o de peregrinaje, se realizaban a pie, y los cruces de camino eran, más que nunca, toda una encrucijada, donde incluso la propia vida podía estar en peligro. Tiempos en los que era frecuente ver, sentir y pedir orientación al hada guardiana del lugar para que no hubiera equivocaciones ni sucesos imprevisibles.

* En aquellos lugares de la naturaleza donde se dividen los ríos, las corrientes de agua, los afluentes, etc. En estos sitios, la energía telúrica de la Tierra es poderosa; son lugares energéticos idóneos para sentir la presencia de las hadas, y, en ocasiones, poder verlas.

* En playas especialmente bellas, y, por lo general, solitarias (no masificadas por apartamentos, chiringuitos o playas turísticas), sobre todo cerca de la orilla del mar. Son parajes donde, a veces, sobre todo al amanecer o al atardecer, podemos ver a las hadas marinas, las ondinas.

* También en las orillas de algunos ríos. Sobre todo en aquellos cuya agua es cristalina y se encuentran ubicados en lugares de naturaleza libre y frondosa, en valles no habitados o muy poco habitados por los seres humanos.

* En zonas de valles especialmente verdes y silenciosos. Valles de lugares que siguen y se mantienen vírgenes, sin contaminación y con una naturaleza esplendorosa.

* En casi todas las islas, en especial de tradición celta. Son las llamadas Islas Sagradas de la Diosa, como Iona, Mona, isla de Mann (islas británicas: Inglaterra, Escocia, Irlanda y Gales), a nivel físico y material, o islas mágicas como el Reino de Avalon, también llamado El País de las Hadas.

* En zonas de umbrales de cuevas, manantiales, saltos de agua y cascadas. En el pasado, era común en muchas poblaciones, sobre todo de Europa, de tradición celta, como Celtiberia (España) o las islas británicas (las islas de la Diosa celta Briged, de donde toman su nombre), o Francia, Irlanda, Gales, etc., la presencia de las llamadas Damas de las Cuevas, o Damas de Agua, que, en realidad, eran las hadas guardianas de estos lugares de aguas sanadoras.

* En rellanos y huecos de escaleras de algunas casas y edificios: muchas personas afirman que han visto hadas en estos lugares tan particulares de los edificios, y los expertos en el tema afirman que, en realidad, dicha casa y su correspondiente escalera son una zona superpuesta a lo que en otros tiempos era naturaleza viva y un lugar natural para las hadas.

* En claros de bosques. Cuando en mitad de un bosque aparece una zona, por lo general, circular o semicircular, desprovista de vegetación, se dice que es un círculo de hadas, y que son las mismas hadas quienes cuidan este «anillo» mágico para propiciar encuentros con los seres humanos en determinadas fechas del año que coinciden con los solsticios y los equinoccios.

* En recodos de caminos silvestres, lugares de la naturaleza que antiguamente eran zonas desconcertantes, irregulares, escarpadas e incluso peligrosas. En estos casos se trataba asimismo de hadas guardianas que ayudaban a los caminantes.

* En los diminutos estanques que forma la marea en zonas costeras, sobre todo en los cambios de marea hacia pleamar o bajamar, en la mayoría de costas tanto de penínsulas como de islas. Son lugares especialmente mágicos, como si se tratara de espejos o portales hacia otras realidades sutiles, las realidades de las hadas.

* En lugares intermedios. Por ejemplo, cualquier sitio del mundo natural que no sea definido suele estar concurrido

por hadas, como, por ejemplo, la orilla de un río donde, que no es ni tierra firme ni agua que cubre. Las islas no son ni tierra ni agua, son lugares a medio camino de una y otra. Lo mismo que los pequeños y verdes bosques en medio de una zona especialmente árida.

* Ríos o riachuelos de parajes especiales que inspiran paz, tranquilidad y bienestar, como, por ejemplo, el recorrido en plena naturaleza mágica del río Mahon Falls (Mhachain en irlandés), cuyo recorrido es especial y mágico desde las montañas Comeragh en Waterford (Irlanda), donde se encuentra un legendario espino blanco (uno de los arboles preferidos de las hadas, donde los peregrinos, desde hace cientos de años, anudaban a sus ramas cintas de colores, de modo semejante a lo que hacían en el espino blanco de Glastonbury) hasta desembocar en el mar céltico (océano Atlántico).

* Lagos, estanques y lagunas en los que, al llegar, sientes una energía especial.

* Fuentes antiguas, saltos de agua, manantiales que te hacen sentir paz en el corazón.

* Pozos antiguos y mágicos, cargados de tradición, donde la magia flota en el aire y que pueden encontrarse tanto en la naturaleza como en lugares particulares o jardines de edificaciones antiguas, tanto campestres como urbanas.

* Jardines especiales, tanto públicos como privados, donde parece que nos hallemos en otra realidad, y donde se puede vivir la sensación de que hemos acabado de llegar, aunque el reloj indique que han transcurrido varias horas. Son jardines donde parece que el tiempo no exista o transcurra de una manera mágica y aleatoria. Pueden ser jardines palaciegos, de edificaciones públicas o privadas, tanto antiguas como modernas.

* Cuevas especiales (generalmente marinas) donde la luz penetra hasta el final y/o el sonido del agua es mágico. Puede tratarse de cuevas ubicadas en la costa, en montañas o en

valles, pero se caracterizan por estar alejadas de la civilización urbanizada.

* Playas solitarias y especiales donde se siente una calma sobrenatural. Son playas que aún no han sido urbanizadas o bien se encuentran lejos de carreteras o son de difícil acceso.

* Oasis en medio de desiertos, donde la vegetación existente parece haber crecido por arte de magia.

* Nieblas o brumas en lugares emblemáticos como Glastonbury o montañas y sitios que conoces desde siempre; además, aquí se tiene la sensación de que se escucha música, sonidos de campanas o voces femeninas que cantan bellas melodías o coros de niños cuyas voces parecen ángeles, como si el viento las transportara hasta tus oídos.

* Bosques especiales, frondosos, tranquilos, silenciosos y luminosos, sobre todo, robledales.

* Árboles solitarios y mágicos como, por ejemplo, el espino blanco, el árbol preferido de las hadas.

* Monumentos megalíticos, en especial, si además de piedras, hay árboles viejos, de aspecto imponente, sobre todo en Europa, donde abundan los círculos de piedras.

* Enclaves sobre todo antiguos, desérticos y/o abandonados pero silenciosos y tranquilos, donde suelen crecer flores silvestres y se siente una paz y un silencio únicos que la mayoría de personas definen como de otro mundo o mágico.

Además, de otros lugares que iremos descubriendo y sintiendo, ya que las hadas no viven en otro espacio o planeta, sino que su realidad está aquí, en paralelo a la nuestra.

Las hadas también se sienten atraídas, y pueden dejarse ver, por una persona sensible que esté interpretando música con un instrumento musical. Y en estas ocasiones especiales, si dicha persona no conocía la existencia de las hadas, creerá que ha sido su imaginación o que ha tenido una especie de alucinación. En otras ocasiones se tiene la certeza absoluta de que, por el rabillo del ojo, se ha visto una presencia femenina, bella y etérea, con unas alas luminosas y un aspecto bellísimo y sutil que, al fijar la mirada, ha desaparecido de la misma manera que se manifestó.

Las hadas que podemos ver o sentir en todos estos lugares y circunstancias especiales pueden tener un aspecto, forma y tamaño distintos, ya que pueden proyectarse y cambiar de tamaño a voluntad, pero a las de tamaño pequeño esto les exige un gran esfuerzo energético. Las hadas guardianas de lugares especiales de la naturaleza pueden, a voluntad, densificarse y proyectarse en la dimensión física y material haciéndose visibles al ojo físico. Incluso hay personas sensibles e intuitivas que no se han planteado nunca la existencia de las hadas y, al estar en estos lugares, notan algo en el ambiente; algo diferente, mágico, como si la atmosfera misma fuera especialmente positiva.

Las hadas guardianas de estos espacios de la naturaleza pertenecen al linaje antiguo de las hadas guardianas. También suelen ser definidas como hadas del atardecer, hadas del amanecer y hadas de la noche, ya que tanto el flujo lunar como los rayos solares en la naturaleza ejercen un ritmo especial en los seres silvestres de la naturaleza y en sus cambios y ritmos, que normalmente resultan invisibles al ojo humano.

Lo que aman las hadas

Fechas especiales. Las hadas son seres alegres y vitales que celebran los cambios de estación realizando alegres ceremonias de danzas, risas y alegría. Estas fechas fueron señaladas de manera intencionada por ellas para que los seres humanos jamás perdiéramos la oportunidad de estar en contacto con los seres del otro mundo. Justo estas fechas que marcan los cambios de estación, en sí mismas, son puertas o portales energéticos para que podamos verlas y, sobre todo, sentirlas y pedir su ayuda, como mínimo, cuatro veces al año, para que jamás se pierda el contacto entre las realidades sutil y material, a pesar del paso del tiempo o los momentos difíciles en los que incluso su existencia fue negada y prohibida.

Estas fechas, que coinciden con los cambios de estación, se las enseñaron a los humanos, y, a continuación, profundizaremos en ellas. Son una especie de clave a modo de portales para seguir comunicándonos con mayor facilidad con ellas.

Las religiones patriarcales divulgaron información falsa para que la realidad material se alejara de la realidad de la Diosa y de la buena gente, como llamaban antiguamente a las hadas, los elfos, los duendes, los unicornios y los demás seres pacíficos y benevolentes del otro mundo de la realidad mágica. Todos los relatos que aparecen en las leyendas y cuentos que hacen referencia al peligro, a los riesgos y a los infortunios que acontecen a los humanos en el caso de que se les ocurra comer o beber alimentos en el reino de las hadas y caer en un hechizo que les traerá desgracias o que les hace perder la noción del tiempo tienen el propósito de generar miedo para que las personas eviten cualquier contacto con los seres del otro mundo y, por añadidura, con los rituales y ceremonias de celebración, fraternidad, alegría y respeto a la Diosa Madre Naturaleza.

Obsequios. Hubo un tiempo sin memoria en el que el vínculo que las personas mantenían con las hadas era natural y cotidiano. Ellas, las hadas, nos enseñaron muchas cosas, aunque no lo recordemos. De las hadas aprendimos juegos, cantos, celebraciones y danzas, en especial las circulares. Y palabras, muchas palabras que utilizamos hoy en día de manera cotidiana sin plantearnos cuál es su origen. Por ejemplo, fueron las hadas quienes nos enseñaron lo valioso y especial que es el hecho de hacer un obsequio. Porque cuando recibes un regalo, u obsequias a alguien, le arraigas en el presente de celebrar el momento compartido. Y es un acto alegre, bondadoso, generoso y de corazón.

Sabores. A las hadas, al igual que a la mayoría de los seres mágicos del otro mundo, les encanta la vibración (la resonancia) de los dulces como la miel, los caramelos, los objetos brillantes y de colores, las risas, la alegría, las fiestas, las celebraciones, los alimentos dulces y la leche. No comen estos alimentos, ya que su forma de saborearlos es a través de la impregnación, es decir, sienten su vibración, su resonancia, la energía propia que desprenden.

Minerales. Las hadas aman en especial los minerales de colores por su belleza y brillo. Y también les atraen el color, la forma y, sobre todo, la energía que desprenden las piedras preciosas, las gemas talladas en facetas y los minerales en su estado natural, principalmente los cuarzos, las amatistas, el cuarzo rosa, las aguamarinas y las esmeraldas, estas últimas a la gran mayoría de las hadas. Los minerales para las hadas han sido desde siempre sus más preciados tesoros. Y, por supuesto, se sienten atraídas hacia las personas que aman a los minerales y les otorgan un lugar preferente en sus hogares.

Las hadas para engalanarse suelen emplear gemas, que forman parte de su indumentaria de manera etérea, sutil y adecuada a su naturaleza, siendo conscientes de que son mucho más que un adorno o una ostentación, y las tratan y valoran como lo que son, las joyas de la Madre Tierra.

Además de los minerales citados, otras piedras favoritas de las hadas son: la cruz de las hadas (estaurolita), las piedras de origen vegetal como el ámbar, los rubíes y los ópalos, por los cuales sienten predilección debido a sus colores especialmente mágicos.

Por el contrario, les repelen los objetos de hierro y el acero, ya que estos metales poseen una vibración o cualidad energética demasiado intensa, en exceso densa para ellas.

Niños y bebés. A las hadas les encanta estar cerca de los niños, por su inocencia, pureza y alegría. Y la mayoría de niños, sobre todo cuando son bebés, las ven y las oyen, pero como no hablan, no pueden manifestarlo, y luego, al crecer, su atención se enfoca en los objetos materiales y dejan de formar parte de su realidad para entrar de lleno en la de los adultos que les rodean, en los juguetes y en las necesidades fisiológicas propias de cada etapa, como la dentición, aprender a andar, a comer... y otros retos y desafíos propios de cada etapa de la infancia. Es quizá por este motivo, el de los recuerdos sin memoria, por el que, cuando aprendemos a leer, nos encantan los cuentos en los que se narran historias de seres fantásticos. De alguna manera, los conocemos, sabemos de su existencia, pero no los recordamos de manera práctica y consciente. Sin embargo, el corazón no olvida.

Música. A las hadas les gusta mucho la música, los sonidos y las melodías armoniosas, delicadas y suaves, y, por el contrario, detestan los sonidos estridentes de campanas y tambores, así como los ruidos o los gritos.

A las hadas les encantan los sonidos de las campanitas mecidas por el viento, tanto que, en ocasiones son ellas quienes las hacen sonar. En cuanto a los instrumentos musicales, les gusta la música que procede de instrumentos especiales, como el arpa, la flauta, la ocarina y las gaitas. Se cree que la música celta interpretada con gaitas fue inspirada por las hadas para generar alegría, entusiasmo y aportar valentía y coraje al corazón, además de inspirar música alegre para danzas y bailes de celebración.

Danza. A las hadas les gusta la danza: bailan alrededor del círculo (el circulo de las hadas) en la naturaleza, en los claros de los bosques y en los círculos de piedras, de espaldas a ellos, mirando al paisaje, asidas de las manos o tocando las palmas. Y, además, cantan, y quienes las han escuchado afirman que su voz, además de melodiosa y femenina, es encantadora, dulce y magnética.

Encantada. Las hadas no suelen hablar, pero si lo hacen, poseen una voz encantadora. La palabra «encantada» la inventaron ellas, y nos la regalaron para cuando queremos definir algo que tiene magia, como cuando decimos «Me encanta», con independencia de que queramos definir algo o a alguien. Asimismo, utilizamos este término cuando nos presentan a una persona agradable: «Encantada de conocerte», «Encantada de verte».

Belleza y armonía. Las hadas adoran la belleza, la armonía, lo estético y armonioso, los objetos bellos, el orden, la pureza de corazón e intención, la generosidad y el respeto, la amabilidad, la ternura, los buenos modales, la sonrisa, las buenas intenciones y las buenas acciones.

Las flores y las plantas sanadoras. Fueron los linajes de hadas los que nos enseñaron el poder sanador de las llamadas plantas medicinales, como, por ejemplo, el tomillo, una de sus preferidas. Y también los secretos de la medicina de las flores, sus aromas y sus secretos: el lenguaje de las flores.

Los pajarillos. Las hadas adoran a los pájaros, sobre todo a los que son pequeños y de alegres trinos y gorgoritos, como los petirrojos o los colibríes, además de a los cuervos, como veremos cuando vayamos conociendo secretos de sus linajes. Las hadas siempre se han comunicado con la mayoría de los animales silvestres porque conocen su idioma.

Animales de las hadas. Todas las hadas, con independencia de su linaje, aman a la mayoría de los animales silvestres; además, tienen vínculos especiales con algunos de ellos, como, por ejemplo, con el cisne o el cuervo y, por supuesto, con algunos animales considerados mágicos, de la fantasía, como los unicornios, los dragones o el ave fénix.

La luz de las velas. A las hadas les atrae la magia que desprenden las velas, en especial si quien las enciende lo hace con el propósito de pedir ayuda para que la luz y la energía protectora del fuego iluminen su vida.

La llegada de las hadas: tiempos difíciles

En general, las hadas son seres positivos y alegres que celebran las maravillas de la vida, de la naturaleza, pero que no llevan en absoluto una vida superficial u ociosa. Ellas tienen una vida maravillosa y llena de actividades que hacen que se sientan realizadas y que sean felices, pero no siempre fue así. Fueron de los primeros seres luminosos en llegar junto a Maeve (Madre Eva, la reina de las hadas), y pasaron por muchos ciclos de lucha, desequilibrio y actividad frenética para lograr la estabilidad del fuego, el aire, el agua y la tierra (colaboraban de un modo muy estrecho con lo que para nosotros son las órdenes solares, es decir, los ángeles y arcángeles), batallando contra fuerzas oscuras, caóticas, que imperaban en la sombra y se oponían a que el planeta Tierra pudiera llegar a ser un planeta lleno de vida, color y alegría; éstas fueron las fuerzas involutivas que se oponían a que la gran Diosa Madre Naturaleza fuera el espíritu dador de vida en esta Tierra, el planeta Tierra.

De ese tiempo, hechos y acontecimientos, la historia no tiene constancia. No hay nada registrado al respecto, ya que los seres humanos todavía no existíamos. Y lo que se sabe de esta época y de la trayectoria de las hadas, su labor y contribución para que la vida en la Tierra prosperase y diera paso a la luz y a la vida, sólo está registrado en los anales de la historia evolutiva de la Tierra, en sus registros akáshicos (biblioteca etérea donde se encuentra registrado cada acontecimiento significativo que haya acontecido desde el principio de la existencia de este planeta), registros a los que toda persona con la practica e inquietud verdadera, puede acceder. Así, se sabe que para las hadas, ésta fue una época dura, injusta y violenta, y ellas, las más bellas, las más sabias y valientes, triunfaron, por eso, ahora, sus hogares, sus moradas etéreas son sus merecidos refugios de alegría, regocijo y descanso, pero como son incansables, siguen ayudando, siguen amadrinando esta realidad, vinculadas, sobre todo, al segundo reino, el vegetal. Las hadas siguen estando aquí, muy cerca, porque ellas nunca se fueron; sólo decidieron libremente retirarse a una realidad sutil, más etérea, pero asimismo ligada y relacionada con la realidad material donde vivimos los seres humanos, pues su existencia siempre ha estado, y seguirá estando, ligada a la realidad humana, ya que a ellas nos une la naturaleza, el reino verde de la verdad, los vegetales, la farmacia natural que contiene los secretos, remedios y soluciones a nuestras dolencias, tanto físicas como anímicas, de la que ellas son sus guardianas (de los árboles, las plantas, las flores, las semillas...) y su alquimia, su magia reparadora y transformadora.

Enclaves de las hadas

Cada pueblo o comunidad, sobre todo de la antigua tradición matriarcal y de la tradición pagana y celta principalmente, posee como tradición un lugar atribuido, como el enclave donde viven las hadas, o el País de las Hadas, o el Reino de las Hadas. Por lo general, suelen ser islas mágicas, unas reales, que existen y se pueden localizar en el mapa, y otras, la gran mayoría, son sutiles, mágicas, que aparecen y desaparecen, por ejemplo:

* En Gales: el Reino de Annwyn, el País de las Hadas (frente a las costas de Gales, en la isla de Cristal, que aparece y desaparece entre la niebla). Annwyn era el nombre que daban algunos pueblos celtas antiguos al Reino de las Hadas. También en galés antiguo se denominaba Tylweth Teg al reino de las hadas y sus enclaves mágicos y etéreos no visibles para los humanos.

* En Inglaterra: Iniswitrin, la isla de Cristal (como se llamaba antiguamente a Glastonbury, cuya contraparte etérica es la isla de la Eternidad, Avalon, la isla de las Manzanas, el País de la Eterna Juventud, el Reino de las Hadas, la morada del rey Arturo y el hada Morgana, como rezan las leyendas artúricas).
* En Canarias: la isla de San Borondón.
* En la península ibérica, en Cataluña, el bosque de las hadas (bosc de les fades), en Les Estunes, Banyoles (Girona).
* La isla de Mannannan Maclir, Iona, en las islas Hébridas (Escocia).
* La isla de Ynis Mon, en Anglesey, en Gales.
* En Irlanda, la isla mágica de Tir Nanog, que no es material, sino etérea, sutil, y es protegida por las Shide, palabra irlandesa para nombrar a las hadas guardianas y también el lugar donde viven, que puede ser una isla mágica, un montículo o un enclave subterráneo y mágico, no material.

Sobre todos estos enclaves citados (existen muchos más lugares, generalmente inventados y, por lo tanto, mucho más inciertos y fantasiosos), sólo existen leyendas narradas por los trovadores, cuentos y relatos laberínticos del lenguaje escrito, que mezclan realidad, ficción, romanticismo, mitos de dioses y Diosas con poderes extraordinarios, héroes con cualidades celestiales, magos y magas capaces de portentos inverosímiles, relatos de tragedias y comedias, contiendas y guerras con matices mágicos, delirio y fantasía, que, como legado de tiempos muy lejanos, han llegado a nuestras manos a través de libros, e incluso películas y series de televisión, que incluyen efectos visuales magníficos y que se aproximan, sin afirmarlo, a la realidad de las hadas, a las que, en general, se las describe con una belleza y un poder extraordinarios.

La realidad verdadera y los vínculos y relaciones de hadas y humanos permanecieron durante mucho tiempo vivos en la memoria de las personas gracias a los *senechai*, los contadores de historias mágicas de Irlanda, en Eiru, la isla Esmeralda, que se supone que mantenían viva la tradición y la verdad de su existencia, oficio que pasaba de padres a hijos o de abuelos a nietos, y que, con el tiempo, se fue perdiendo.

Las tierras celtas en las que la relación con los seres del otro mundo tardó más tiempo en olvidarse fueron las irlandesas, las galesas y las escocesas. Allí, la resistencia a perder sus tradiciones en favor de los conquistadores romanos o de los sacerdotes católicos tardó mucho más tiempo en arraigar.

Apariencia de las hadas

Aureola dorada. Todas las hadas, en general, y algunas, en particular, poseen un brillo especial, un halo en su contorno generalmente dorado como si fuera una delicadísima y etérea purpurina dorada; se trata de la energía que es su propio sustento y que les permite cambiar de tamaño a voluntad. Es pura energía vital que, por lo general, adquieren de manera natural del reino vegetal y del *prana* del aire, de la energía lumínica, atómica, del sol.

El *prana* es la energía de vida; son los corpúsculos diminutos conocidos científicamente como electrones y que no son visibles al ojo físico. Este brillo dorado propio de las hadas es su polvo mágico con el que hacen magia. Y su magia trata de lo que hoy en día está empezando a conocerse como realidad cuántica, es decir, comprender cómo funciona la ley de atracción, de oscilación, de oportunidad y sincronicidad.

Esta aureola dorada que les acompaña aumenta de tamaño cuando sientes resonancia amorosa por un hada, tanto al sentirla como al pensar en ella.

Belleza de Hada. Para las hadas es muy importante su apariencia, ya que les encanta verse y sentirse bonitas, femeninas, preciosas para ellas mismas; digamos que su sentido estético está relacionado con su naturaleza femenina exquisita, armónica y bella.

Las hadas más antiguas, las que parecen princesas de leyendas, son, además, las que viven en los lugares encantados más especiales, auténticas fortalezas mágicas, castillos y palacios magníficos construidos en dimensiones paralelas a la que viven los humanos. Para su bella apariencia, las hadas no siguen ninguna dieta ni se alimentan de nada material. Ellas se mantienen bellísimas y vitales porque se revitalizan con la energía de las plantas, las flores, la luz, el Sol y los árboles; por eso, donde hay bosques, hay hadas.

Su apariencia es magnífica, porque son expertas en recursos y no se dejan abatir con los miedos y las preocupaciones, que suelen limitarnos a los humanos.

Las hadas pueden cambiar de tamaño a voluntad; poseen el don de la transformación, y como ya se ha comentado, pueden proyectarse y adoptar diferentes tamaños, hacerse visibles si lo desean, e incluso cambiar de aspecto si es lo que quieren.

Las hadas poseen una vitalidad casi inagotable. Su energía vital es tan poderosa que siempre están en movimiento, y se deleitan bailando, practicando danzas mágicas, tanto en grupo como en solitario.

Cada linaje de hadas tiene un aspecto diferente, aunque, por lo general, suelen tener las orejas puntiagudas y unos ojos bellamente extraños. Y casi todas ellas poseen alas.

Las alas de las hadas

Las alas de las hadas representan su linaje, sus logros, sus triunfos, su especialidad, sus características especiales y su poder mágico. En cada uno de sus respectivos linajes, iremos descubriendo estos atributos que las diferencian.

Las alas son una característica de las hadas, aunque no todas ellas las muestran. No obstante, si lo desean o lo consideran necesario, pueden mostrarlas, ya que todas tienen la capacidad de hacerlo.

En ocasiones he podido comprobar que cuando las sacerdotisas de Avalon, las mujeres humanas, las sacerdotisas del otro mundo y las hadas comparten un ritual sagrado, resulta difícil distinguirlas, excepto porque las hadas, al igual que las elfas, tienen unas orejas que acaban en punta.

El septagrama

La estrella de siete puntas representa a las hadas y, en general, a los seres alados del otro mundo. La estrella de siete puntas, o septagrama, se llama ELEVEN, y es, a su vez, una llave para las siete puertas de acceso a la realidad o mundo de las hadas, de las que te hablaré en las siguientes páginas.

La estrella de cinco puntas, o pentagrama, representa al ser humano: la cabeza, los brazos y las piernas. Sin embargo, los seres alados (al tener alas) poseen dos vértices más, por lo que su estrella tiene siete puntas o vértices.

El septagrama es, simbólicamente, una llave de acceso a las siete puertas o portales de conexión con la realidad de las hadas. Estas siete puertas también están relacionadas con los días sagrados vinculados a las antiguas fechas sagradas de celebración de los rituales y ceremonias para con la naturaleza y a la Diosa creadora, y que coinciden con las fechas vigentes hoy en día para los solsticios y los equinoccios.

Las llamadas puertas de hadas, o puertas al otro mundo de las hadas, son, en sí mismas, escenarios especiales para poder acceder, por lo general con los ojos cerrados y en estado meditativo, a su realidad, ya que hay que recordar que nuestro cerebro es multidimensional y, por lo tanto, es capaz de tener acceso a otros niveles de realidad, reales en su propio espacio-tiempo. Seguramente si practicas meditación, sabrás y tendrás práctica al respecto. Si no es así, no importa, puesto que irás adquiriendo la técnica a través de la práctica al meditar utilizando las puertas energéticas de acceso a su nivel de realidad.

Una hada no es un ángel

En ocasiones, muchas personas confunden o no tienen claras las diferencias entre un hada y un ángel. Así, trataré de explicar las principales diferencias entre ambos, ya que, a mí, a nivel personal, la ayuda de los ángeles también me ha acompañado a lo largo de toda mi vida, desde la infancia, pero igualmente desde la infancia he sabido de manera intuitiva y, más tarde, de manera práctica, con la experiencia, las diferencias que existen entre ellos.

Por ejemplo, un hada no guarda y protege la luz que tú eres como hace tu ángel de la guarda. Porque el ángel de la guarda es el guardián de tu alma, del ser de luz que eres, y vela por tu evolución y se comunica contigo a través de la intuición, o por medio de sueños, o de canalizaciones, si ésta es tu inquietud y sientes el vínculo con los ángeles y los arcángeles, sus atributos, cualidades y poderes luminosos. En este sentido, tu ángel de la guarda está en permanente contacto contigo, lo sientas o no lo sientas, creas en los ángeles o no creas en ellos, ya que pertenece a la trayectoria evolutiva de tu alma encarnada en un cuerpo material.

Un hada, sin importar si es tu hada madrina, no es un ángel de la guarda, no está junto a ti, siempre pendiente de tu persona. Un ángel vela por la luz espiritual que eres, ya que sabe que eres un ser de luz que vive una experiencia humana, material, mientras que una hada es un ser femenino al servicio de la Madre Tierra a través de la evolución del reino vegetal. El ángel está directamente relacionado con el reino humano. La naturaleza del ángel es solar: su vibración, de elevadísima frecuencia, está relacionada con el astro rey dador de vida, el Sol. Mientras que las hadas están relacionadas con el reino vegetal.

Los humanos estamos relacionados con el reino vegetal, y, por lo tanto, tenemos un vínculo muy especial con el reino de las hadas.

Las hadas son las guardianas de las plantas y las flores, de las que podemos conseguir los remedios medicinales necesarios para recuperar o fortalecer nuestra salud, tanto física como anímica. Ésta es, entre otras cuestiones, la gran importancia de nuestro vínculo con ellas: ellas conocen todos los secretos maravillosos de las plantas. En este libro nos familiarizaremos con algunas de las regencias, preferencias y poderes medicinales de sus plantas y flores favoritas, que, por otro lado, resultan de gran ayuda para los seres humanos.

Un hada es capaz de sentir si en tu corazón sigue vivo el vínculo con ellas, y puede ayudarte a que tus sueños, tus metas y tus proyectos se realicen, sobre todo si se trata de un hada madrina.

Resumen

* Una hada es una mujer que pertenece a otro nivel de realidad.
* Un hada es un ser femenino que vive en una realidad paralela a la realidad humana.
* Una hada es un ser al servicio de Gaia, la Madre Tierra, y su vínculo está relacionado con el reino vegetal.
* La naturaleza de un hada es pura energía creativa.
* Un hada puede proyectarse ante tu visión interna.
* Un hada, si lo desea, puede materializarse ante tus ojos abiertos.

* Las hadas pueden ser de diferentes tamaños.
* La realidad, la vida y las costumbres de las hadas no pueden entenderse con la mente racional.
* Las hadas sienten la intención de una persona.
* El tiempo no afecta a las hadas: son etéreas.
* Los linajes de las hadas están vinculados con el reino vegetal.
* El vínculo con las hadas pertenece al corazón, a la verdad del corazón.
* Las hadas nos ayudan a conseguir lo que deseamos, porque son expertas en el funcionamiento de las leyes de la energía.
* Las hadas no son humanas, ni piensan ni sienten como las mujeres humanas.
* Las hadas son seres libres que nos ayudan a las personas si así lo sienten.
* Las hadas ayudan a quien se ayuda a sí mismo.
* Las hadas no permiten dependencias.
* Algunas hadas pueden mimetizarse como una mariposa o una flor.
* Las hadas pueden verse físicamente con mayor facilidad en lugares y momentos de la naturaleza intermedios: ni tierra ni agua, ni de día ni de noche, etc.
* Las hadas nos transmitieron fechas especiales a lo largo del año para poder estar en contacto con ellas, así como para que el vínculo no se pierda.
* Las hadas tienen sus propios enclaves y fortalezas, algunos físicos, aunque de naturaleza sutil, y otros mágicos, que aparecen y desaparecen.
* Las hadas son seres alados, y la estrella que las representa es la septagrama, la estrella de siete vértices, también conocida como eleven.
* Un hada no es un ángel.
* Las hadas conocen los secretos sanadores de las plantas medicinales.
* De todas las hadas, la que más amor siente por ti es tu hada madrina.

* Su ayuda, en general, se basa en ayudarnos a conseguir lo que deseamos.
* Su ayuda se basa en su manera de conocer cómo funciona la energía y sus leyes, entre ellas, y, sobre todo, la ley de oportunidad.
* Las hadas jamás se saltarán las líneas de destino en el equilibrio del flujo de los acontecimientos; no perjudican a nadie para que otros se beneficien ni nada semejante.
* La realidad de las hadas es diferente a la realidad humana.
* Las hadas no se sienten obligadas a ayudarnos por mucho que las invoquemos: ellas tienen que sentir el vínculo, la motivación, la necesidad de que precisas ayuda.
* Las hadas no permiten que nos creemos dependencias con ellas, tal y como iras descubriendo con la práctica.
* Podemos comunicarnos con las hadas a través del lenguaje antiguo: rituales y ceremonias, un lenguaje ancestral de comunicación con la Madre Tierra, con los elementos y sus elementales.

Hada madrina

El hada madrina pertenece a uno de los linajes de las hadas más antiguos. Se trata de hadas especialmente poderosas, bondadosas y que aman a los seres humanos. Pero recuerda que un hada madrina no es un ángel de la guarda. Vamos, pues, a ver sus cualidades y características para que puedas decidir si establecer, recordar o actualizar tu vínculo con tu hada madrina. Y, a continuación, hablaré de las puertas energéticas especiales que facilitan el contacto con ellas.

Vamos a conocer o a recordar los atributos de un hada madrina.

Deseos. La especialidad de tu hada madrina es ayudarte a que tus deseos se hagan realidad. ¿Por qué? Pues porque así lo desea y así lo siente, y, además, le divierte ayudar, y, sobre todo, porque las hadas madrinas pertenecen a un antiguo linaje de hadas que recuerdan muy bien los tiempos pasados y gloriosos donde la convivencia era entrañable, fraternal, amorosa y pacífica con los seres humanos, tiempo de las Diosas del matriarcado, donde la vida era sencilla, donde las personas interactuábamos con los seres del otro mundo, unos tiempos en los que no existía el dinero, sino el trueque y la ayuda mutua, y la vida se celebraba en armonía. Tiempos pasados. Para las hadas, su concepto del tiempo es diferente.

Ley de la energía. La ayuda del hada madrina es posible porque las hadas, y, sobre todo, las que amadrinan, conocen las leyes de la energía mucho mejor que nosotros, los seres humanos, y, ante todo, son expertas en saber cómo funciona la ley de oportunidad, para facilitarnos las cosas que merecemos, es decir, nuestros deseos, cosas que no terminamos de creer que merecemos, ya que si fuera así, no necesitaríamos su ayuda.

Manifestación. Las hadas y, muy especialmente el hada madrina, no pueden ofrecernos nada que no nos pertenezca de manera natural. En esencia y de manera potencial, nos pertenece, pero no logramos que se haga realidad, que se concrete, por lo que tendremos en cuenta que ellas, las hadas, y, sobre todo, las hadas madrinas, son especialistas en encontrar facilidades, posibilidades para que hallemos soluciones alternativas más fáciles y sencillas.

Merecimiento. El hada madrina te conoce muy bien; mejor dicho, conoce la nobleza y sinceridad de tu corazón. Por ayudarte no te pide nada a cambio, excepto que creas en ti mismo, que sientas que mereces lo que deseas, que seas una persona sincera, no perfecta pero sí impecable. No te juzga nunca, sólo te apoyará si eres una persona noble, sincera, valiente, compasiva, solidaria, amable y de intención impecable. Lo demás, aparte de esto, no importa.

Facilitadora. Puedes hacer que se equivoque todas las veces que quieras, puedes trabajar tu autoestima, tu prosperidad, las heridas de tu corazón... Puedes ser joven o maduro, puedes ser tolerante o exigente contigo mismo y con los demás, puedes ser flaco o gordo, feliz o infeliz, pero si tu corazón es valiente y sincero, ya es más que suficiente para que tu hada madrina quiera ayudarte, y, créeme, es una de las mejores alianzas que, como humanos, podemos establecer, mantener, cuidar y disfrutar. Sobre todo porque la merecemos. No estarías leyendo esto si no fuera así. En este sentido, un hada madrina es una facilitadora mágica de oportunidades.

¿Todo el mundo tiene un hada madrina? En ocasiones me preguntan si cualquier persona puede tener una hada madrina.

Y la respuesta es no. Por ejemplo, las personas indolentes, vagas, desordenadas, perezosas, ociosas, aburridas, con egos estratosféricos, las que no creen en el lado mágico de la vida, las personas que mienten, juzgan, critican, las malintencionadas, hipócritas, desordenadas, sin sentido del humor, las que se creen poseedoras de la verdad, las que consideran que son oráculos sabelotodo, las que menosprecian a los demás, las que se creen iluminadas y especiales, las que no cuidan su higiene personal, ni su espacio personal, ni su hogar, las personas desleales, mentirosas, prepotentes, manipuladoras, las que siempre se quejan por todo, que no cuidan ni valoran a la naturaleza, que no respetan a los animales y a los demás seres con los que comparten la realidad material, las personas que creen en religiones patriarcales limitadoras y/o radicales y extremistas, supersticiosas, las personas que van de víctimas, egoístas, tóxicas, manipuladoras y problemáticas, pesimistas, excéntricas, sórdidas, marginales, las personas intelectuales rígidas, las que no piensan ni deciden por sí mismas, con adicciones o manías insanas, todas ellas no resuenan con la energía de las hadas y no pueden acceder a su madrinazgo. Es más, no hay sintonía, no hay resonancia; las hadas se alejan de personas con estos perfiles, personalidad y carácter, ya que la forma de ser de estos individuos repele la naturaleza mágica, alegre, feliz y bondadosa de las hadas.

Responsabilidad. Así, tener un hada madrina no es un privilegio: es una responsabilidad. Una responsabilidad de impecabilidad contigo mismo. Y, además, las hadas, y sobre todo, el hada madrina, son seres libres que se rigen por leyes diferentes en su enfoque y aplicación a las de las personas humanas. Esto quiere decir que las hadas madrinas deciden cuándo, cómo, dónde y por qué ayudan, con independencia de que se les pida ayuda: son seres libres.

Por todos estos motivos, todo cuanto se va a explicar a continuación, será muy importante para poder realizar el vínculo (o recordarlo o actualizarlo) con tu hada madrina.

Es muy importante establecer el vínculo o reforzarlo, y, por ello, vamos a profundizar en este tema.

Establecer el vínculo con el hada madrina

En primer lugar, este vínculo no es inmediato, es decir, se necesita una preparación previa por tu parte, ya que tu hada madrina hace mucho tiempo que está preparada, dispuesta y cerca de ti para que la sientas. Es decir, que quien necesita preparación eres tú. Y no hay prisa. Ella, tu hada madrina, está, además, fuera del tiempo tal y como tú o yo lo percibimos y valoramos. A continuación se menciona todo lo que has de saber y sentir, y que es muy importante.

Ayudan a quien se ayuda a sí mismo. Las hadas madrinas ayudan a quien es capaz de ayudarse a sí mismo. Las hadas, en general, y el hada madrina, en particular, son seres independientes y libres que nos ayudan porque así lo sienten: tienen que sentir el vínculo, la motivación, la necesidad de que precisamos su ayuda, su magia.

Muy cerca. Sabrás que tu hada madrina está cerca porque así te lo dirá tu corazón: sentirás un cambio de actitud en ti de serena tranquilidad. Esto, con la práctica, será la clave, en cualquier situación o momento personal, para poder sentirla, percibirla: notarás un sutil cambio energético mágico a tu alrededor.

Preparar el entorno. Al principio será conveniente que prepares un entorno especial de comunicación: un lugar especial, un altar, un rincón de hadas con objetos de simbolismo y significado especialmente vinculante, un entorno especial para que tu mente, la parte racional de ti, vaya haciendo espacio y no boicotee nada, ya que el vínculo con el hada madrina se produce desde el corazón, y la mente racional e inteligente puede decirte que esto son cosas de la fantasía, de la infancia y de la imaginación. Preparar un altar, un rincón de hadas, permite que la mente racional, práctica y lógica vaya encontrado un significado, ya que todo ritual forma parte de nuestro pasado, es uno de los lenguajes debilitados e incluso perdidos y olvidados de la época pacífica y esplendorosa del matriarcado.

En este lugar especial y significativo puedes poner símbolos como la estrella de siete puntas, plantas, flores, figuritas de hadas, polvo de hadas (purpurina dorada), tus minerales preferidos, objetos y cosas naturales de colores y no metálicos (el hierro repele a las hadas, según se sabe, por la antigua tradición), ni de plástico o tóxicas. Ya sabes, lo natural atrae a lo natural. La unión, el vínculo con tu hada madrina es amoroso, desde el corazón.

Tu diario de hadas. Puedes empezar a escribir en un cuaderno especial a tu hada madrina; escríbele desde tu corazón las cosas que deseas, tus anhelos, las cuestiones que para ti son importantes y para las que

te gustaría contar con un poco de (o mucha) ayuda mágica: ésa es su especialidad.

Es fácil, natural y sencillo, pero requiere que te lo creas, es decir, tiempo.

Hay que tener en cuenta:
* La ayuda de las hadas facilita las cosas, pero no determina nada.
* La ayuda de las hadas es, sobre todo, inspiradora.
* No nos adoptan.
* No somos sus marionetas.
* Nos ayudan si nos ayudamos a nosotros mismos.

Las hadas, en general, y el hada madrina, en particular, no acuden por petición de alguien que siente lástima de sí mismo o se engaña a sí mismo manipulando su realidad y esperando una ayuda mágica que solucione sus problemas. Esa actitud sería de personas cobardes y cómodas, y las hadas son valientes, creativas y poderosas; no lo olvidemos.

¿A quiénes ayudan las hadas madrinas?

Las hadas madrinas ayudan sobre todo a las personas creativas, a aquellos que tienen los pies en el suelo y la cabeza en el cielo.

Las hadas sienten la sintonía, la verdad de tu corazón en todo momento. Esto quiere decir que a las hadas no se les puede seducir con ñoñerías, con alabanzas, con peticiones lastimeras de indefensión, con estupideces, cuentos chinos, victimismo o argucias humanas. Las personas superficiales, inmaduras emocionales, caprichosas y fantasiosas no resuenan con la valentía, la autenticidad y el poder de las hadas. Esto es un hecho. Si tú crees en la magia, ellas creerán en ti. Y la magia es poder, orden, sencillez, verdad, sinceridad, confianza y paciencia.

Conocerse uno mismo, valorarse, respetarse, ser amable, tener templanza, honestidad, ser agradecido, valiente y responsable son cualidades especialmente valoradas por las hadas, y, sobre todo, por el hada madrina. Éste es el principal motivo por el que las hadas suelen estar cerca de los niños: ellos, por lo general, carecen de doble intención; son inocentes, puros, alegres y, sobre todo, confían en la naturaleza mágica y sencilla de la vida. Las hadas y, en especial, el hada madrina, ayudan a:

* Las personas que se sienten inspiradas por la belleza, la música, los amaneceres, las estrellas, el amor, la bondad, la compasión, la sensibilidad, la creatividad y el lado mágico de la vida.
* Las personas que quieren salir adelante a pesar de sus circunstancias (con independencia de cuáles sean) limitadoras, injustas o tristes, pero que siguen hacia delante con valentía y confianza.
* Las personas a las que les gusta dejarse llevar por la música a lugares especiales de la imaginación y, a la vez, son trabajadoras, realistas y responsables.
* Las personas que creen en su buena suerte: agradecen y valoran las cosas positivas, ya sean pequeñas, medianas o grandes, que la vida les ofrece.

* Las personas que han cometido errores, pero que han aprendido de su experiencia, y son positivas y entusiastas, trabajadoras.
* Las personas que son sinceras y piden su ayuda de manera sincera, sea cual sea su estado de ánimo, pero que siguen en acción sin acobardarse.
* Las personas que, por su ingenuidad natural, han cometido errores de manera involuntaria y han tomado decisiones desacertadas en su pasado, pero que siguen en su camino de autoconocimiento con voluntad, independencia y sinceridad.
* Las personas que sienten que merecen tener suerte y recibir ayuda extra por su esfuerzo sincero y verdadero.
* Las personas que no se quejan y tienen esperanza de que su suerte, junto con su esfuerzo, les traerá mejoras en todos los sentidos.
* Las personas que creen en la magia natural y sus rituales, especialmente los iniciáticos.

Desde la libertad y la causalidad. Las hadas madrinas no discuten, no sermonean, no aconsejan, no censuran y no nos dicen lo que tenemos o lo que no tenemos que hacer; eso sería tu imaginación o tu falsa o cómoda expectativa. Su forma de ayudarnos es mágica y libre: sencillamente ayudan si lo consideran conveniente, por sus propios criterios y libertad de actuar o no. Las hadas son enlazadoras de causalidades, sobre todo las madrinas (causa-efecto). Y recuerdo una vez más: las hadas madrinas no cuidan, velan ni hacen sugerencias como un ángel de la guarda.

Las hadas jamás nos incitan con tentaciones ni pensamientos extraños como puede hacerlo un bajo astral: el vínculo, la conexión con el hada madrina es segura, está protegida y no puede ser interferida, porque es sagrada; se produce desde el corazón, sin dudas, ni miedos ni supersticiones.

Sin dependencias. Un hada madrina ni te pide ni espera nada a cambio de su ayuda; no te piden devoción ni nada parecido y, por supuesto, no permitirá la dependencia o la adicción a sentirla y pedirle deseos o ayuda; por el contrario, eso las aleja: las hadas son espíritus libres.

Las hadas poseen un instinto cuidador natural hacia la vida, a la que aportaron y aportan constantemente luz, color y maravilla. Ésa es su magia real.

El día propicio. Antiguamente, en la etapa del matriarcado, las comunidades llamadas paganas, más tarde preceltas y después celtas, cuando lo natural era vivir en comunión con los seres del otro mundo, la tradición de culto y respeto a la Madre Naturaleza incluía una vinculación especial con el mundo de las hadas y, cuando una persona solicitaba ser amadrinada por un hada, esperaba a que fuera la noche del solsticio de verano (hoy conocida como la noche de san Juan), y cuando era medianoche o mediodía, levantaba los brazos hacia el cielo y realizaba su petición. Y luego permanecía atenta a las señales mágicas y cotidianas de su día a día, y, sobre todo, confiaba en merecerlo.

Fechas de petición al hada madrina. Este ritual se llevaba a cabo en solitario. (Puedes ser guiada, aunque, nunca influenciada, por otra persona de tu absoluta confianza que tenga experiencia y un vínculo especial con la realidad de las hadas, pero jamás confíes en alguien que te diga que te pondrá en contacto con tu hada madrina por un sencillo motivo: las hadas, y, sobre todo, el hada madrina, tiene contacto directo contigo: no son necesarios «intermediarios»).

Las fechas claves para realizar esta petición son las que marcan los solsticios y los equinoccios:

* 21 de junio.
* 21 de diciembre.
* 21 de marzo.
* 21 de septiembre.

Éstos son los días de más fuerza facilitadora. Y en cualquier día del resto del año, las mejores horas para comunicarnos con las hadas o solicitar su amadrinamiento son las del amanecer y las del atardecer, y también las que marcan la mitad de la jornada, las horas femeninas, las doce del mediodía o de la noche.

De ti para ti. Ninguna persona puede realizar una petición a las hadas en nombre de otra persona, a excepción de una madre para su hijo o hija recién nacido. Y esto requiere mucha práctica y confianza. Sobre todo porque un niño recién nacido cuenta ya con muchas ayudas del reino angélico: los bebes están siempre rodeados de muchos ángeles, sobre todo de su ángel de la guarda.

A tener en cuenta. Por último, si te interesa la magia y las hadas, y, entre ellas, la que más te conoce, tu hada madrina, ellas se interesarán por ti. En este sentido, es importante saber las fechas que son especiales, ya que, como decía, son, en sí mismas, portales mágicos de conexión con las hadas. En el siguiente apartado (el de las puertas de conexión) ampliaré dicha información. Lo importante ahora es seguir el orden. Si prefieres, en un primer momento, leer todo el libro de una vez, después, en una segunda lectura, puedes ir paso a paso, realizando el trabajo propuesto, con calma y tranquilidad, sin prisas, con entrega y atención, y preparar la meditación de conexión con tu hada madrina que propongo.

Meditación de ensoñación para recordar a tu hada madrina

* Elige un momento del día en el que puedas regalarte un tiempo sin prisas.
* Enciende una vela y un incienso que te gusten.
* Acompáñate, si lo deseas, de una música especialmente relajante.

* Si tienes fotografías de cuando eras un bebé, tenlas a mano y obsérvalas una a una, fijándote en los detalles minuciosamente. (Decántate, sobre todo, por aquellas en las que estés a solas).

* Si no tienes fotografías de esta etapa de tu vida, trata de recabar información al respecto preguntando a tus familiares acerca de detalles de cuando eras un bebé: cómo era tu cunita, qué te gustaba mirar o qué observabas cuando estabas tranquilamente en tu cuna, qué llamaba tu atención, cómo eras en general en esas primeras semanas... En definitiva, todos los detalles posibles que te ayuden a recrear en tu imaginación cómo eras, cómo te sentías y cómo estabas en tu cuna.

* Y cuando lo desees, siéntate o túmbate en una posición cómoda, déjate llevar por la música, respira pausadamente, relaja tu cuerpo y tus pensamientos y centra tu atención en la ensoñación, tratando de sentirte, de visualizarte, de imaginarte con realismo, y, sobre todo, observa alrededor de la cuna...

* Puede que visualices una luminosidad, una luz brillante cerca del bebé que eras. Y, poco a poco, la percibirás, la sentirás. Ella es tu hada madrina, la que velaba tu sueño y te hacía compañía. Estaba cerca de ti, sobre todo en los momentos en los que estabas solo.

Si la primera vez que haces esta ensoñación no logras visualizarla, no te preocupes, será suficiente con que la sientas, y, con la práctica, irás viéndola cada vez con mayor nitidez y amor.

Resumen

* Las hadas madrinas aman especialmente a las personas.
* Las hadas madrinas pertenecen a un linaje de hadas muy antiguo.

* El hada madrina está especializada en ayudarte a que tus deseos se cumplan.
* Tu hada madrina no te pide nada a cambio de su ayuda.
* Un hada madrina es una facilitadora de oportunidades.
* El vínculo con el hada madrina se establece poco a poco, con la práctica.
* Una manera eficaz de empezar a establecer contacto con el hada madrina es empezar a escribirle, a comunicarte con ella, a través de tu diario personal.
* El hada madrina no está a tu servicio; te ayudará si tú te ayudas a ti mismo.
* Las hadas y, sobre todo, el hada madrina, son seres mágicos, y la magia es poder, orden, sencillez, verdad, confianza y paciencia.
* Tu hada madrina no te dirá lo que tienes o lo que no tienes que hacer.
* Tu hada madrina, como las demás hadas de los diferentes linajes, es un enlace de causalidades.
* Los solsticios y los equinoccios son las fechas idóneas para solicitar o reforzar el vínculo con tu hada madrina.
* Practica la meditación siempre que sea necesario para recordar a tu hada madrina hasta que recuperes la memoria de que podías verla y sentirla cuando eras un bebé.
* Es importante que, en tu diario personal de conexión con las hadas, anotes, sobre todo, las sensaciones, los sentimientos y las experiencias con tu hada madrina.

Fechas de conexión con las hadas

Éstas son las fechas que la antigua tradición ha salvaguardado para que nunca se pierda la conexión con los seres del otro mundo, y, en concreto, con las mujeres del otro mundo, las hadas.

Las fechas clave que permiten la entrada en el mundo de las hadas son las ocho celebraciones que preservó la tradición celta. Desde tiempos antiguos, estas fechas quedaron establecidas para que siempre pudiéramos retomar nuestro vínculo con los seres del otro mundo.

En estos días señalados, desde que amanece hasta que vuelve a amanecer otra vez, estas puertas, que podríamos decir que, energéticamente, son esféricas, giran de continuo. Estas puertas son los ocho portales interdimensionales de oportunidad.

Las fechas sagradas de tradición celta son una referencia, una llave y una puerta de comunicación con los seres del otro mundo, en especial con las hadas, sobre todo si tu intención es establecer contacto con un hada madrina de manera consciente. Estas fechas son como una alianza, un pacto para comunicarnos con ellas.

Con la práctica, podrás conectarte y sentir a tu hada madrina, así como recibir ayuda, consejos y la sabiduría de la especialidad de cada uno de los siete linajes de las hadas después de leer y sentir sus cualidades y características.

Veamos ahora estas fechas especiales y sus atributos energéticos.

Yule (para Europa, solsticio de invierno)

* Noche del 21 al 22 de diciembre en el hemisferio norte.
* Noche del 21 al 22 de junio en el hemisferio sur.

Yule significa «tronco de árbol mágico», árbol ritualizado para ser portador de la luz mágica. Generalmente, era un leño del año anterior en esta misma fecha y que se guardó para encender el fuego de esta noche. El significado de Yule es lo que simboliza: la protección y la prosperidad de la luz en los meses que durará el invierno. Se celebra también que, a partir de esa noche, la más oscura y larga del año, los días empiezan a ser más largos y las noches más cortas, como triunfo siempre de la luz ante la oscuridad, de la esperanza frente a la adversidad. Supone la posibilidad de ayuda mágica de los seres mágicos, los seres del otro mundo que saben lo especialmente dura y desconcertante que es la realidad de los seres humanos, sobre todo por el desconocimiento de nuestro potencial creativo.

Es una festividad alegre que en otros tiempos se llamaba el festival de la buena gente, porque reunía a los humanos y a gente del otro mundo en paz, alegría y concordia. En aquellos tiempos se encendía una hoguera en cada colina de cada lugar para que el cielo estuviera iluminado con la luz de las buenas intenciones y que la noche más larga del año acabara pronto. También como acto simbólico de reivindicación de que *nada hay que temer* y que el Sol, después de una noche larga y oscura, volverá a brillar en el cielo. Era un ritual, una ceremonia de confianza en la vida.

¿Qué celebraban (y celebran) las hadas en Yule?

Tanto las hadas como los seres mágicos del otro mundo, celebran el renacimiento de la luz del sol, ya que a partir de esta fecha los días empiezan a hacerse más largos y ésta es la noche más larga, la más oscura de todas.

Símbolo de árbol sagrado. El árbol guía de esta celebración, el que representa la fuerza divina, es el abeto. Antiguamente, a los pies de los abetos del camino, se ponían obsequios alentadores, comida, recipientes con agua, algunos frutos secos, frutas... para que los caminantes y viajeros tuvieran la bendición de las hadas y la solidaridad y fraternidad de los seres humanos.

La tradición consistía en realizar una petición a las hadas del invierno (de la Navidad), las hadas de la tierra, las del enraizamiento a la vida. Eran, y son, las hadas del linaje de tierra, de los bosques, del invierno, de la nieve, etc. Se les dedicaban altares sencillos y especiales para reforzar la unión y la bendición, reconociendo su ayuda en las épocas duras para las personas, como, por ejemplo, el invierno. Tengamos en cuenta que las personas que en aquellos tiempos dependían casi en exclusiva de la naturaleza, de sus campos, tierras, ganados, siembras y cosechas. Los trayectos se realizaban a pie, y se agradecía encontrar, de vez en cuando, este tipo de obsequios. (Esta tradición dio origen a lo que hoy en día conocemos como el árbol de navidad, en cuya base seguimos dejando obsequios en nuestros hogares, en un pino o abeto, ya sea natural o artificial).

Imbolc

* Noche del 1 al 2 de febrero en el hemisferio norte.
* Noche del 1 al 2 de agosto en el hemisferio sur.

Imbolc significa «en el ombligo», «en el seno materno», «lo que se gesta». Imbolc es una fecha que marca el período de siembra, de confianza, de esperanza en la prosperidad, tanto en el sentido material como en el de las relaciones con el entorno, con la naturaleza y con las demás personas.

¿Qué celebraban (y celebran) las hadas?

Tanto las personas como las hadas celebrábamos con alegría que éramos hijos de la Madre Tierra. Se realizaban rituales y ceremonias en honor a la Brillante, Bridge, Brigid, la Diosa celta, de donde proviene el nombre de las islas británicas, sus islas protegidas.

Es la fiesta de los seres queridos y las hadas madrinas. Antiguamente se celebraban rituales y ceremonias en honor a los ancestros, a las madres, a las abuelas, a la Madre Naturaleza de la tierra y del cielo. Es el inicio del buen tiempo, ya no hace tanto frío. Los días son más luminosos. Se celebra el despertar de la naturaleza que vivifica de vida de todos los días cada mañana: los pájaros cantan y las nubes se levantan. El corazón de humanos y hadas está contento.

Ostara (para Europa, equinoccio de primavera)

* Noche del 20 al 21 de marzo en el hemisferio norte.
* Noche del 20 al 21 de septiembre en el hemisferio sur.

Ostara es el nombre de la Diosa celta de la fertilidad, del amanecer, de la bendición y la protección. En ocasiones también se la presenta como la Diosa liebre por simbolizar la liebre, la fertilidad, la inteligencia y la previsión. También se denomina Eostre, la Diosa sajona de la fertilidad. Se celebra la naturaleza fértil de la vida, la confianza en los ciclos, tanto de la vida como de la naturaleza, el inicio del florecimiento de las flores, la bendición del amor, de las relaciones, de la alegría de la luz donde la naturaleza renace, se fortalece, se regenera.

¿Qué celebraban (y celebran) las hadas?

Éste es el día de Año Nuevo para las hadas. Empieza la alegría, el esplendor y la belleza de la naturaleza; todo está verde y lleno de flores. Es cuando las hadas verdes, también llamadas por su aspecto elegante y original damas verdes, se sienten especialmente esplendorosas: el poder de la naturaleza revive. Es en esta época del año cuando las hadas de las flores están en plena actividad.

La antigua tradición instaba a reunirse con las hadas en las colinas o valles, y, durante la luna llena, era costumbre congregarse con las demás personas de la comunidad o las aldeas próximas, siempre con la finalidad de compartir, de fraternizar, de que hubiera concordia, buenas relaciones, buenas intenciones, paz y felicidad, así como para compartir alimentos, cantar y danzar con alegría por la belleza de la primavera.

Beltane

* Noche del 31 de abril al 1 de mayo en el hemisferio norte.
* Noche del 31 de octubre al 1 de noviembre en el hemisferio sur.

Beltane significa «fuego sagrado», «brillante». Se celebraban rituales y ceremonias en honor al dios Beleno, dios del fuego y de la vida (Beltaine en irlandés). Bel quiere decir «fuego», fuego mágico de vida, fuego positivo y alentador. Se celebra la fuerza de la vida, la regeneración, la alegría de las uniones y de las relaciones. El frío del invierno es cada vez menos intenso, y resulta más apetecible estar al aire libre, bailar, comer junto a los árboles, reír, compartir, encontrarse en la naturaleza. Los jóvenes piden encontrar pareja y los que ya la tienen piden bendiciones a la naturaleza para que la llama del amor no se apague, que la tierra sea prospera y dé frutos en abundancia, que el ganado esté sano y tenga crías, que los campos sembrados puedan ser cosechados y proporcionen abundancia, y, en el caso de la familia y los seres queridos, que los hijos concebidos nazcan fuertes y sanos. Es una celebración de bendición, gratitud y confianza. La naturaleza está esplendorosa.

¿Qué celebraban (y celebran) las hadas?

Se celebra la purificación. Es la celebración de la unión del sol y la Luna. La unión de lo femenino y lo masculino sagrado. La reconciliación de opuestos. La aceptación de la actividad y del descanso, ambos necesarios y complementarios. Se encienden hogueras y, tanto hadas como humanos, saltan el fuego y danzan a su alrededor. Antiguamente, todas las colinas se iluminaban con estos fuegos. Se canta y se baila y se hace el amor: la naturaleza se fecunda, se preña, está fértil. Las hadas reparten bendiciones de amor y polvo mágico de la suerte, fortuna y felicidad.

Litha (en Europa, solsticio de verano)

* Noche del 20 al 21 de junio en el hemisferio norte.
* Noche del 20 al 21 de diciembre en el hemisferio sur.

Litha significa «estival», «verano», «tiempo de verano», «fuego amigo», «calor estival».

Éste es el solsticio de verano. Es el día más luminoso, el día en el que durante más tiempo brilla el Sol en el cielo. Solsticio procede del latín, *sol stat*, que quiere decir que el Sol se detiene. Es el día en el que da comienzo el verano. Antiguamente se celebraban verbenas, bailes al aire libre animados con música, y juegos para que la gente de las proximidades se sintiera cercana, que las personas de los hogares dispersos se acercaran para la celebración, para que las relaciones con los vecinos se aproximaran, fueran amigos y la ayuda mutua se afianzara, para realizar intercambios, trueques, que propiciaban la prosperidad y las buenas relaciones. (Se trataba de épocas en las que todavía no existían los pueblos como tal: las personas solían vivir dispersas en zonas campestres).

¿Qué celebraban (y celebran) las hadas?

Para las hadas de todos los elementales es una fecha especial, sobre todo para las hadas de las flores, que se sienten felices:

tanto las flores como los frutos están pletóricos de fuerza. Ésta es, desde tiempos remotos, la noche más mágica de todas. Es un día especialmente propicio para contactar con ellas. El catolicismo instauró en esta fecha la noche de san Juan. Durante la noche del solsticio de verano se encienden hogueras. Se queman cosas viejas para desechar lo que ya no sirve o se quiera dejar atrás, para hacer espacio y dejar lugar a cosas nuevas, tanto en sentido material como energético. El pasado y las tristezas, si las hubiera, se despiden con alegría, y se baila alrededor del fuego para celebrar el círculo, el ciclo circular de la vida. Es tiempo de purificación. Los rituales y ceremonias desde tiempos ancestrales son de purificación en esta fecha especial: poder vivir en el presente sin recuerdos de cosas infelices o momentos, circunstancias o relaciones que no nos aportaron felicidad. Se lanzan al fuego los enseres y recuerdos que ya no sirven. Con ello, purificamos los recuerdos, los pensamientos, los sentimientos y las emociones.

Todos los seres de la naturaleza se sienten felices y alegres de compartir este día con los humanos, y los humanos con ellos. Es el día en que las hadas pueden materializarse con más facilidad y tener el aspecto de una bellísima mujer humana. Es la noche mágica por excelencia, cuando el reino vegetal está esplendoroso, y muchas plantas medicinales florecen precisamente esa noche o a partir de ese día especial.

Lugnhnasadh también llamado Lammas

Lugnhasadh significa «el enlace de Lug, el dios celta de la Luz».

* Noche del 1 al 2 de agosto en el hemisferio norte.
* Noche del 1 al 2 de febrero en el hemisferio sur.

Para las comunidades celtas y paganas, era una noche especial, el día de la luz, en honor a una de sus deidades más luminosas.

Es una noche calurosa, alegre, que propicia la alegría, la esperanza y la confianza. Se realizan peticiones para que, cuando llegue el frío, sea suave. Las personas se reúnen en los campos y huertas para trabajar juntas en las cosechas de sus campos, los propios y los de los vecinos, ya que el trabajo comunitario es menos cansado si se comparte; la alegría del esfuerzo compartido portará bendiciones y alegría.

¿Qué celebraban (y celebran) las hadas?

Es la fiesta del héroe solar Lugh (la fiesta de la luz), hijo del dios Gwidion y la divinidad Arianrohod. Se celebraba la cosecha, que todo ha ido bien, que hay prosperidad. Lugh significa «brillante» (de ahí procede el nombre de la ciudad gallega de tradición celta Lugo, «el enclave de Lug»). Se cuecen figuritas de barro femeninas como fetiches de agradecimiento, protección y buena suerte para el siguiente año, a modo de símbolos de protección, y también se tenía la costumbre de sembrarlas en las tierras de labranza y colocarlas en lugares personales sagrados como ofrendas, a los pies de los árboles o colgadas de sus ramas para que el cielo las viera.

En estas fechas, las personas se reunían con las hadas, y, con espigas de cebada, centeno o trigo, se hacían muñecas y les ponían adornos, a modo de atuendo, con el mismo fin: la suerte, la protección y la alegría en los hogares y comunidades. Se celebraba la alegría de vivir, el buen tiempo, las cosechas, la buena comida y bebida, y se compartían los alimentos y las bendiciones; además, por las noches se bailaba alrededor del fuego y se tocaban instrumentos. Las hadas nos enseñaban a danzar y a celebrar la vida. Con los rituales y ceremonias de alegría todo el mundo era feliz. (Para las comunidades paganas, las antiguas comunidades celtas, que vivían dispersas unas de otras, las celebraciones eran de vital importancia para establecer vecindad, para entrar en contacto, conocerse, establecer y perpetuar buenas relaciones, apoyo mutuo e intercambio, así como para celebrar la vida, la fraternidad, etc.)

Mabon (en Europa, equinoccio de otoño)

* Noche del 20 al 21 de septiembre en el hemisferio norte.
* Noche del 20 al 21 de marzo en el hemisferio sur.

Mabon quiere decir «fiesta de la cosecha», «fiesta de otoño». Es un nombre reciente. Antiguamente se denominaba día de la cosecha. Se celebraban rituales y ceremonias en honor al dios astado Cernunos, más tarde llamado el hombre verde. La naturaleza se regenera, los árboles de hoja caduca pierden sus hojas y comienza la época de lluvias, que fertilizarán la tierra.

Es el equinoccio de otoño; se inicia el período de frío, lluvias; el invierno.

¿Qué celebraban (y celebran) las hadas?
La tierra, la naturaleza, las hadas y los humanos se preparan para el frío. Es el momento de disponer de abundante leña para el hogar. Es el inicio de la etapa de recogimiento.

El frío y las lluvias se aproximan y las horas de luz van decayendo. Se preparan conservas y se comparte, con alegría, la actitud del tiempo venidero: el frío y el recogimiento. Es tiempo de meditar y hacer cosas creativas con las manos, artesanía.

Se honraba a Cernunos, el hombre verde, la fuerza de vida que renueva la naturaleza. Se realizaban peticiones a la naturaleza, al cielo, a la tierra, a los árboles y a los seres mágicos para tener protección y suerte en los días de intenso frío que están a punto de hacer acto de aparición.

Shamain

* Noche del 31 de octubre al 1 de noviembre en el hemisferio norte.
* Noche del 31 de abril al 1 de mayo en el hemisferio sur.

Shamain significa «el final del verano», y es el último día del calendario celta. En otros lugares se conoce como la noche de Halloween y, para el calendario católico, es el día de todos los santos, y está dedicado a los muertos, a los seres queridos que ya no están con nosotros.

Se celebra el final de un ciclo de vida completo de la naturaleza. Es también el momento de elaborar salazones, encurtidos, mermeladas y conservas para los días más duros del invierno. Es una celebración en honor a los fallecidos de la familia, para tenerlos presentes y recordarlos. Se llevan flores a sus tumbas y se cantan canciones en su honor alrededor del fuego.

Las personas se reúnen alrededor de las hogueras y se cuentan anécdotas y recuerdos en honor de los que han partido. Se los recuerda con amor y con humor; se cuentan anécdotas graciosas y hazañas alegres y, de alguna manera, también hay alegría y confianza, y se aceptan los ciclos de la vida.

La naturaleza se recoge, se duerme, para renacer de nuevo cuando el frío remita.

¿Qué celebraban (y celebran) las hadas?

Las antiguas leyendas dicen que algunas hadas, cuando llega el invierno, tienen su propio sistema de «hibernación»: se convierten en fresnos mágicos hasta que llega el invierno, y que incluso algunas hadas se transforman en piedras. Yo creo que lo que quieren decir estas antiguas creencias es que algunas hadas se adaptan de manera natural al campo vibratorio de determinados árboles y rocas a modo de simbiosis, hasta que la energía del sol vuelve a dinamizar la naturaleza en primavera, verano y otoño.

Se celebra el compañerismo y la ayuda mutua entre los seres humanos y las hadas en los tiempos de escasez y frío del invierno, sobre todo en el caso de las hadas de tierra, que, como veremos, son muy solidarias y entienden y consuelan a las personas que añoran a sus seres queridos fallecidos.

Sin prisas. Nos vamos adentrando en el mundo de las hadas, en concreto, de las hadas de tierra. No tengas prisa por contactar con ellas, por verlas, por sentirlas. Todo tiene un tiempo y un ritmo, y mi sugerencia es que tu mente, tu lógica, tu razón e intelecto se hagan uno con la verdad de tu corazón, porque tu vínculo con las mujeres del otro mundo se produce desde el corazón, y está más allá del tiempo, así que ten paciencia y ve familiarizándote con sus características y cualidades, sus fechas, sus puertas energéticas, las cualidades y especialidades de cada linaje, disfrutando, permitiendo el regocijo del corazón, especializándote, sintiéndolas cerca, para que la conexión/relación/comunicación con ellas y sus bendiciones se produzca de manera natural y sencilla.

Vamos a ver ahora algunas sugerencias para que, a tu manera y según te diga tu intuición y tus preferencias personales, puedas construir un altar de conexión que establezca o refuerce tu vínculo con tu hada madrina en estas fechas especiales. Te recuerdo que un altar es, en sí mismo, un foco de luz, de armonía, de orden y de equilibrio, cuya finalidad es potenciar tu intención y facilitar tu enfoque, tu propósito.

Altares especiales para estas fechas

Éstas son algunas sugerencias para incluir en el altar de las fechas especiales. Por supuesto, puedes elaborarlo a tu manera, incluyendo todos los objetos de tu preferencia o que tu intuición de sugiera:

Altar de Yule: ese día puedes hacer tu altar para las hadas de invierno, incluyendo lo siguiente: tela de altar blanca y ofrendas a base de manzanas, nueces, avellanas, piñas y piñones, sobre todo si elijes Yule como fecha de primera conexión con tu hada madrina.

Altar de Imbolc: en el altar a las hadas de la tierra y de la naturaleza (hadas de los bosques o hadas verdes, por ejemplo), pon una tela de altar verde y un pequeño cuenco o dedalito (los dedales con objetos que las hadas aprecian) con leche y miel, sobre todo si te decantas por esta fecha para la primera conexión con tu hada madrina.

Altar de Ostara: llena el altar de flores, o secas o frescas, cortadas o en maceta. También puedes emplear bellas láminas con dibujos de flores, alguna figurita o imagen de una liebre o huevos de colores. La tela de altar puede ser de color rosa, verde, de flores; en definitiva, alegre.

Altar de Beltane: las hadas reparten bendiciones de amor y polvo mágico de la suerte, fortuna y felicidad. Coloca cosas de color anaranjado y dorado en tu altar: minerales dorados o anaranjados, y flores de color naranja, como margaritas o caléndulas.

Altar de Litha: coloca cosas rojas, que recuerden al elemento fuego, como velas de color rojo, tela de altar roja, flores rojas o minerales de tonalidad rojiza.

Altar de Lugnhnasadh: pon figuritas luminosas de hadas o del sol, cositas dulces para comer, figuritas de hadas, de animalitos y de Lug, el dios de la luz. También puedes colocar espigas de trigo, velas amarillas o doradas. etc. La tela de altar puede ser dorada, amarilla, con símbolos del sol, o incluso puedes colocar minerales dorados como el rutilo, el citrino, el ojo de tigre, etc.

Altar de Mabon: aporta alguna figurita de ciervo, alce o el hombre verde, o Cernunos. En cuanto a las semillas, puedes emplear las que desees, y también puedes añadir hojas secas de árboles o ramitas. La tela de altar debe ser verde. Puedes emplear minerales verdes, como el cuarzo verde o la malaquita. También puedes ofrecer alguna plantita que recuerde a la naturaleza viva, verde y esplendorosa.

Y en todos los altares para estas fechas especiales, recuerda que esté también presente la estrella de siete puntas, la septagrama o eleven.

Eleven

La septagrama o eleven es la estrella de siete puntas. Es importante que vayas familiarizándote con ella, ya que es una llave energética que facilita la comunicación con las hadas, y ya sabes que en el mundo mágico se denomina eleven. (En la ilustración están numerados sus vértices por si quieres trazarla con tus manos o con la varita mágica o dibujarla).

Para dibujarla, lo ideal es que sigas el trazo y lo practiques realizando el movimiento de la siguiente manera: empieza el trazo desde el vértice 1 al 4, y ve del 4 al 7, del 7 al 3, del 3 al 6, del 6 al 2, del 2 al 5 y del 5, y para finalizar el trazado completo, al 1. Con ello, obtendrás la estrella de siete vértices o puntas.

El eleven es un símbolo sagrado muy antiguo. Por ejemplo, para los antiguos alquimistas y para las comunidades celtas, era (y es) el símbolo de conexión con las hadas, tanto a nivel físico, para verlas en el bosque o en parajes naturales, como para establecer conexión con ellas con los ojos cerrados, trazándola en el aire con la imaginación y, cuando tengas práctica, visualizándola, o dibujándola con la mano y, sobre todo, con una varita mágica. La varita mágica idealmente tiene que ser artesanal, realizada por ti. Ya sabes que todos los seres mágicos tienen varita mágica, y explicaré algunas cosas al respecto.

Para los antiguos cabalistas, la estrella de siete puntas simbolizaba la estrella de la victoria. Para algunas tribus de indios norteamericanos, especialmente para los cheroquis, la estrella de siete puntas simboliza la paz de las naciones.

También para las culturas del matriarcado representa a las siete estrellas del cielo más importantes relacionadas con la evolución de la Tierra y los seres humanos, las Pléyades, también conocidas como la constelación de las Siete Hermanas.

Y en algunas tradiciones de magia blanca, tanto antiguas como actuales, la estrella de siete puntas representa a Venus y al amor verdadero.

La estrella de siete puntas simboliza las siete direcciones: arriba, abajo, norte, sur, este, oeste y la dirección del centro, la de adentro (la dirección del corazón).

El siete siempre ha sido un número sagrado y especial para los seres humanos: siete *chakras*, siete días de la semana, siete colores de la luz, siete notas musicales, las siete capas musculares del corazón, los siete planetas que giran alrededor del sol... y todo aquello que sea especialmente significativo para la tercera dimensión.

Para familiarizarte con el eleven, te sugiero lo siguiente:

* Puedes tenerla a la vista, en una imagen o dibujo que para ti sea especialmente bello, en blanco y negro o en color.
* Puedes utilizarla como lámina de meditación/conexión de un tamaño, forma y color que te resulte mágico.
* Puedes ir practicando trazándola en el aire: el trazado de símbolos sagrados/mágicos, con la mano abierta, con varios dedos a la vez o con el dedo índice, o con la varita mági-

ca, permite que los átomos y electrones lumínicos, imperceptibles para el ojo, se ordenen y configuren el patrón geométrico del símbolo que trazamos y al que le imbuimos una intención y acción. La intención y el significado energético y, por lo tanto, mágico de la septa o eleven, son los de la unificación, de la sintonía con los reinos mágicos de la naturaleza, de la vida. Es un símbolo de buena suerte, alegría, protección y equilibrio.

* También puedes dibujarla y colorearla con frecuencia para ir entrando en su sintonía energética, vibracional, de resonancia y afinidad.

Y ya sabes que para los antiguos celtas de la época del matriarcado, era la llave de acceso a las siete puertas del reino de las hadas. Trazarla, visualizarla, imaginarla es, en sí mismo, un acto de apertura, un reclamo de atención e intención, tal y como representa todo lo que significa una llave: el acceso. En este caso, el acceso a la realidad de las hadas, que facilitará la conexión y la visualización con su realidad a través de las puertas o portales idóneos dentro de la visualización creativa. Es un símbolo de suerte y de unión con los seres alados del otro mundo, del mudo mágico. Puedes dibujarla de diferentes colores y tamaños, plastificarla y llevarla en el monedero o tenerla a la vista en los lugares de tu hogar y trabajo para recordar y potenciar tu vínculo con las hadas.

Resumen

Las fechas de la antigua tradición mágica que siguen estando vigentes como portales especiales de conexión con las hadas son ocho:

Yule: (en Europa, solsticio de invierno)
* Noche del 21 al 22 de diciembre en el hemisferio norte.
* Noche del 21 al 22 de junio en el hemisferio sur.

Imbolc
* Noche del 1 al 2 de febrero en el hemisferio norte.
* Noche del 1 al 2 de agosto en el hemisferio sur.

Ostara (en Europa, equinoccio de primavera)
* Noche del 20 al 21 de marzo en el hemisferio norte.
* Noche del 20 al 21 de septiembre en el hemisferio sur.

Beltane
* Noche del 31 de abril al 1 de mayo en el hemisferio norte.
* Noche del 31 de octubre al 1 de noviembre en el hemisferio sur.

Litha (en Europa, solsticio de verano)
* Noche del 20 al 21 de junio en el hemisferio norte.
* Noche del 20 al 21 de diciembre en el hemisferio sur.

Lugnhnasadh, también llamado Lammas
* Noche del 1 al 2 de agosto en el hemisferio norte.
* Noche del 1 al 2 de febrero en el hemisferio sur.

Mabon (en Europa, equinoccio de otoño)
* Noche del 20 al 21 de septiembre en el hemisferio norte.
* Noche del 20 al 21 de marzo en el hemisferio sur.

Shamain
* Noche del 31 de octubre al 1 de noviembre en el hemisferio norte.
* Noche del 31 de abril al 1 de mayo en el hemisferio sur.

Eleven es la estrella de siete puntas o vértices que representa a todos los seres alados del otro mundo, del mundo mágico, y en especial, a las hadas.

El septagrama o eleven es un símbolo poderoso dentro de la geometría sagrada, que facilita la conexión y la visualización con las hadas y con los escenarios o portales de conexión.

Vamos a ver ahora las siete puertas de acceso a la realidad de las hadas. A medida que vayas leyendo, advierte con cuál o cuáles de ellas sientes más afinidad, aunque lo cierto es que todas ellas son igualmente poderosas.

Mi sugerencia es que leas las cualidades de cada una de ellas sin prisas, de manera pausada y de una vez, subrayando o tomando notas en tu cuaderno/diario de conexión con las hadas de lo que vayas sintiendo y de lo que te parezca más afín a tu persona, a tu naturaleza y a tus sentimientos, sin prisas. Se trata de una primera lectura de aproximación sobre sus cualidades y características únicas, especiales, mágicas y poderosas, para que más tarde puedas decidir por cuál empezar, teniendo en cuenta la sintonía que sientas.

Quizá te atraigan todas, pero estoy segura de que elegirás la que te parezca más sencilla, más afín a tu naturaleza, para empezar a practicar, y, sobre todo, para afianzar tu vínculo con las hadas.

Ve a tu ritmo, poco a poco. Con la práctica sentirás mayor seguridad para visualizar y establecer el contacto con las hadas a través de cada uno de estos portales, pero, primero, conoce en detalle sus cualidades y características.

Las siete puertas al reino de las hadas

Se puede acceder a estas siete puertas o entradas a la realidad de las hadas a través de la imaginación, de la visualización creativa (para adquirir práctica) mientras se medita.

Gracias a la meditación, de manera sencilla, fácil y práctica, se va logrando la conexión, la confianza y la certeza de conectar con las hadas, especialmente con el hada madrina o con las hadas de alguno de los siete linajes por los que te sientas en especial sintonía. Visualizar con los ojos cerrados te aportará confianza, soltura y certeza.

Imaginar/visualizar. Puede que al principio creas que sólo estas imaginando; sin embargo, con la práctica, serás consciente de que tu mente no es quien dirige lo que estas visualizando. La diferencia entre imaginar y la visualización creativa es la siguiente: lo que ves es creativo, es único, y sucede en un espacio de realidad paralelo.

¿Qué es una puerta energética? Las puertas energéticas son lugares de poder en sí mismos. Para conectar y sentir el vínculo con un ser del otro mundo, una hada, tienes que sentir que estás en un lugar de poder, y cada una de estas siete puertas energéticas lo es. Los portales o puertas energéticas son lugares seguros, sagrados, de una vibración elevada.

Música. Puedes facilitar la técnica meditativa con la ayuda de música que resulte especialmente significativa para ti, «música de hadas», una música cuyos sonidos te resulten relajantes, de melodías bastante alegres y, a la vez, con un ritmo sereno, sobre todo dominados por sonidos de la naturaleza, que de alguna o de muchas maneras te haga sentir paz y felicidad, y te facilite la sintonía para poder visualizarlas, transportándote a espacios de la naturaleza de manera natural, sencilla y eficaz, y, por supuesto, también puedes realizar esta meditación de conexión en parajes de la naturaleza propia de los lugares indicados, sitios tranquilos y relajantes en los que la magia flota en el aire y te hace sentir en conexión con todo lo que te rodea.

La música es muy importante porque expande los sentidos sensoriales hacia otros niveles de realidad que, para el cerebro, son el acceso a la cuarta y la quinta dimensión de consciencia, ya que este tipo de música, en la mayoría de ocasiones, está canalizada, compuesta e interpretada por músicos de una sensibilidad especial y auténticamente mágica, de ahí que sean tan inspiradoras y faciliten, de manera natural, el acceso a los niveles de realidad donde son y existen las hadas y los seres luminosos.

La siguiente información también resulta útil a la hora de crear un altar de hadas. Ya sabes que un altar es un foco de orden y armonía que te capacita para llevar a cabo el ritual de conexión, canalización, meditación, visualización, sintonización y facilidad con mayor eficacia, equilibrio y armonía.

En cada una de las listas que sugiero para cada una de estas puertas energéticas, cuentas con algunas descripciones de objetos especiales que resultan especialmente eficaces para crear tu propio altar personal y generar un foco de luz de elevada vibración energética.

Cuando estés en la naturaleza, no será necesario el altar, ya que la armonía de estos lugares es, en sí misma, pura belleza. Aun así es recomendable que lleves contigo uno o varios minerales de tu elección, ya que, por su composición química y por su forma, te ayudarán a elevar tu vibración y resonancia.

El sol y sus características: primer portal energético

Como portal energético, al cerrar los ojos, debes visualizar ante ti la esfera dorada, luminosa, brillante, acogedora, que, por supuesto, no emite calor; se trata del sol energético, cuántico, no del sol físico.

Aunque, si lo deseas, siempre que tengas ocasión, puedes realizar la conexión / meditación / visualización en plena naturaleza, sobre todo, a la hora del amanecer o del atardecer, cuando la esfera solar no perjudica la vista si la observas con los ojos abiertos durante unos instantes antes de cerrar los ojos. Los pasos a seguir serán los mismos, tanto si estás en plena naturaleza como si estas cómodamente en tu casa e imaginas la esfera solar frente a ti, bella, dorada o anaranjada, esférica y esplendorosa.

El siguiente paso, ya con los ojos cerrados, consiste en imaginar, sentir o visualizar que trazas la estrella de siete puntas (por eso es importante que hayas practicado dibujándola en un papel hasta aprender cada uno de sus trazos de memoria, para que, de este modo, cuando medites, te resulte fácil visualizar que la trazas frente a ti).

A continuación, tienes que sentir que la luz dorada y cálida, y el brillo del sol te rodea, y que la respiras. El hecho de imaginar o sentir que respiras cromáticamente en dorado elevará de manera automática la vibración de tus células y aumentará tu capacidad de visualizar, además de incrementar la frecuencia de todos tus centros vitales o *chakras*.

Después, sentirás que puedes «ver» más allá de la luz dorada, y, con el sentimiento, empezarás a visualizar que te hallas en un bello paisaje de naturaleza mágica, un paraje especial donde te sientes en paz, en presencia de un aroma a naturaleza especial, e incluso puedes sentir que cerca de ti hay algún animal de poder amoroso, o incluso tu hada madrina. Ten en cuenta que, hasta que adquieras la suficiente práctica, quizá no la visualices del todo nítida; puede que tan sólo la sientas, o que visualices una luminosidad especial que te transmite paz interior, amor, familiaridad, etc.

Si te decides a utilizar este portal como método de acceso y conexión con la realidad de las hadas, es importante que tengas en cuenta lo que, según la práctica y experiencia de las conexiones con esta puerta, el Sol, está relacionado, ya que quizá visualices alguno o varios de los símbolos y arquetipos con los que está relacionado el sol energético, por lo que aquí incluyo algunos animales u objetos especialmente vinculados con el portal mágico del sol como escenario de conexión y visualización con la realidad de las hadas, y que pueden formar parte de tu experiencia personal del escenario, paisaje o entorno en el que sientes que te encuentras al atravesar el portal de la esfera solar energética:

* **El ave fénix**: animal mítico real en la realidad de los seres mágicos del otro mundo. Su simbología está relacionada con la capacidad de resistencia y renacimiento, «resurgir de las propias cenizas». Sus atributos y cualidades poseen la fuerza del sol, dador de vida. En este sentido, si al atravesar la puerta solar visualizas con tu sentimiento que te espera un ave fénix, es porque, de alguna manera no comprensible para la mente lógica, esta ave mágica tiene un vínculo especial contigo, de otros ciclos, de experiencias evolutivas anteriores, y será tu guía hacia el encuentro o entrada a la realidad de las hadas.

    También es importante recordarte que en estos lugares interdimensionales podemos comunicarnos con todos los seres mágicos, y si fuera el caso, por supuesto, puedes comunicarte con el lenguaje de los sentimientos, con el ave fénix o con cualquier otro ser mágico; todo cuanto tenga que comunicarte lo sentirás con claridad tanto en tu pensamiento como en tu sentimiento.

* **El dragón**: animal mítico, tanto para muchas culturas orientales como occidentales, sobre todo para la cultura

celta. Representa la protección, la valentía y la fuerza del camino espiritual, de los senderos de autoconocimiento personal.

Las hadas son expertas en la medicina del dragón, es decir, en sus cualidades y ayudas energéticas. Los dragones que se pueden visualizar en esta puerta energética son dragones solares, luminosos, por lo general dorados, de cualquier tamaño, desde diminuto a colosal. He de recordar, una vez más, que los animales mágicos pueden comunicarse contigo a través del lenguaje de los sentimientos, es decir, podrás sentir que te hablan; incluso podrás sentir y percibir la tonalidad y peculiaridad de su voz, su amor, calidez y armonía.

* **La salamandra**: ser energético, de carácter y simbología mística afín al fuego, a la consciencia y poder del fuego espiritual. Suelen visualizarse cuando en el escenario de contacto se manifiesta una hoguera, un fuego ritual, que puede ser dorado, violeta o incluso blanco, y cuyas llamas, al oscilar, permiten ver sus formas ondulantes y sinuosas. Su presencia en la visualización es dinámica, rápida y revitalizadora, más que de conexión personal; forman parte del fuego vivo, de las llamas y oscilaciones del fuego al visualizarlo.

* **Oro**: metal solar por excelencia cuya vibración posee una significación y resonancia especial que eleva la energía, la vibración del campo áurico y de los *chakras*, y, por lo tanto, expande, eleva y fortalece el nivel de consciencia. Si en alguna ocasión visualizas o sientes que tu hada madrina o algún hada del linaje con el que estés llevando a cabo una conexión te entrega un objeto de oro, evidentemente será de manera sutil y etérea, y tendrá la finalidad de elevar tu energía personal, la vibración de tus *chakras* y aura, y ella misma te indicará los atributos, cualidades o características de dicho objeto, por qué te lo entrega, para qué y cómo utilizarlo, así como sus cualidades y propiedades especiales para ti, para tu momento o etapa en la que estés en ese instante de tu

vida, ya que esta experiencia es exclusivamente tuya, y nadie ajeno a ti podrá explicarte por qué o para qué te ha entregado, en estado meditativo, un símbolo de poder, un símbolo personal.

* **Objetos de la gama cromática del dorado, amarillo**: los objetos materiales y el tono sutil del color dorado y amarillo brillante representan e indican una energía elevada, luminosa, de sabiduría, verdad y sanación. Disponer en tu altar o en tu indumentaria de objetos o adornos de esta tonalidad elevará la vibración tanto de ti como de tu altar en el caso de situar dichos objetos él.

* **Equivalencia con los colores naranja, rojo y rosado**: son colores, tanto en sentido material como sutil, relacionados y equivalentes a la gama cromática, que, en ocasiones, a nivel visual, presenta el Sol, el atardecer o el anochecer, en especial, en determinadas épocas del año. Por ejemplo, para facilitar tu habilidad de utilizar este portal, el del sol, puedes colocar alguna lámina o fotografía de la esfera solar anaranjada del amanecer o del atardecer. Y también puedes utilizar en tu indumentaria o en tu altar personal esta gama de colores.

* **Minerales afines a este portal:** todos los minerales de estos colores, como, por ejemplo, el topacio, el cuarzo rutilado, el cuarzo citrino, el ágata cornalina, el cuarzo rosado, el rubí, la rodonita, la rodocrosita, etc., te resultarán beneficiosos para elevar tu resonancia, tu intuición y tu capacidad para visualizar.

Llevar sobre tu cuerpo, sostener entre tus manos cuando meditas y/o colocar sobre tu altar de meditación algunos de estos minerales elevará la vibración, facilitará conexión y reforzará tu capacidad de visualizar, ya que los minerales, por su naturaleza viva, poseen una longitud de onda que vibra de manera armónica y constante que armoniza y amplifica nuestras capacidades sensoriales, sobre todo, a la hora de visualizar.

Secretos de cada puerta

Los secretos de cada puerta son los recursos de ayuda. Cada puerta energética está especializada en recursos dependiendo de tu momento, tu etapa, tus inquietudes o las cuestiones personales por las que la has elegido.

En este sentido, en cada uno de los siete portales energéticos, contarás con un listado de aquellas cuestiones que, por afinidad, te permitirán definir la solicitud de ayuda, de respuestas para tu comprensión y avance evolutivo, de manera que puedas llevar a la práctica soluciones y, por supuesto, recibirás ayuda para tomar decisiones con más confianza resolutiva.

Los secretos de esta puerta: los secretos de esta puerta están relacionados con aquellos asuntos, momentos, etapas o circunstancias personales por las que sientas que quieres «entrar» a través de este portal energético y pedir ayuda a las hadas del linaje correspondiente y/o de tu elección, ya que esta información que ahora estás leyendo sirve tanto para la conexión con tu hada madrina como para más adelante, con las hadas de los siete linajes.

Asuntos, motivos y deseos, relacionados con:

* **Fuerza**: en todas aquellas cuestiones, momentos personales, etapas y situaciones en las que sientas que necesitas un refuerzo, un acopio de fuerza, tanto interior como exterior, para salir adelante, para llenarte de fuerza, de energía y de vitalidad, ya sea física o anímica.
* **Vitalidad**: en las circunstancias en las que necesitas recuperarte, sobreponerte, revitalizarte, después de una etapa o experiencia de decaimiento, debilidad física o anímica por la que te has sentido sin vitalidad como, por ejemplo, después de una intervención quirúrgica.
* **Renovación:** en los momentos en los que tu vida o tus circunstancias están en proceso de cambio o van a cambiar, o, sencillamente, sientes que necesitas renovarte, reinventarte.

* **Triunfo**: cuando tu propósito está enfocado en un proyecto, tanto personal como profesional, y estás con entusiasmo y pasión, creando, expandiéndote, con ilusión y esperanza, y sientes que mereces triunfar.
* **Brillar**: en las etapas en las que, por la razón que sea, has perdido parte de tu brillo, de tu carisma, de tu luz interior y exterior, y necesitas volver a conectar con tu luz única, brillante y personal.

En todas estas cuestiones, y en muchas más que irás descubriendo con la práctica, las hadas pueden ayudarte con su magia. La manera de solicitar su ayuda (en cualquiera de los portales) siempre será mediante preguntas concretas basadas en una sencilla y clara exposición del tema o cuestión para el que pides ayuda, por ejemplo:

¿Cómo puedo... (llevar a cabo tal o cual cuestión)?
¿Es buen momento para que pueda conseguir (tal o cual objetivo)?
¿Qué cambios debería realizar?
¿Qué cuestiones tengo que comprender para... (tal o cual situación)?
¿Qué necesito comprender para mejorar... (tal o cual cuestión)?
¿Cómo puedo mejorar mi... (economía, salud, bienestar, relación, situación...)?

Hadas afines al portal energético del sol: todas.

El bosque / la arboleda y sus características: segundo portal

Puedes utilizar como puerta/portal de conexión el espacio de la naturaleza especialmente mágico de un bosque a través de la visualización en estado meditativo, que puede inspirarte paz y tranquilidad. Puedes estar cómodo en casa e imaginarlo. Como sabes, la mente, el cerebro, es multidimensional, y en cuanto cierras los ojos, puedes rememorar, o imaginar tanto un bosque conocido, en el que hayas estado físicamente, o bien crearlo con tu imaginación o contemplarlo en una ilustración, fotografía o pintura de un bosque que haya llamado especialmente tu atención, para contactar con tu hada madrina o con el hada representativa de alguno de los siete linajes.

El bosque es uno de los escenarios más afines a la naturaleza de las hadas; es su hábitat, tanto en la naturaleza material como en las dimensiones paralelas en las que ellas habitan. Si te decantas por este portal como puerta de acceso o escenario de conexión, notarás que tus sentidos físicos se expanden, que la naturaleza que estás visualizando de manera creativa está realmente viva, que sus colores y luces son algo diferentes, más intensos, brillantes y luminosos, y que incluso los sonidos y los aromas que, con la práctica, podrás percibir son tan reales como los de la realidad y el esplendor propio de la naturaleza que ya conoces en persona.

Las siguientes son algunas de las características y atributos de este tipo de escenario mágico y poderoso por estar relacionado con:

* **La sabiduría de los árboles y sus enseñanzas**. Las hadas son especialistas en la medicina resolutiva de los árboles, tanto en cuanto a dolencias o afecciones físicas como anímicas. Para la tradición celta sobre todo, los árboles más emblemáticos, como, por ejemplo, el roble, el espino blanco o el avellano, poseen una sabiduría especial muy positiva y beneficiosa para las personas.

  Cada árbol tiene unas cualidades y características únicas, y si para ti el tema de la sabiduría ancestral de los árboles reviste cierto interés, las hadas podrán revelarte poderosos secretos.

* **Dríades**: son los espíritus guardianes de los árboles; para los griegos, de los robles. *Drys* en griego quiere decir «ro-

ble». Las dríades son guardianas de los bosques y de las arboledas. En celta, *druid* quiere decir «Diosa del roble» y «puerta».

* **Faunos**: son seres mitológicos que suelen habitar en los espacios sagrados de las arboledas mágicas y que, en ocasiones, se manifiestan en las meditaciones y visualizaciones de los escenarios psicomágicos. Son expertos en los secretos de la vida de los bosques, su renovación y vitalidad.

* **Hombre Verde**: es el espíritu de la renovación de la naturaleza y representa la capacidad de regeneración de la vida del bosque y de las arboledas.

* **Duendes**: son seres del otro mundo que pueden manifestarse en los escenarios de meditación relacionados con esta puerta, ya que están vinculados tanto a árboles como a bosques.

* **Colores**: los colores que pueden servir tanto para tu indumentaria como para elegir los objetos que quieras colocar en tu altar que más sintonía tienen con este portal energético son el verde, el marrón, el negro y el dorado. Se trata de los colores propios de la naturaleza, de los bosques y de los árboles y arboledas.

* **Minerales**: los minerales verdes y marrones son, por su gama cromática, los más representativos y facilitadores, debido a su resonancia, con los colores predominantes de la naturaleza viva de los bosques, donde los diferentes tonos de verde y marrón son tan abundantes. Por ejemplo, el jade, la malaquita, el cuarzo verde, la amazonita, la ágata musgosa, la serpentina, el peridoto, la crisocola, el cuarzo ahumado (por su afinidad con el color de la tierra), etc. Cualquiera de estos minerales puede usarse como colgante, aunque también se puede sostener entre las manos a la hora de meditar o se puede colocar en el altar de meditación y visualización.

Los secretos de esta puerta: los secretos de este portal de conexión están relacionados con aquellos asuntos, momentos, etapas o circunstancias personales por las que sientas que quieres «entrar» por esta puerta mágica y pedir ayuda a tu hada madrina o a las hadas del linaje correspondiente y/o de tu elección, sobre todo si tu interés personal está relacionado con el poder sanador de los árboles y su sabiduría, y el poder sanador y los secretos de las plantas y de las flores.

Los asuntos que, por lo general, nos llevan a solicitar la ayuda de las hadas se relacionan con:

* **Arraigo al presente**: cuando necesitas centrarte, enraizarte, enfocarte en tu momento y circunstancias personales con determinación.
* **Prosperidad:** en los asuntos que requieran un aporte de confianza, merecimiento, sentirte una persona prospera y merecedora de facilidad y abundancia, porque te esfuerzas y eres creativa y original.
* **Asuntos de profesión y trabajo**: expansión, fuerza y confianza.
* **Realización profesional**: para reforzar la confianza en tus metas y proyectos profesionales.
* **Asuntos relacionados con profesiones, proyectos o metas ligadas con la artesanía**: sobre todo si te encuentras en un momento de cambio o de expansión o con necesidad de conectar con tu propia creatividad.
* **Plantas, semillas**: si por tu pasión, afinidad o profesión, las plantas, su vida, su vitalidad y su naturaleza te interesan de una o de muchas maneras.
* **Iniciativa**: en los momentos en los que reconoces que te falta impulso para llevar a cabo los planes o cambios que desees realizar.

En todas estas cuestiones y en muchas más que iras descubriendo con la práctica, te pueden ayudar las hadas, tanto tu hada personal, tu hada madrina, como las hadas del linaje que hayas elegido para solicitar su ayuda por preferencia o afinidad.

Puedes pedir su ayuda con preguntas concretas basadas en una sencilla y clara exposición del tema o cuestión de por qué pides ayuda, por ejemplo:

¿Cómo puedo... (llevar a cabo tal o cual cuestión)?
¿Es buen momento para que pueda conseguir (tal o cual objetivo)?
¿Qué cambios debería realizar para lograr (tal o cual cosa)?
¿Qué cuestiones tengo que comprender para (tal o cual situación?
¿Qué necesito comprender para mejorar (tal o cual cosa)?
¿Cómo puedo mejorar mi (profesión, proyecto, idea renovadora, economía, salud, bienestar, relación, situación)?

Hadas afines: hada madrina, hadas de la tierra, hadas verdes, hadas marrones, hadas de las flores.

El mar, el océano y sus características: el tercer portal

La visualización de una zona marina u oceánica como portal de conexión con las hadas suele ser común en personas que sienten cierta sintonía y afinidad por el mar, las playas, los acantilados, los paisajes del océano, las cuevas marinas, las islas grandes o pequeñas, las costas, los arrecifes, etc., tanto reales como imaginarios, aunque también es posible contemplar pinturas o fotografías de temática marina, y, por añadidura, de seres que habitan en el mar, como delfines, ballenas o tortugas marinas, que representan la libertad marina, sus secretos, su inmensidad y todas las cuestiones relacionadas con:

* **Agua de la vida.** Tanto tu hada madrina como las hadas marinas pueden enseñarte los secretos múltiples y variados del agua de la vida, el agua salada, de donde procede la vida

de la superficie terrestre, ya que la vida sobre la tierra se originó en el mar.

* **Sirenas**: las sirenas son hadas del mar. Si en tu corazón sientes un vínculo con las sirenas, el contacto con ellas al utilizar esta puerta como portal de acceso a su conexión te aportará agradables sorpresas y enseñanzas muy enriquecedoras y gratificantes, tanto en el espacio personal de tu hogar para realizar la meditación/visualización como en las zonas marinas por las que sientas predilección, como playas tranquilas o lugares donde te sientas en paz y tranquilidad para realizar la conexión frente al mar.

* **Náyades** (griegas) u **ondinas**: son espíritus, tanto de agua salada como de agua dulce, de estanques, manantiales, ríos y fuentes. En ambos casos se trata de seres femeninos del otro mundo, de hadas de agua.

* **Oceánidas** (del mar y del océano, agua salada). Son las hadas marinas de la antigua tradición mágica.

* **Selkies**: se trata de focas que se transformaban en hombres o en mujeres, tanto en la mitología irlandesa como en la escocesa o islandesa. Existen multitud de cuentos, relatos y leyendas celtas de las zonas costeras de estos lugares que cuentan historias acontecidas en el pasado remoto con las hadas del mar. Pueden transformarse ante tu visión interna, en estado de meditación, de focas a bellas mujeres.

* **Animales marinos**: ballenas, tortugas marinas, caballitos de mar y delfines, por ejemplo, suelen ser los animales guía que pueden manifestarse en los escenarios de meditación cuando se elige esta puerta para conectar con las hadas del linaje de agua. Al igual que los animales mágicos de los otros portales descritos, pueden comunicarse contigo a través del lenguaje de los sentimientos, y pueden transmitirte paz, alegría y seguridad para guiarte ante o con las hadas marinas y sus fortalezas, y palacios mágicos de las profundidades marinas de su dimensión y naturaleza de agua.

* **Colores**: el azul celeste, el violeta, el plata, el índigo y el coral son los colores afines al mar que facilitarán y amplificarán tu intención de conexión con este portal energético si los utilizas tanto en tu indumentaria como en los objetos que puedes colocar en tu altar personal a la hora de realizar la meditación y visualización.
* **Minerales**: si eliges la puerta oceánica o marina, puedes decantarte por minerales dentro de la gama cromática del azul, y emplear las denominadas piedras de la Luna por su vinculación y sintonía con el equilibrio de las emociones y el agua, como, por ejemplo, la adularia, la piedra luna, la calcita blanca, la aguamarina, la selenita, el larimar y otras de tu elección, tanto blancas como de color azul claro. Al igual que lo sugerido con los minerales de las otras puertas energéticas, puedes llevar en tu indumentaria estos minerales o bien que formen parte de tu altar personal.

En este altar dedicado a los seres del otro mundo, las hadas marinas y los animales mágicos relacionados con el mar, puedes emplear figuritas de sirenas o de delfines, o bien fotografías de playas o paisajes marinos, así como algas deshidratadas, conchas, caracolas y estrellas marinas, e incluso corales o nácar.

Los secretos de esta puerta: los secretos de esta puerta están relacionados con el equilibrio emocional, los recuerdos, los ancestros y las tendencias heredadas, las cualidades, los dones y los defectos o limitaciones que nos han transmitido de manera consciente o inconsciente, con las relaciones interpersonales, con los asuntos relacionados con la comida, las dietas, el aspecto físico, con todo lo que sirve para nutrirnos o intoxicarnos, con las dependencias, los desapegos, los miedos, los temores y todas aquellas cuestiones como las relaciones tóxicas, el desapego, las etapas o circunstancias personales por las que sientas que quieres «entrar» por esta puerta y pedir ayuda a las hadas del linaje correspondiente (preferiblemente el linaje de las hadas de agua) y/o de tu elección para comprender, sanar o encontrar soluciones relacionadas con estas cuestiones.

Las hadas de agua pueden ayudarnos en asuntos relacionados con:

* **Emociones:** para conseguir equilibrio, armonía y comprensión de nuestras emociones.
* **Elixires:** líquidos como el mar, el agua dulce y salada. Todas las cuestiones relacionadas o en las que intervenga el agua, y que, de alguna manera, estén vinculadas con la sanación, la memoria del agua, el poder de transferencia al agua, el potencial tan efectivo que poseen los elixires o el agua informada o la cualidad sanadora del agua de mar.
* **Agua magnetizada** y otros procesos alquímicos que se pueden obtener con el agua para que se impregne energéticamente de las vibraciones de las plantas, las flores, los minerales, etc.
* **Situaciones de ahogo, estancadas,** como la comprensión de situaciones especialmente limitadoras en las que la apariencia es asfixiante, la energía no fluye o no se ven los resultados. Tanto en estos como en otros casos, la ayuda de las hadas de agua nos puede permitir encontrar soluciones a través de acciones de no resistencia, al aprender a saber fluir y ser flexibles con entrega y confianza en cada situación y momento.
* **Fluir:** Hay que saber fluir, dejarse llevar con la confianza de que la vida misma está en continuo movimiento expansivo. Ésta es una de las especialidades de la ayuda de las hadas de agua que iremos adquiriendo o fortaleciendo con la práctica.
* **Alquimia:** en el sentido de los secretos del agua, de los líquidos; transformación interior y exterior en todos los casos en los que los procesos alquímicos se lleven a cabo; se trata de exteriorizar lo mejor de uno mismo.

En todos los temas descritos, y en muchos más que iremos descubriendo con la práctica, las hadas del linaje de agua pueden resultar de ayuda. La manera de solicitar su apoyo siempre será mediante preguntas concretas basadas en una sencilla y clara exposición del tema o cuestión de para qué necesitas su apoyo, como, por ejemplo:

¿Cómo puedo (llevar a cabo tal o cual cuestión)?

¿Es buen momento para que pueda conseguir (tal o cual objetivo)?

¿Qué cambios debería realizar para lograr (tal o cual cosa)?

¿Qué cuestiones tengo que comprender para (tal o cual situación)?

¿Qué necesito comprender para mejorar (tal o cual cosa)?

¿Cómo puedo mejorar mi (economía, salud, bienestar, relación, situación)?

¿Qué pasos he de seguir para elaborar agua informada, elixir, agua magnetizada que me ayude a (tal o cual cosa)?

Hadas afines: hadas de agua.

La magia blanca: cuarto portal

La magia blanca es una forma de vida consciente que tiene en cuenta que todo, absolutamente todo en la vida, está conectado.

Este es el significado, como portal mágico de acceso de conexión con la realidad de las hadas del cuarto portal: sentir, de manera sencilla y consciente que todo, absolutamente todo, está interconectado en el Universo. La magia blanca es la confianza, certeza y seguridad absoluta de que tú mismo eres mago, y que, por lo tanto, puedes establecer la conexión con la realidad de las hadas con tan sólo centrar tu mente, tu sentimiento, tu intención y tu respiración, dedicando un tiempo de meditación, de tranquilidad, un instante para cerrar los ojos y acceder a su realidad con tu magia.

En este sentido, la magia blanca y el mago blanco pueden ser un portal de acceso a través de la visualización creativa: un aroma, un color, una sensación amorosamente agradable, una música que transporta a otros niveles de realidad y dimensiones más allá de lo material durante un tiempo de meditación, la sensación de paz y calma interna y externa natural, situaciones y actitudes que forman parte de la vida real y cotidiana de la persona que cree en la magia de manera sencilla, poderosa y natural.

Actitud impecable. La actitud del mago blanco se centra en tratar de ser impecable en sus actos, en sus pensamientos, en sus sentimientos, y, por lo tanto, vive la magia blanca desde un estado de conciencia como base de vida y forma de ser íntima y personal, con humildad, con sencillez, trabajando y autoobservando su poder de comprender las leyes naturales que rigen la vida, respetándola, valorando la pureza e inocencia del corazón y tratando de aplicar la máxima celta del «vive y deja vivir. Haz lo que quieras y sientas sin dañar a nadie ni a nada. Haz a los demás lo que te gustaría que te hicieran a ti».

Y, como habrás deducido, acceder a la realidad de las hadas a través del portal de la magia blanca requiere práctica, experiencia, confianza y una absoluta certeza en la magia de la vida, la magia natural, la magia blanca.

Confianza en la acción. La magia blanca consiste en tener confianza en la acción, tener paciencia, adquirir experiencia en los rituales y ceremonias para vivir en armonía con la misma vida, de manera holística, es decir, teniendo en cuenta que todo tiene un ritmo que fluye según los propios pensamientos, sentimientos y acciones. Quizá por estos motivos se dice que no hay ni magos ni magas jóvenes, ya que, para ser mago, se necesita mucha experiencia, algo que surge de la vida misma, de las situaciones vividas, de los años de aprendizaje y experimentación, de los errores y aciertos, del fortalecimiento de la confianza, domesticando el ego, las fantasías y las pretensiones ilusorias.

Pero no te desanimes si eres muy joven. Recuerda que la sabiduría del alma no conoce edad, por lo que también hay magos blancos que no son ancianos. Una de las ventajas que tiene el hecho de cumplir años es que la impaciencia pierde fuerza y, en su lugar, la calma, la confianza y la sonrisa se instalan en el semblante y en el corazón del mago blanco.

El altar personal. El altar personal, el lugar especial donde se medita, donde se practican las conexiones con los seres de otros niveles de realidad (también llamados familia de alma), es muy importante para el mago blanco, ya que su altar es su puerta sagrada más especial de conexión. Por este motivo, sitúa objetos significativos en su altar (que puede ser muy sencillo o muy elaborado) para el ejercicio del poder creador de su propia realidad.

El poder de la humildad. La persona que se considera a sí misma un mago blanco es consciente de que forma parte del universo y de todo cuanto existe, de lo que vemos y lo que no vemos, y confía en que sus aliados, los seres del otro mundo, formen parte de su realidad cotidiana, sin olvidar atender a sus responsabilidades materiales, sean cuales sean. Un mago blanco no va por ahí diciéndole al mundo lo que es. La magia blanca es amor anónimo donde el ego no brilla. Lo que brilla en el mago blanco es su servicio a la luz, al amor y a la evolución; no se anuncia, no alardea, no se define a sí mismo como un mago blanco porque ha integrado en él el poder de la humildad. Su vida es sencilla, casi siempre independiente. Su carácter, sentimientos y emociones son estables, porque en él ha arraigado ya la confianza en sí mismo y en la vida, en el fluir de la vida y los acontecimientos: es consciente de que las circunstancias y los acontecimientos, con independencia de los que sean, forman parte de una realidad de apariencias en permanente cambio. Es una persona que sabe y vive con atención, intención y acción. Y, aunque no posee rasgos concretos que le puedan identificar, siempre le acompaña una aureola carismática que sólo es percibida por personas sensibles cuya afinidad le reconoce de manera respetuosa y silenciosa. Los magos blancos auténticos se reconocen entre ellos sin necesidad de palabras ni tarjetas de visita.

Sin distintivos. Un mago blanco no lleva ningún distintivo: el ejercicio de la magia blanca es empático y solidario; se ayuda a los demás en cada ocasión, a través de las relaciones personales o profesionales, pero, sobre todo, se ayuda a sí mismo con el objetivo de ser mejor ser humano cada día. No tiene adeptos, ni fans, ni seguidores, ni discípulos, ni permite que nadie se le acerque con dependencias. No se le puede tentar, ni comprar, ni adorar, ni seducir. Y, por supuesto, no se le puede manipular.

Un mago blanco es una persona de poder a la que no se le nota su poder. Un mago blanco no es una persona perfecta: es humana, puede equivocarse, rectifica, aprende de sus errores y trata en todo momento y en todos los ámbitos de su vida ser impecable, con paciencia y flexibilidad.

Los magos blancos ocupan todos los estratos sociales y profesiones conocidas; pueden ser y estar en cualquier lugar, y pueden tener cualquier apariencia.

Con la mano en el corazón. Después de leer todas estas descripciones, pregúntale a tu mente y a tu corazón:

¿Te identificas con estas definiciones?
¿Dirías de ti que eres un mago blanco?
Y ten en cuenta que el mago blanco no tiene una meta mágica definida, sino que prefiere disfrutar por el camino, paso a paso, logro a logro.

Características de este portal

Si decides utilizar el cuarto portal, el de la magia blanca, te interesarán, por afinidad, especialmente los rituales y las ceremonias, por lo que, a continuación, incluyo algunos datos que con seguridad conocerás, para que los tengas en cuenta:

* **Colores**: para el ejercicio de la magia blanca, todos los colores son apropiados, pero la gama cromática violeta-púrpura, los colores brillantes, luminosos y los dorados y blancos son los predilectos de los rituales, meditaciones, sintonizaciones y canalizaciones, en especial por su resonancia facilitadora de estados de conciencia elevados y armoniosos.

* **Minerales**: para la puerta de la magia blanca y su ejercicio, puedes utilizar los minerales que sean especialmente significativos para ti. Suelen ser minerales que resuenan con las cualidades del *chakra* del entrecejo y del *chakra* de la corona para potenciar la intuición, la conexión y la capacidad de visualizar y canalizar. Por ejemplo, cuarzos maestros, cuarzo citrino, topacio, amatista, sodalita, lapislázuli, chaorita, ojo de halcón, diamante, cuarzo herkimer, sugilita, tanzanita, indigolita, shungita, obsidiana, ónix, turmalina negra u ópalo multicolor.

Los secretos de esta puerta: los secretos de esta puerta están relacionados directamente con el lado mágico de la vida, con las sincronicidades, las analogías y las causalidades que las personas corrientes atribuyen a la casualidad.

Los secretos de esta puerta son los que comparte la realidad mágica de las hadas, los seres del otro mundo, que conocen el funcionamiento de las leyes de la vida, cuestión a la que aspira todo mago blanco a lo largo de su vida y de su camino de aprendizaje y autoconocimiento. Por lo tanto, es la puerta por la que es más fácil acceder a la realidad de las hadas en cualquiera de sus linajes que para ti sea especialmente afín a tu naturaleza, a tu momento y con cualquiera de los siete linajes de las hadas.

La magia de las hadas puede ayudarnos en todas las cuestiones relacionadas con lo mágico y lo sagrado personal, como, por ejemplo:

* **Símbolos sagrados**: significado o ampliación de información de algunos símbolos considerados sagrados y en

sintonía con la tradición y práctica de la magia blanca de todos los tiempos y culturas.

* **Palabras de poder**: atributos de determinadas palabras de poder cuyo significado está relacionado con la dinámica, la práctica y la efectividad de la magia blanca. Las palabras de poder son consignas que facilitan el ejercicio de la magia natural o magia blanca.

* **Rituales y ceremonias**: pueden ser muy sencillos o elaborados, en función de lo que quieras lograr y el proceso para conseguirlo, ya que la magia sigue un flujo energético natural que acompaña a los ciclos de la naturaleza.

* **Poder de concentración**: la ayuda que puedes recibir de las hadas a través de la puerta o conexión con la magia blanca afianzará tu decisión de meditar, facilitará tu capacidad de canalizar, potenciará tu intuición, te sentirás con mayor protección en el sentido de seguridad y determinación, desarrollarás mayor atención ante hechos sincrónicos (mágicos) y vivirás con un sentido de buena estrella (suerte), valentía, sentido común, poder personal y, a la vez, sencillez y humildad, ya que éstos son los valores y los auténticos pilares y cimientos en los que se asienta la magia blanca, la confianza en la vida y el merecimiento de atraer suerte y prosperidad en tu vida de manera alegre y realista, lo cual repercutirá en tu aspecto físico, anímico y de salud y bienestar.

Para solicitar su ayuda, habrá que formular preguntas concretas basadas en una sencilla y clara exposición del tema o cuestión de para qué pides su apoyo, por ejemplo:

¿Cómo puedo (saber sobre tal o cual cuestión)?
¿Es buen momento para que pueda realizar (tal o cual ritual, ceremonia, objetivo)?
¿Qué cambios debería realizar para lograr (tal o cual cosa)?
¿Qué cuestiones tengo que comprender para (tal o cual cosa)?

¿Qué necesito comprender para mejorar (tal o cual cosa)?
¿Cómo puedo mejorar mi (economía, salud, bienestar, relación, situación)?

Hadas afines: todas.

La Luna: quinto portal

El lado mágico y enigmático de la Luna siempre ha despertado fascinación, romanticismo, misterio e inspiración a los poetas y a las personas soñadoras y románticas. Su luz pálidamente blanca, su forma cambiante a causa de sus diferentes fases, su aspecto enigmático, y sobre todo, si desde siempre te has considerado una persona que siente fascinación por la Luna, ésta puede ser tu puerta mágica de conexión con las hadas, con todos los linajes de las hadas.

Ciclos femeninos. La Luna está relacionada con lo femenino, con los cambios y fluctuaciones, con las emociones, con la maternidad y las mareas, con la sensibilidad, con los ciclos femeninos, con el embarazo, con la menstruación, con las semillas, con las siembras y las cosechas, con la fraternidad entre mujeres, con el hogar, con los espacios acogedores, con el matriarcado y los círculos de mujeres, con el equilibrio emocional, con los líquidos, con los elixires, con el poder del agua, con las Diosas lunares, y, sobre todo, con el empoderamiento femenino, el poder femenino equilibrado y natural.

Escenarios lunares. Para utilizar este portal como tu puerta de acceso a la realidad de las hadas, puedes estar en plena naturaleza, sobre todo en las noches de luna llena, tanto a la intemperie como en la comodidad de tu habitación, y también puedes imaginar la luna llena y brillante con los ojos cerrados en el lugar que desees, a cualquier hora, tanto de día como de noche. Lo que hay que tener en cuenta es que debes visualizar siempre la Luna en su fase llena, redonda, esplendorosa, porque es la forma y la fase más poderosa y mágica.

A continuación incluyo algunas equivalencias, características y afinidades relacionadas con la Luna para que puedas incluirlas tanto en tu indumentaria como en tu altar personal de meditación.

* **Formas:** objetos como espejos redondos, imágenes o figuras de la Luna, recipientes con agua, bolas de vidrio, objetos de plata, etc.
* **Colores**: los colores afines a la puerta energética de la Luna son: el blanco, el gris y, sobre todo, el plateado.
* **Minerales**: los minerales cuya resonancia te facilitará la conexión con esta puerta mágica son todos los de color blanco, brillante y luminoso, como, por ejemplo, las llamadas piedras de la luna: la adularia blanca, la labradorita (es una piedra lunar, pero no es de color blanco), la selenita, el cuarzo lechoso o blanco, la madreperla, la perla, el nácar (estos últimos, minerales orgánicos).

Los secretos de esta puerta: los secretos de esta puerta están relacionados con aquellos temas, momentos, etapas o circunstancias personales por los que sientas que quieres «entrar» a través de este portal energético y pedir ayuda a tu hada madrina o a las hadas del linaje correspondiente y/o de tu elección.

Los motivos, deseos o asuntos que generalmente conducen a solicitar la ayuda de las hadas utilizando como portal de acceso la luna llena, se relacionan con:

* **Comprensión**: entender un hecho, circunstancia o acontecimiento que para ti tenga especial importancia y que no logras dilucidar, sobre todo cuando las emociones están a flor de piel y pueden impedirte comprender una situación con objetividad.

* **Equilibrio emocional**: procesos personales o de relaciones con otras personas en los que puedes necesitar apoyo emocional, equilibrio y armonía para no desbordarte.
* **Seguridad en el propio espacio** (hogar, habitación): si te consideras una persona especialmente sensible para sentir, oír o incluso ver presencias o energías que puedan causarte desasosiego, lo más probable es que se deba a tu capacidad de videncia latente o a una intuición especial para sentir dicho tipo de energías que pueden resultarte molestas o desconcertantes. En este sentido, la ayuda de las hadas, y, en especial, la del hada madrina, puede permitir que te sientas con mayor paz, tanto interior como exterior, así como que comprendas que tu sentido extrasensorial que nada tiene que ver con un problema psíquico o psicológico: en casos de paranoias, alucinaciones o fenómenos extraños y/o paranormales, se tendrá que seguir las pautas y consejos del médico o profesional de la salud psicológica pertinente.
* **Profesionales relacionadas con la maternidad**: las hadas adoran a los bebés y a las madres, en especial, a las mujeres embarazadas. Si por tu vocación has elegido algún tipo de profesión relacionada con la maternidad, la ayuda de las hadas te resultará muy enriquecedora.
* **Terapeuta holístico**: si tu propósito es utilizar técnicas holísticas, terapias vibracionales o complementarias, la ayuda de las hadas te servirá para potenciar tu intención de ayuda y tu capacidad sanadora, tanto a nivel intuitivo como inspirador.
* **Miedos**: todos los miedos y temores personales pueden comprenderse y superarse con la ayuda de las hadas, sobre todo con las hadas de los linajes de agua y de tierra, siempre y cuando dichos miedos no excedan el límite de comprensión y superación, ya que en el caso de miedos paralizantes y/o limitadores o de angustia psicológica, se deberá seguir el asesoramiento de un psicólogo como ayuda profesional pertinente.

En todos estos temas y otros más que irás descubriendo con la práctica, las hadas pueden resultar de ayuda. Recuerda que es importante que como portal energético visualices o te sintonices con la luna llena, por ser la fase lunar en su máximo esplendor.

Para solicitar su ayuda, siempre hay que proceder mediante preguntas concretas basadas en una sencilla y clara exposición del tema o cuestión por la que pides su apoyo, como, por ejemplo:

¿Cómo puedo (saber sobre tal o cual cuestión)?

¿Es buen momento para que pueda realizar (tal o cual ritual, ceremonia, objetivo, proyecto de sembrado, de inicio de la cosecha, relacionado con tal o cual tema)?

¿Qué cambios debería realizar para lograr (tal o cual cuestión)?

¿Qué cuestiones tengo que comprender para (tal o cual situación?

¿Qué necesito comprender para mejorar (tal o cual cosa)?

¿Cómo puedo mejorar mi (economía, salud, bienestar, relación, situación)?

Hadas afines: hadas de agua y hadas de tierra.

El viento: sexto portal

Ésta es una de las puertas de acceso más ancestral y especial a los reinos mágicos.

El poder del viento. Esta puerta mágica está relacionada con el canto, con las palabras de poder y con los antiguos sonidos que emulan la naturaleza (sonidos primordiales), como, por ejemplo, imitar con el propio aliento, o silbando de manera suave, el sonido del viento, o el que hacen las hojas mecidas por el viento o la brisa, de una manera pausada y serena, del mismo modo que con la entonación de los cantos vocálicos (cantar las vocales en una cadencia especial como si se acunara al viento, a modo de arrullo o nana).

El viento es un elemento mágico: transporta el sonido, tanto perceptible como imperceptible, así como los aromas y fragancias, y para la magia de las hadas es muy importante, pues es con el aire y con la luz solar con lo que se impulsan y trasladan las hadas a través de las dimensiones.

Aliento de vida. El aire es el pulso de la vida: el proceso de respiración, la oxigenación, tan importante para los seres vivos de los reinos animal y vegetal.

El viento como portal mágico. Para utilizar esta puerta como portal de acceso a la realidad de las hadas, tan sólo tienes que imaginar que te encuentras en un lugar de la naturaleza que sea especialmente significativo para ti, y, después, sentir, imaginar o visualizar que te encuentras allí y que el viento comienza a mecerte con suavidad, haciéndose presente en tu escenario imaginado. También puedes llevar a cabo esta conexión en un paraje natural, pero recuerda que como tienes que permanecer, si es posible, con los ojos cerrados para que te resulte más fácil visualizar y conectar mente / corazón, quizá sea más sencillo, cómodo y práctico realizar la conexión en un lugar tranquilo y confortable de tu hogar.

Afinidades del viento. El viento abarca un sinfín de atributos, ya que está relacionado con:

* **Las sílfides o hadas de aire, los silfo**: espíritu del viento, silfo en masculino y sílfide en femenino. (Paracelso habló de ellos como elementales del aire). Están vinculados a las hadas de aire y a los elfos.
* **Pegaso**: caballo alado. Al igual que los demás animales mitológicos, son reales en su propia realidad de cuarta dimensión, seres mágicos del otro mundo.

* **Unicornios alados**: al igual que Pegaso son seres mágicos, y la mayoría de personas a las que les atraen las hadas
también sienten una fascinación especial por los unicornios.

* **Aves**: todas las razas de pájaros que surcan el cielo, tanto
los conocidos como los mágicos, y lo que representan: volar,
surcar el cielo, ver la realidad desde otra perspectiva, buenos augurios, mensajeros de la luz y las buenas noticias,
esperanza y suerte.

* **Las nubes**: en ocasiones, las nubes toman formas auténticamente mágicas a las que muchas personas atribuyen sig-
nificados según las formas y cambios originados por el viento en el cielo.

* **Colores**: tanto para la indumentaria personal como para
los objetos especiales que quieras colocar en tu altar de conexión con las hadas (tu rinconcito especialmente mágico),
dominarán, sobre todo, los blancos, los nacarados, los brillantes, los metálicos y los plateados.

* **Minerales**: calcedonia azul, lapislázuli, zafiro o amatista, y
todos aquellos que tu intuición así te lo sugiera.

Los secretos de esta puerta: los secretos de esta puerta están
relacionados con aquellos asuntos, momentos, etapas o circunstancias personales por los que sientas que deseas «entrar» por
esta puerta y pedir ayuda a tu hada madrina o a las hadas del linaje correspondiente y/o de tu elección. La magia de las hadas
de aire pueden ayudarnos en especial en todas las cuestiones relacionadas con lo mágico y sagrado personal, sobre todo en momentos o etapas de cambios o el proceso de crecimiento personal en el que nos encontremos a nivel de comprensión o incluso
de superación, como, por ejemplo:

* **Volar**. Miedo a volar. ¿Te has fijado en que los niños pequeños juegan a volar abriendo sus brazos al viento y
tomando velocidad? Es la sensación de libertad más ino-

cente, la de confiar en la vida, sentirse feliz y alegre. El miedo a volar, tanto en sentido literal (miedo a ir en avión) como en sentido figurado (miedo a dejar atrás una etapa de limitaciones o de seguridad y emprender camino en solitario: echar a volar), provoca cierto vértigo, y, sin embargo, si el corazón te pide que vueles y si las circunstancias de tu vida te sugieren que has de volar, las hadas del linaje de aire podrán ayudarte para que superes tus miedos y resistencias.

* **Levantar el vuelo**: confiar en una nueva etapa de la vida. Dejar atrás una etapa por lo general significa salir de la zona de confort. Por ejemplo, «abandonar el nido» familiar y emprender la aventura de vivir solo o con personas que no son de la propia familia o con una pareja. También en momentos en los que nuestras circunstancias profesionales nos exigen un cambio y nos aventuramos a emprender nuevos caminos y horizontes. En estos casos también las hadas pueden ayudarnos a sentirnos con mayor confianza y acierto en nuestras decisiones.

* **Cambios**. Todos los cambios, tanto previstos como imprevistos, pueden provocar desasosiego, insomnio, ansiedad e incertidumbre, pero si contamos con la ayuda de las hadas, podremos enfrentarnos a estos temores o dudas, que casi siempre pertenecen a la mente lógica y razonable, y así podremos fluir de manera más positiva y con confianza.

* **Ideas**. Si por nuestro trabajo o profesión necesitamos tener inspiración, generar ideas originales o propuestas creativas, las hadas de aire siempre podrán ayudarnos de manera mágica y eficaz.

* **Sanación de recuerdos**. Se trata de la sanación del pasado: los recuerdos dolorosos son pesos, pesares que soporta el corazón. Y un corazón herido, con recuerdos dolorosos o tristes, no puede expresar dones como la alegría, la confianza, la esperanza y el amor a uno mismo y a los demás. Y, sobre todo, los recuerdos dolorosos nos impiden avanzar,

tanto en el presente como hacia el porvenir. Si en este momento de tu vida estás trabajando en la sanación de tus vivencias del pasado, en tus recuerdos limitadores o dolorosos, las hadas pueden ayudarte, ya que te recuerdo que una de sus especialidades es la de ayudar a quien se ayuda a sí mismo. Es evidente que no hablo de recuerdos traumáticos paralizantes derivados de experiencias extremas (agresión, violencia, tortura, abusos sexuales, etc.), en cuyo caso, el tratamiento y seguimiento será guiado por un profesional competente.

* **Respirar a pleno pulmón.** Las personas felices que viven sin presión y sin estrés suelen respirar profundamente, permitiendo que el aire, el oxígeno, renueve la energía que va acumulándose a lo largo de la jornada por las responsabilidades del trabajo o del día a día. Observa, siente: ¿cómo es tu respiración? ¿Respiras a pleno pulmón?

* **Música.** Los llamados instrumentos de viento poseen la capacidad de convocar a las hadas de aire que se sienten atraídas por las melodías armoniosas que suenan en el aire, tanto si eres tú quien toca un instrumento de viento como si escuchas este tipo de música con instrumentos como la ocarina, la flauta, el clarinete, el saxofón, etc.

* **Canto.** Al cantar (sin importar si lo hacemos bien, regular o mal), ponemos toda nuestra intención de manera consciente o inconsciente en plasmar melodías motivadoras para uno mismo, para nuestro propio estado de ánimo, y el aire entra y sale de nuestros pulmones renovándonos, sanándonos, puesto que, como dice el refrán, quien canta sus males espanta. Las hadas, en los tiempos antiguos, nos enseñaron bellos cantos para elevar nuestra vibración y, por lo tanto, nuestra salud y nuestro estado de ánimo.

En todas estas cuestiones y muchas otras que irás descubriendo con la práctica, las hadas de aire pueden prestarte su ayuda. La manera de solicitarla siempre será mediante preguntas concretas basadas en una sencilla y clara exposición del tema o cuestión de para qué pides ayuda, por ejemplo:

¿Cómo puedo (saber sobre tal o cual cuestión)?

¿Es un buen momento para que pueda conseguir (tal o cual ritual, ceremonia, objetivo)?

¿Qué cambios debería realizar para lograr (tal o cual cosa)?

¿Qué cuestiones tengo que comprender para (tal o cual situación)?

¿Qué necesito comprender para mejorar (tal o cual cosa)?

¿Cómo puedo mejorar mi (economía, salud, bienestar, relación, situación)?

Hadas afines: hadas de aire.

Dimensión energética: conexión cuántica: séptimo portal

La séptima puerta o portal de acceso a la realidad de las hadas es sencilla y poderosa, pero requiere mucha práctica, experiencia y confianza. Sugiero que no la emplees hasta que no hayas adquirido mucha soltura y facilidad en tus conexiones con las hadas y su realidad mágica.

Es preferible ir paso a paso que no empezar por el final.

Este portal es tan natural y afín a las realidades mágicas como todos los demás, pero nuestro cerebro necesita sentir que nos tomamos en serio su capacidad y cualidad multidimensional, y que estas experiencias son vividas con naturalidad y sencillez por muy extraordinarias y especiales que sean.

El lenguaje de la luz. Esta puerta, a diferencia de casi todas las demás, está relacionada con conceptos que, por lo general, no usamos en el día a día y que requieren interés, información, dedicación y convicción, y, sobre todo, mucha práctica, ya que está relacionada con la geometría sagrada, el lenguaje de la luz.

El lenguaje de la luz o la geometría sagrada se vincula con estados de conciencia y de consciencia relacionados con:

* **La unidad**: se trata de uno de los principios herméticos. Todo cuanto existe forma parte de un todo: la unidad, el pulso de la vida, la no diferenciación más allá de las apariencias. Todo está conectado con todo. El universo (universo, la única-verdad) se concibe como una holografía en la que no hay separación; todo está de alguna manera unido por un sistema o conexión invisible que forma parte de un solo latido, de un solo pulso.

* **La unión**: es el concepto más elevado y espiritual que se puede concebir en cuanto que nos une a todo cuanto existe, desde el amor, desde la unión con la creación, sin separación, sin apenas interferencia del ego, sin dudas de la mente racional; desde la coherencia cardiaca, que es la unión de mente y corazón.

* **Colores**: los colores afines con el séptimo portal de conexión con la dimensión de las hadas son los siguientes: blanco luminoso con todos los colores brillantes y cálidos, violeta, negro, dorado y multicolor. Éstos son los colores que contribuirán a elevar la vibración de tu campo energético o aura, tanto si forman parte de tu indumentaria como de los objetos de estas tonalidades que quieras colocar en tu altar personal de conexión.

* **Minerales**: los siguientes minerales, por su resonancia ligada a su composición química especial, a su forma, cualidades y gama cromática, serán los más adecuados para realizar la conexión cuando quieras emplear la séptima puerta energética como portal de conexión con las hadas: diamante (no es necesario que esté tallado con calidad de gema, bastará con que sea un auténtico diamante en bruto, sin tallar ni facetar), ónix negro, black star, amatista, apofilita,

moldavita, cuarzo cristal de roca, ópalo multicolor, labradorita, y, sobre todo, cuarzos maestros; especialmente, entre sus maestrías, están indicados por sus cualidades cuánticas los cuarzos maestros cuánticos, las maestrías atlantes (más información en el libro homónimo editado por esta misma editorial). Son los minerales más emblemáticos, que elevarán la vibración de tu campo energético o aura y que potenciarán todos tus *chakras*, especialmente el sexto y el séptimo (*chakra* del entrecejo y *chakra* de la corona) para incrementar la intuición y la capacidad para visualizar y canalizar.

Los secretos de esta puerta: los secretos de esta puerta se reducen a uno solo: la convicción de que puedes estar en contacto permanente con la realidad de las hadas, con las hadas de cada uno de los siete linajes sin necesidad de visualizar ni de realizar ningún ritual o ceremonia, puesto que ya te has convertido en un canal de conexión desde la verdad del corazón, que no duda, que tiene los pies en la tierra y que, sin embargo, es capaz de vivir en cada momento, con responsabilidad, la fusión de la realidad material con los ojos abiertos y de la realidad energética que no se ve con la mirada física, por lo que ni en tu mente ni en tu corazón hay dudas sobre la realidad de las hadas, de los seres del otro mundo y las realidades de otras dimensiones, las realidades lumínicas, complementarias y unidas de manera intrínseca a la realidad material humana.

Esto quiere decir que tú mismo eres la puerta y el portal de conexión: querer, saber, hacer. O, lo que es lo mismo, intención, atención y acción.

Conexión integrada. Podrás utilizar esta puerta de conexión de manera sencilla y natural cuando sientas que las hadas forman parte de tu realidad cotidiana y de tu realidad extraordinaria, cuando consideres, sin ninguna duda, que cuentas con su ayuda de manera fraternal, natural y poderosamente sencilla. A partir del momento en el que sientes la certeza de que tu vida es mágica y que para ti cada experiencia es una fiesta. Cada limitación o desafío es una oportunidad que trae consigo la solución y la riqueza de la experiencia. Sigues viviendo, como ser humano, en una realidad cambiante, dual y polar, pero te mantienes en unidad con todo, y, sobre todo, contigo mismo.

Vivir en el presente. Tu consigna es sonreír, aceptar y estar en la acción. Has descubierto el poder de la humildad y la maravilla de la magia de vivir, de estar aquí y ahora. Las hadas te ayudan sin necesidad de que se lo solicites, porque forman parte de tu vida de manera natural. Las tienes presente porque viven en tu presente.

Mucha práctica. Pero recuerda que esta puerta requiere experiencia en haber practicado mucho con las demás puertas; necesitas afianzar la confianza en ti para acceder a las posibilidades que te brinda esta puerta: estar en contacto con seres del multiverso, incluso de una apariencia extraña o diferente para el sentido humano, porque las realidades del multiverso son multiversátiles, son realidades o dimensiones donde no hay gravedad, donde puedes sentir intensamente todas las maravillas que ves y percibes al acceder a través de ellas; se trata de una conexión intergaláctica (como de ciencia ficción pero sin ficción, y, por supuesto, la ciencia actual aún no ha descubierto [que se sepa] los parámetros necesarios para aceptarla, investigarla o ponerle nombre) que requiere haber afianzado la estabilidad mental y emocional (nada de fantasías y exhibicionismos del ego o del lucimiento personal pregonando que eres alguien muy especial).

La sencillez de lo extraordinario. Una vez más, se trata de vivir con naturalidad lo extraordinario (y vives en ti, de manera totalmente sencilla, la capacidad tanto de visualizar como de canalizar como una práctica sagrada y personal). Son mundos de realidades de maravilla, luz, color y geometría sagrada.

Ya no hay dudas: lo que puedes experimentar a través de esta puerta o portal no implica ni riesgo ni peligro, sencillamente supone el hecho de que tu mente niegue estas realidades porque no hay puntos de comparación o referencias: todo es nuevo, mágico, irreal para los parámetros de la mente racional, e incluso, en ocasiones, de la misma imaginación.

Ser humano y ser de luz. Se trata de acceder al origen de nuestra naturaleza lumínica como seres de luz, que no tiene nada que ver con la experiencia humana ni lo conocido, aunque nuestro ADN sí tiene memoria ancestral de estas realidades, que, más que verse de manera tangible, pueden sentirse al experimentarlas.

Pero recuerda: no tengas prisa. Puedes experimentar y maravillarte durante muchos años con toda la enseñanza y experiencia que ofrecen las demás puertas. Si te precipitas, no entenderás nada, no veras nada, no sentirás nada... ¿Por qué? Porque se necesita experiencia, confianza y práctica.

Cómo utilizar las puertas energéticas

¿En casa o en el exterior?

Antes de utilizar estas puertas de conexión/meditación directamente en la naturaleza, te sugiero que practiques en un lugar tranquilo de tu hogar donde puedas emplear una lámina o fotografía, o incluso rememorar un lugar de la naturaleza que hayas elegido por su relación con la puerta que desees usar. La finalidad de esta sugerencia es que, al encontrarte en un sitio familiar, sin distracciones, sin prisa ni interrupciones imprevistas, puedas sentirte con la comodidad y seguridad necesaria, sobre todo al principio, y que puedas recurrir a una música especial, a unas barritas de incienso, etc.

¿Qué momento del día es el más adecuado?
Es importante que elijas un momento del día en el que no tengas nada más que hacer, sin prisas, y que no tengas hambre, sed, sueño ni visitas inesperadas, ni tan siquiera el teléfono conectado, y que dispongas con antelación del lugar idóneo para realizar tus prácticas meditativas.

Preparar el lugar
Asimismo, conviene que puedas preparar todo con antelación para llevar a cabo el ritual de conexión, porque ya sabes que, con los seres del otro mundo, y sobre todo al principio, es importante establecer la conexión en el antiguo lenguaje, el que

une a todos los seres vivos: el de los rituales y ceremonias de la Madre Tierra.

Tu varita mágica. Quizá ya sepas muchas cosas relacionadas con las cualidades de la varita mágica. Si no es así, es conveniente que leas el siguiente apartado, donde explicaré y ampliaré la información sobre la importancia de la varita mágica, ya que, entre otras cosas, la varita mágica es necesaria para delimitar el espacio sagrado donde vayas a realizar la meditación/conexión con la puerta elegida; con tu varita mágica, tienes que trazar el círculo mágico.

El círculo mágico. La antigua tradición de la Diosa siempre ha destacado la importancia de realizar los rituales y ceremonias, incluida ésta, en un círculo mágico.

El círculo mágico es el círculo que se traza de manera imaginaria con la varita mágica y que delimita el espacio personal como un acto energético de poder e intimidad que ninguna energía desarmónica puede desestabilizar. Su propósito es centrar la atención y la intención en el ritual o ceremonia que se va a realizar, generando armonía y equilibrio. El círculo mágico se debe trazar tanto si te encuentras en la naturaleza como si te hallas en un espacio cerrado.

Antes de trazar el círculo mágico que delimita tu espacio sagrado, tienes que tener en cuenta, y a mano, todo lo que vas a necesitar: tu altar ya preparado con todos los objetos y/o utensilios, agua por si tienes sed, la música que vas a escuchar, etc., ya que, una vez que lo traces, el espacio a nivel energético quedará cerrado y protegido, y te ayudará a estar más centrado y con mayor armonía en todos los sentidos y a todos los niveles.

El círculo mágico se traza sujetando la varita mágica con tu mano derecha o izquierda, con el brazo extendido, girando sobre ti mismo en círculo y con los ojos abiertos o cerrados, pero sintiendo que se forma un círculo perfecto de energía circular en todo el espacio de tu alrededor, quedando dentro de él tanto tu altar como tu colchoneta de meditar, en el caso de que desees estar sentado o tumbado cómodamente para realizar la práctica de conexión.

El círculo mágico de protección se traza de derecha a izquierda y, cuando hayas finalizado, trazarás de nuevo el círculo, pero en el sentido contrario, para dar por acabada la práctica.

A continuación, traza el eleven con la varita mágica, sujetándola con la mano y con el brazo extendido, frente de ti y del tamaño que desees; visualiza su trazo, su forma y su tamaño, y, después, siente cómo formará parte de tu ritual de conexión y te la facilita.

Seguidamente, haz tu movimiento energético de agradecimientos y bendiciones.

Agradecimientos y bendiciones. La energía derivada de agradecer y bendecir, tanto en voz alta como mentalmente, genera una frecuencia de luz dorada de elevada vibración que repercutirá de un modo favorable tanto en tus *chakras* como en tu campo áurico, elevando tu resonancia y centrando tu atención en el momento presente. Los agradecimientos y bendiciones son personales. Pueden ser muy elaborados o muy sencillos, largos o cortos; lo importante es que sientas las palabras de gratitud y de bendición que vas a pronunciar.

Mi sugerencia es que empieces por agradecer y bendecir, e incluso pedir ayuda, a las entidades de luz (tus guías más elevados en la luz) de las siete direcciones.

A continuación muestro la que yo practico (puedes utilizarla tal cual, o bien aumentarla o reducirla, como desees).

Desde mi consciencia humana bendigo, agradezco y pido ayuda a las siete direcciones:

Pido ayuda, agradezco y bendigo a todos los seres de luz que son y están en la dirección de <u>arriba</u> (cielo, realidades superiores), en todos los planos, todas las dimensiones y todas las rea-

lidades, apoyando mi evolución como ser de luz y como ser humano, tanto en esta como en otras vidas, muy especialmente a mis guías más elevados en la luz, a mi ángel de la guarda, a mi yo futuro de mayor consciencia y a los linajes de las hadas. Gracias. Benditos seáis.

Pido ayuda, agradezco y bendigo a todos los seres de luz que son y están en la dirección de <u>abajo</u> (tierra, realidades intraterrenas), muy especialmente a los servidores de Gaia, Madre Tierra, en todos los planos, todas las dimensiones y todas las realidades apoyando mi evolución como ser de luz y como ser humano, tanto en esta como en otras vidas. Gracias. Benditos seáis.

Pido ayuda, agradezco y bendigo a todos los seres de luz que son y están en las direcciones del norte, del sur, del este y del oeste, y a los cuatro elementos y sus elementales, de aire, fuego, tierra, agua y éter, muy especialmente a las hadas de todos los planos, todas las dimensiones y todas las realidades que estáis apoyando mi evolución como ser de luz y como ser humano, tanto en esta como en otras vidas. Gracias. Benditos seáis.

Y de todos vosotros recibo en la séptima dirección, la dirección de adentro, en mi corazón, vuestras bendiciones y ayuda. Gracias.

Si lo deseas, puedes dedicar unas palabras especiales al linaje de las hadas elegido, o a tu hada madrina.

Las hadas saben que eres una persona impecable de corazón bueno, pero, de esta manera, se fortalece el vínculo, la sintonía y la intención de la petición.

Tu petición. Es muy importante que tengas claro y definido el motivo por el que quieres abrir y entrar por la puerta que has escogido. Y también te resultará práctico que al principio, hasta que adquieras soltura, dispongas de tu petición por escrito.

Después de pronunciar tu oración de bendiciones y agradecimientos frente a tu altar, que idealmente ha de estar orientado al norte (porque las entidades de luz en todas las tradiciones se considera que nos ayudan desde esa dirección), lee en voz alta tu petición.

Altar personal. En tu altar personal dedicado a las hadas, puedes colocar todo lo que desees y sientas. En cada uno de los siete linajes incluyo más información para crear un altar específico para cada uno de los linajes de las hadas. A continuación sugiero, a nivel general, los elementos esenciales que forman parte de un altar personal.

En general, en el altar han de estar presentes los cinco elementos:

* Agua: una copa o recipiente con agua.
* Tierra: un mineral o una planta natural.
* Aire: un incienso del aroma que desees.
* Fuego: una vela encendida de tu color predilecto o del color adecuado para el linaje de hadas que hayas elegido.
* Éter: un cristal de cuarzo (así como los minerales que desees).
* Tu varita mágica personal.
* Eleven (en fotografía o dibujo para tenerlo a la vista).
* Figuritas de hadas.
* Tu cuaderno del linaje de las hadas.
* Petición por escrito.
* Lápiz o bolígrafo para tomar notas.
* Música de tu agrado para realizar el trabajo de meditación/conexión.
* Objetos personales que para ti tengan un significado especial.
* Lamina, fotografía o ilustración del portal que vas a utilizar como conexión.

Lámina de conexión. Si piensas utilizar una lámina de conexión, ahora es el momento de que la sostengas entre tus manos y la observes con detenimiento. De esta manera, cuando cierres los ojos, te resultará mucho más fácil poder visualizarla en un tamaño real y animado, con vida propia.

Cuando cierres los ojos, trata de imaginar la lámina y, a continuación, céntrate en los detalles. Respira tranquilamente, ve sintiendo que todo lo que hay en la lámina que se halla frente a ti está vivo como un paisaje real del que tú formas parte de manera natural.

Recuerda que tienes que mantener un enfoque especial: un enfoque/conexión, interno y constante en el sentido de que forma parte de tu momento, de tu naturaleza sensible, de manera poderosamente natural y sencilla. No se trata de algo esporádico, anecdótico o de una curiosidad. Se trata de reconocer, retomar y fortalecer el vínculo.

Oficiar. Si todos estos requisitos de preparación te parecen excesivos, o incluso consideras que alguno o muchos de ellos son innecesarios, puede deberse a dos cosas: o bien no estás teniendo en cuenta la importancia del orden y los detalles por impaciencia, o bien no tienes claro que la magia y la conexión mágica con las hadas requiere un compromiso contigo mismo en el sentido de que vas a oficiar.

Oficiar es un término que abarca absolutamente todos los oficios, todas las profesiones, y, en cada uno se requieren herramientas especializadas, requisitos para realizar bien el propósito que se pretende.

Es importante (mucho) que oficiemos bien, en orden, disfrutando de cada detalle. Tómate en serio cada paso, sin rigideces pero con compromiso y responsabilidad. Dale importancia a cada detalle y disfruta del proceso, sobre todo porque la magia y los seres mágicos forman parte de un oficio sagrado: la vida evolutiva, la unión con el todo, el poder de tu corazón multidimensional.

Recuerda que oficio quiere decir «servicio»: todas las profesiones, mundanas o sagradas, tienen (o deberían tener) como objetivo servir a los demás con su profesión, con su oficio, como servicio al bienestar común y personal, humano y evolutivo, con entrega, con corazón.

En este punto, y una vez aclarado lo que significa retomar o iniciar tu vínculo con las hadas, sigamos con el hecho de que hayas elegido una lámina o una fotografía como acceso para tu conexión con las hadas. Por lo general, en la mayoría de las ocasiones, la hada madrina o tu hada del linaje a quien le hayas solicitado ayuda estará esperándote, formando parte del paisaje. Se hará presente casi al instante, tal y como comprobarás con la práctica.

A continuación, salúdala, preséntate con tus propias palabras/sentimientos y exponle el motivo de tu conexión.

Cuando hayas terminado, recuerda permanecer un poco más dentro del círculo y tomar notas en tu cuaderno personal.

Te recuerdo también que debes abrir el círculo para finalizar tu trabajo de conexión personal. (No obstante, si se te olvidara hacerlo, en el momento en que pasas a través de él, se rompe, pero recuerda que el orden es importante, y dar por finalizada la sesión de conexión, con consciencia, es lo idóneo para terminar).

Resumen

* Existen siete puertas mágicas o portales de conexión con las hadas.
* Los portales de conexión con las hadas son escenarios a los que se accede a través de la imaginación, la visualización creativa en estado de meditación.
* Cada uno de estos escenarios o portales mágicos es afín a determinadas equivalencias que, como atributos, facilitan tanto la conexión como la visualización.

* La mayoría de portales o escenarios incluyen guías o facilitadores como, por ejemplo, animales mágicos, seres mágicos, hadas del linaje correspondiente, minerales afines, colores determinados de una gama cromática afín, figuras u objetos representativos que se pueden colocar en el altar personal.

* Cada escenario o portal es, en sí mismo, inspirador de recursos de sanación, de resolución o de consecución de deseos relacionados principalmente con el crecimiento personal, a la vez que cada uno de estos portales energéticos son en sí mismos una especie de archivo energético de facilidad que pueden describirse como «secretos de esta puerta» y que sirven para definir el o los motivos por los que deseas solicitar y recibir la ayuda de alguno de los linajes de las hadas.

* Las puertas o portales de conexión se pueden emplear tanto en la naturaleza como en la comodidad de tu hogar, frente a tu altar personal.

* En la meditación, conexión y visualización, es importante que prepares tu propio altar, con dedición, alegría y detalle.

* Un altar personal es un foco de luz que centra, fortalece y amplifica la energía de poder, orden y armonía para llevar a cabo tu ritual de conexión con las hadas.

* Es importante que previamente tengas en cuenta el poder energético de la bendición, del agradecimiento y de la petición de ayuda por escrito hasta que adquieras práctica y confianza.

* Antes de solicitar ayuda a las hadas, debes tener claro qué deseas pedir.

* Todos los portales o escenarios de conexión son importantes y especiales. La sugerencia es que elijas los que más resuenen con tu naturaleza o con tu momento personal.

* Los siete escenarios de conexión o portales mágicos son los siguientes:

1. El Sol y sus cualidades.
2. El bosque/la arboleda y sus cualidades.
3. El mar/el océano y sus cualidades.
4. La magia blanca.
5. La Luna.
6. El viento.
7. La dimensión energética: conexión cuántica.

Es importante que adquieras la costumbre de trazar el círculo mágico de protección con tu varita mágica, por lo que en el siguiente apartado y antes de pasar a la segunda parte de este libro, debes conocer, recordar o reforzar las cualidades principales de lo que es una varita mágica.

La varita mágica

*L*a varita mágica, al igual que el cetro, el cayado o la vara de poder (todos ellos de mayor tamaño que la varita mágica), son instrumentos que sirven para enfocar la energía en el sentido de intención-atención-acción a la hora de realizar un ritual, una ceremonia de conexión con las hadas.

Estas herramientas son básicamente prolongaciones del dedo índice de quien las utiliza: sirven para dar mayor énfasis a un ritual o ceremonia que se desee realizar con ellos.

Según su forma y componentes, ya sea un cetro, un cayado o una varita mágica, su empleo tendrá algunos matices que marcarán las diferencias a la hora de elegir elaborarlo uno mismo o adquirir uno u otro. Para la temática que nos ocupa, los rituales de conexión con la realidad de las hadas, nos centraremos en las varitas, ya que éstas poseen el mismo poder y finalidad que los cetros o las varas, aunque su tamaño sea menor, y resultan igual de eficaces.

¿Para qué sirve una varita mágica?

La varita mágica es una herramienta, por lo general, elaborada de manera artesanal, a la que se le imbuye de poder en el sentido energético: de manera ritual, personalizándola, con independencia de que la crees tú mismo, con tus propias manos, o que adquieras en un comercio especializado porque te pareció bonita, única y especial. Básicamente, su funcionalidad se centra en rituales en los que se requiera conectar y focalizar la energía de elevada vibración (la llamada energía libre del universo, el *pra-*

na, el *ki* o *chi*, el orgón, *onozone*, etc.) para aplicarla en la tercera dimensión, es decir, en la realidad material, canalizando y focalizando dicha energía pránica o energía lumínica para dirigirla hacia uno mismo, hacia un objeto o hacia una finalidad concreta, como, por ejemplo, como ya hemos visto, para trazar el círculo mágico de protección cuando te dispongas a oficiar. El poder de la varita mágica es el poder de tu corazón, de tu intención, cuando la utilices.

Trazar símbolos de poder

Además de dirigir y enfocar la energía hacia cuestiones, situaciones u objetos, la varita mágica también es un herramienta mágica muy eficaz en el trazado invisible (y muy efectivo) de símbolos de poder.

En apariencia, estos símbolos se trazarían en el aire; sin embargo, ya sabes que a través del ápice de la varita, junto con tu intención, acción y propósito, es como la energía libre del universo se ordena y dirige. Por este motivo, resulta muy eficaz el trazado de un símbolo especial, por lo general un símbolo de poder relacionado con la geometría sagrada.

Símbolos que se pueden trazar con la varita mágica

Cuando la petición de ayuda a las hadas (de cualquiera de los siete linajes) esté definida y relacionada con temas vinculados a la salud, la prosperidad, el amor o la protección, puede resultarnos, además, muy eficaz trazar alguno de los símbolos que propongo a continuación, para potenciar dicha petición, y siempre y cuando lo desees o tu intuición te diga que es conveniente trazarlos.

Se trata de símbolos universales y especiales de tradición de magia blanca, eficaces, ancestrales y de probada eficacia, que se han usado a lo largo del tiempo, y existe un gran número de ellos. Los que incluyo son sencillos de realizar, muy prácticos y, a la vez, muy poderosos.

Símbolo del infinito: especial para las peticiones relacionadas con la salud

 Su valor y poder energético es el de ordenar el movimiento de la energía de manera equilibrada y armoniosa. Se empieza a trazar sosteniendo la varita con la mano diestra desde el lado izquierdo frente a ti o sobre el papel donde esté escrita la petición, y se intenta visualizar tal y como la ves en la imagen. En ocasiones, puede que lo visualices como una luz brillante, con destellos o de una tonalidad sutilmente dorada. Este hecho es muy frecuente, es decir, no siempre se visualiza en blanco y negro; lo más probable es que lo visualices con una tonalidad luminosa, en ocasiones de una gama cromática verde, dorada, blanca o incluso violeta. Los símbolos de poder son formas vivas con consciencia evolutiva propia de lo que representan o simbolizan.

Es conveniente que sobre el altar se encuentre anotada y detallada la petición acerca del tema de salud por el que solicitamos la ayuda.

Símbolo de la «S» barrada: especial para peticiones relacionadas con la prosperidad

 El muy difundido símbolo del dólar simboliza, desde los planos superiores de energía, la «S» de servicio, ya que todo dinero debería contener una actitud, enfoque y disposición de mejorar la propia vida y la del prójimo a través del trabajo, profesión o transacción económica.

Y las dos barras significan la dirección paralela de la vida en su aspecto lineal de la tercera dimensión de conciencia y del desarrollo y continuidad a la vez en sentido espiritual, es decir, que las experiencias materiales también fluyan con la intención de impecabilidad y propósito al unísono, de manera ideal y en esencia, para hacer el bien.

Se trazará con la mano diestra, primero, la «S» y, luego, de arriba abajo, las dos líneas o barras, tratando de visualizar el símbolo en color dorado, por el hecho de que la cualidad energética del dorado es la de la prosperidad, tanto en sentido material como espiritual.

Es conveniente que sobre el altar tengamos este símbolo impreso o bien alguna moneda dorada como representación material del dinero, de la prosperidad. También es representativa de esta petición una llave dorada. Pero el símbolo que hay que trazar siempre será la «S» barrada doble por ser su trazo más fácil y sencillo, e igualmente poderoso.

Símbolo del corazón: especial para peticiones relacionadas con el amor

 El símbolo del corazón es de los más utilizados y emblemáticos que simbolizan el amor y los enamorados. Sin embargo, se trata de un símbolo de los más antiguos y sagrados que, debido a intereses publicitarios, ha derivado en emblema del amor como emoticón en las redes sociales y, sobre todo, de uso comercial, en especial para el día de san Valentín en los centros comerciales.

Sin embargo, sigue siendo sagrado en los planos de consciencia evolutivos y espirituales.

Se trazará desde el centro hacia un lado y, después, desde el centro hacia el otro lado, para finalizar en el vértice de la base. Lo ideal es visualizarlo tal y como muestra la imagen, es decir, que sea un trazo estético y armonioso. Al visualizarlo mientras lo trazamos, puede adquirir una tonalidad luminosa, brillante y dorada, o bien puede ser intensamente rojo-rosado vivo.

En el altar personal, este símbolo estará representado por un objeto en forma de corazón, que puede ser un mineral tallado de esta forma, un dibujo hecho por ti a propósito, un pequeño cojincito en forma de corazón, etc. Lo importante es que simbolice tu petición relacionada con algún tema vinculado al amor, los sentimientos, la pareja, etc. por el que le hayas pedido ayuda a las hadas. Es importante que el corazón que elijas para colocarlo sobre el altar personal no tenga ninguna flecha. Debe ser sencillo, como el de la imagen.

Símbolo de la doble aureola angelical: especial para peticiones relacionadas con la protección

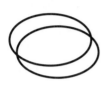 Éste es también un símbolo sagrado, antiguo y poderoso que representa la ayuda de seres de elevada vibración y consciencia. Representa la evolución espiritual de un ser de luz al servicio de la luz y la consciencia.

Su color, preferentemente, debe ser el dorado brillante, vivo y vibrante, aunque al visualizarla puedes sentir que aparece en una tonalidad brillante y luminosa. Su trazo es sencillo: se trata de visualizar que, con la varita sostenida en tu mano diestra, perfilas una aureola dorada circular y, a continuación, otra más en contacto con la primera, superpuesta.

Se trazan dos porque representan la doble energía de protección, tanto para los temas materiales como para los espirituales, ya que vivimos en una realidad dual y somos polares, seres de luz y seres materiales a la vez.

Para su representación en el altar puedes emplear un ángel o alguna imagen que para ti represente la protección de los planos elevados de la luz.

Varitas mágicas de diferentes formas

Una varita mágica puede ser una sencilla ramita de árbol, sin ningún tipo de ornamentación. Asimismo, puede tratarse de un cristal de cuarzo de forma alargada y estrecha, aunque también es posible que desees elaborarla con metal, utilizando tus propias manos. En este caso, puedes emplear un tubo de cobre nuevo, comprado para tal fin, al que tendrás que añadir un cuarzo en uno o en ambos vértices, o bien poner un cuarzo en uno de sus extremos y una esfera, también de cuarzo, en el otro. Asimismo, a lo largo de la varita, puedes pegar pequeños minerales de diferentes colores, ya que no existen reglas cuando se trata de construir una varita; sólo hay que dejarse llevar por la intuición y nuestros deseos.

Al ornamentarla, puedes hacer que la varita mágica se asemeje a una varita celta o una varita chamánica, sobre todo si le añades plumas, pequeñas conchas marinas, etc. Aunque también es posible que no se parezca a nada de lo que has visto hasta ahora. Con independencia de su aspecto, tiene que ser especial para ti. Lo más importante es que esté personalizada. En cuanto a la medida, debe tener una longitud de 15 a 30 cm.

Cristal de cuarzo utilizado como varita mágica

El poder del cristal de cuarzo ha acompañado desde siempre a todos los *hombres y mujeres de poder* de todos los países y culturas. En todas las etnias nativas de los confines de la Tierra encontramos cetros de poder, bastones de mando, varas y varitas mágicas; instrumentos para llamar a la lluvia, abrir portales dimensionales, invocar al *gran espíritu*, como emblema de rango de poder político, militar o religioso, y un largo etcétera, cuya finalidad, era y es, ejercer el poder personal utilizando el cuarzo cristalino.

Cabe destacar la evidencia de que estos hombres y mujeres de poder no se conocían entre sí ni habían recibido información oral o escrita los unos de los otros. La mayoría de las veces incluso desconocían que existieran otros continentes, y, sin embargo, la utilización y devoción de sus poderosos instrumentos realizados con cristales de cuarzo eran las mismas que para realizar sus rituales.

Varita de madera

Este tipo de varita se puede comprar o realizarse artesanalmente. Puede ser biterminada (con dos vértices, uno en cada extremo) o bien incluir un solo cristal natural en uno o los dos extremos, tal y como se ha comentado. Podemos adornarla con otros pe-

queños minerales o con hilo metálico dorado, de cobre o plateado. Podemos añadirle plumas, símbolos, grabar en su superficie
un nombre o un símbolo, etc. Su tamaño puede ser pequeño, mediano o grande, como desees.

Varitas chamánicas elaboradas con la rama de un árbol
Puedes realizar este tipo de varitas de manera artesanal utilizando la rama de un árbol. Pueden ser diferentes según los ornamentos empleados. En este sentido, se puede tratar de unas varitas preciosas y artesanales o de cetros (dependiendo de su
tamaño) elaborados con una rama o ramita de un árbol de tu
elección. Pero también la puedes comprar, aunque lo cierto es
que si eres capaz de elaborarla, tendrá mucho más poder de conexión con tu energía e intención. Si vas a recoger del suelo una
ramita o cortarla de un árbol, lo adecuado es informar al árbol de
tu intención e instarle a que transfiera su fuerza, su energía y su
poder sanador a la ramita que te vas a llevar.

Para su preparación, lo ideal es lijar (con la ayuda de una lija)
su superficie para eliminar la suciedad, algunas adherencias y
que quede lo más lisa posible al tacto, además de proporcionarle
belleza. Puedes decorarla con otros minerales, plumas o los objetos que desees.

Según la tradición celta, los árboles que se seleccionan para
realizar una varita mágica, siempre se han escogido (y siguen
escogiéndose) por sus cualidades energéticas únicas. A continuación, incluyo como curiosidad una breve descripción de algunas de ellas según las antiguas tradiciones:

* Varita de avellano: la preferida por los magos, magas y alquimistas antiguos, así como por las sacerdotisas de la Diosa, para deshacer y repeler hechizos y magias oscuras.
* Varita de encina: empleada para el poder y la sanación en
  todo tipo de problemas, con independencia de su naturaleza, y ayudar en los partos. Era empleada por las antiguas
  curanderas especializadas en asistir a los partos.

* Varita de olmo: sirve para proteger y liberar. Es la predilecta de las personas que se consideran magos blancos.
* Varita de abedul: se utiliza para curar males y potenciar remedios con magia poderosa.
* Varita de arce: ideal para los asuntos de suerte y amor.
* Varita de sauce: pensada para oficiar y bendecir.
* Varita de roble: para los asuntos relacionados con la justicia y la verdad.
* Varita de cedro: empleada para focalizar la energía y realizar prodigios.
* Varita de espino blanco: ideal para la magia y los asuntos de las hadas.
* Varita de acebo: para canalizar y focalizar el poder del sol y la Luna.
* Varita de rosal: para la belleza eterna y la magia, así como el poder de los asuntos del corazón.
* Varita de nogal: para ejercer el liderazgo, ordenar y deshacer energías enmarañadas.

La predilección por las varitas mágicas de madera tiene su origen en el hecho de que los árboles se consideran seres mágicos, sabios y sagrados, y, por lo tanto, su sabiduría y poder, de alguna manera, siempre estan presente en la ramita con la que se ha construido la varita mágica.

La varita mágica de madera ha sido desde siempre emblemática tanto para las personas como para los seres mágicos; sacerdotisas, magos, druidas, alquimistas, hadas, elfos, etc. tienen su varita mágica personal con la que dirigen la energía en sus rituales.

La varita mágica potenciará tu poder para dirigir y focalizar o dispersar la energía.

Varitas mágicas de madera con símbolos

Este tipo de varas o cetros (dependiendo de su tamaño) no albergan ningún mineral en su extremo ni ningún adorno especial.

Pueden tallarse de una manera sencilla o pueden incluir tallas de objetos mágicos, como serpientes o dragones, en la empuñadura. Se cree que los antiguos magos y alquimistas las utilizaban para canalizar y focalizar la energía. Su poder energético está directamente relacionado con el árbol al que pertenecieron y con la intención de su propietario. Se dice que las más poderosas son las más sencillas. Este tipo de varitas se han puesto de moda gracias a la película *Harry Potter*.

Varita mágica de metal y minerales

Se trata de varitas de un tamaño mediano y pequeño elaboradas de una manera muy especial para que resulten únicas y originales. Tratan de imitar a las míticas varitas mágicas de los elfos y las hadas. Se dice que, en tiempos del matriarcado, las sacerdotisas de la Diosa tenían una varita mágica realizada por orfebres élficos que estaban en contacto con los demás seres mágicos, y trabajaban el cuerpo de esta varita con metales nobles como el oro, la plata o el cobre, añadiendo cuarzos en el o los extremos, y piedras preciosas en su original y exclusiva forma. Hoy en día las podemos adquirir (a menos que sepas trabajar la plata y el oro) en tiendas especiales de objetos mágicos.

Pero hay que ritualizarla, limpiarla y sintonizarla con la propia energía, resonancia e intención. Se emplean, sobre todo, para uso personal y para meditar sosteniéndola entre las manos. Y, por supuesto, es muy útil para los rituales de conexión con la realidad de las hadas.

La decoración de este tipo de varita es muy bella y especial. Muchas personas las coleccionan por su atractivo y originalidad sin ninguna finalidad más allá de la de admirar su belleza.

Otras personas las adquieren para colocarlas en el altar personal como símbolo de poder y respeto hacia los objetos especiales que tienen en su lugar sagrado de meditación, por su energía de forma y significado: poder, equilibrio y orden.

Varita mágica de cristal y metal

Son varitas asimismo mágicas y especiales. Se cree que fueron las preferidas de magos y sacerdotisas en los tiempos del matriarcado. La diferencia es que la mayor parte del cuerpo de esta varita, a diferencia de la anterior, es de cuarzo, y el metal se utiliza con menor importancia al adornarla o elaborarla. Su frecuencia es más poderosa, ya que prácticamente toda es de cristal, ya sea de cuarzo transparente o de cuarzo amatista. Para dirigir la energía de una manera más equilibrada, en un extremo, suelen tener un cuarzo natural como vértice y, en su base, una esfera de cuarzo natural.

Cómo elaborar una varita mágica de manera artesanal

En el caso de que quieras realizar de manera artesanal tu varita mágica, tendrás que elegir una madera apropiada, por ejemplo, un palo cilíndrico del grosor de un lápiz, aproximadamente, y de unos 15 a 30 centímetros de largo. También puedes emplear una ramita de árbol que hayas recogido en la naturaleza. Tendrás que limpiarla y lijarla para eliminar todo lo que sobresalga, hasta que quede lisa y suave. Para elaborar la varita mágica, deberás ser creativo y realizarla a tu gusto, teniendo en cuenta, en todo momento, la actitud y tu intención, sintiendo la energía de cada uno de los utensilios que vas a emplear en cuanto a color, forma y naturaleza, para ir añadiéndole ornamentos, lo que se conoce como «vestir» la varita, es decir, adornarla, si así lo deseas, ya que las varitas mágicas pueden ser muy sencillas o llevar adornos, como minerales, plumas, abalorios, grabaciones en su cuerpo, etc. Y mientras vas personalizando la varita mágica, es importante que vayas sintiendo la vibración que va adquiriendo como instrumento de poder que es, ya que su finalidad será la de dirigir la energía en tus rituales, por lo que no sólo es un objeto estéticamente bonito y especial.

Cómo ritualizar una varita mágica realizada por ti, comprada o regalada

Ritualizar la varita mágica significa afinarla con tu propia resonancia; en otras palabras, hacerla tuya, que esté en sintonía contigo, con tu naturaleza, con tus intenciones, personalizarla. De esta manera establecerás la resonancia afín a tu persona y a tu intención, ya que será un instrumento o herramienta de poder que formará parte de tu vida, de tus rituales.

Los pasos a seguir para ritualizar una varita mágica que hayas adquirido, que te hayan regalado o que hayas realizado con tus propias manos, son los siguientes:

Paso 1. En primer lugar, antes de utilizar una varita de poder o varita mágica, hay que limpiar cualquier posible energía residual que pudiera albergar. Para ello, hay que humedecer una tela de algodón en infusión de salvia y pasarla por toda la superficie de la varita. A continuación, se debe secar de forma delicada.

Paso 2. Después, y antes de utilizarla, será conveniente que, una vez esté limpia, se lleve a un espacio natural donde haya árboles, un lugar de la naturaleza que sea especial para nosotros y donde abunden los árboles. Si se conoce el nombre de la especie de árbol por la que se siente sintonía, será perfecto, pero, si no es así, no importa, puesto que ya habrá tiempo de averiguarlo, ya que lo importante es sentir que atrae, que nos gusta su forma, su tronco, sus ramas y sus hojas.

Para elegirlo, debemos sentir, sintonizar con un árbol que sea especial para nosotros y apoyar la varita en el tronco del árbol. A continuación, nos sentamos un rato en ese lugar y tocamos el árbol. Desde nuestro corazón, le debemos transmitir al árbol nuestra intención: explicarle por qué es especial para nosotros esta varita (sobre todo, y muy especialmente, si el cuerpo de la varita es de madera) y pedirle a la sabiduría del árbol que le trasmita su fuerza, su poderosa energía de arraigo. Todos los árboles poseen consciencia y sabiduría de árbol. Los árboles son los seres más sabios del reino vegetal. Al transmitirle nuestros sentimientos e intenciones, él nos comprenderá y nos apoyará en nuestra intención.

Al acabar, hay que darle las gracias al árbol.

Paso 3. Cuando estemos en casa, encenderemos un incienso (el que más nos guste) e iremos pasando el humo a lo largo de su forma con la ayuda de nuestro propio aliento.

Paso4. A continuación, le daremos la bienvenida y sintonizaremos con su energía: podemos realizar una pequeña meditación apoyándola verticalmente sobre la zona del corazón. De esta manera, la resonancia de nuestro latido se configurará con su energía. Unos cuantos minutos serán suficientes.

Paso 5. La varita mágica es un instrumento de poder que nadie más debe tocar sin nuestro consentimiento, ya que está sintonizada con nosotros y sólo con nosotros. Cuando no la vayamos a utilizar, la dejaremos sobre el altar o la guardaremos en una caja especial envuelta en una tela de algodón, seda o lino del color de nuestro agrado.

Con este pequeño ritual, nuestra varita estará energéticamente preparada para que la empleemos en los cometidos que creamos oportunos.

Método de limpieza y recarga energética de una varita mágica

La varita mágica debe limpiarse y recargarse energéticamente de vez en cuando, cuando tu intuición te lo sugiera, además de la limpieza que ya habremos realizado tras adquirirla y antes de utilizarla por primera vez.

Algunas personas limpian su varita mágica con un trapo humedecido con agua de mar. Otras, sin embargo, prefieren limpiar ellas mismas su varita mágica mojando el trapo en una infusión de salvia.

En cuanto a su recarga, el latido del corazón será la forma más poderosa y amorosa de recargar y revitalizar su energía. Otra manera consiste en situarla de manera periódica debajo de una estructura piramidal, ya sea de papel, de madera o de varillas metálicas: lo importante es que la energía que emite la pirámide (de revitalización) le beneficiará energéticamente.

Otra forma de recargar la varita mágica es llevándola a la naturaleza siempre que tengamos ocasión y apoyándola durante unos minutos en la base de un árbol, en contacto con su tronco y con la tierra.

Con la práctica, la varita mágica se convertirá en una de tus herramientas preferidas. Cada varita mágica es única, pero puedes tener tantas como quieras, de diferentes formas, materiales y tamaños.

Otra cuestión de importancia para muchas personas, y que forma parte también de la antigua tradición mágica, es que cada varita mágica ha de tener nombre, que debe ser otorgado por ti, según tu inspiración, tu intuición, con el objetivo de que posea su propia identidad afín contigo mismo.

Precauciones que hay que tener en cuenta con la varita mágica y su utilización

Además de todo lo que se ha explicado sobre las varitas mágicas, es importante tener en cuenta lo siguiente: jamás utilices una varita mágica delante de un espejo: el uso de una varita no requiere entrenamiento como si fuéramos a participar en una exhibición, y mucho menos delante de un espejo (muchas personas caen en el error de mirarse y realizar pases «mágicos» con su varita delante de un espejo como si estuvieran practicando magia de exhibición).

Los espejos son instrumentos que contienen la energía de toda situación que haya podido acontecer delante de ellos; lo creamos o no, son puertas astrales en el sentido hipnótico, por lo que nunca es conveniente realizar movimientos energéticos delante de un espejo, excepto para mirarse cada día para nuestro arreglo personal, o cuando se está realizando una actividad de danza, gimnasia o baile.

Recordemos que, en los centros de yoga donde las salas tienen una pared de espejos, éstos se cubren con una tela mientras se imparte una clase de yoga o de relajación precisamente por este motivo, además de evitar que los alumnos se distraigan mirándose al espejo.

Los espejos se han considerado objetos mágicos en todas las tradiciones, y este tipo de precaución también se conocía, y se conoce, desde el momento en que existen los espejos, ya que no sólo reflejan la propia imagen, sino también muchas cosas más que el ojo físico no capta, pero sí la energía sutil de los cuerpos sutiles que rodean la materia.

Las varitas mágicas de las hadas

Como habrás observado en todos los dibujos, pinturas, figuritas, relatos, series de televisión y películas, las hadas siempre llevan una varita mágica. La varita mágica de las hadas posee poderes portentosos porque pertenece a un ser mágico del otro mundo. Pero entre la ficción y la fantasía, se nos ofrece abundante información de su realidad, y, sobre todo, de la capacidad que poseen las hadas sobre las leyes de la energía, sus cualidades y funcionamiento.

Un hada (al igual que antiguamente una sacerdotisa de la Diosa), con su varita, ejecuta movimientos y acciones de poder: de realización, de ejecución, de manifestación, de materialización, de liberación y de transformación, con lo que genera orden, armonía, protección, poder para ampliar un determinado propósito para ejercer liderazgo, ordenar y deshacer energías enmarañadas o incluso siniestras, para crear símbolos de protección con los que ayudar en situaciones que lo requieran, sobre todo las hadas llamadas Ferrishyn, es decir, las antiguas hadas protectoras.

La varita mágica de un hada es, en sí misma, la prolongación del poder, sabiduría y características de la misma hada, es decir, de alguna manera, posee su carácter, personalidad y atributos, dependiendo del linaje al que pertenezca un hada en concreto. Y, en este sentido, una varita de hada sólo despliega su poder con el hada a quien pertenece; de lo contrario, no funciona, ya que la varita mágica establece un vínculo único e insustituible con el hada a quien pertenece, y nadie más puede ejercer su poder ni utilizarla. Una varita mágica de hada tampoco se pierde ni se rompe, ya que, una vez consagrada con sus ceremonias especiales, se convierte en irrompible, y, en el caso de que se extravíe, volverá por sí misma al hada a la que pertenece, puesto que para eso es mágica.

Fueron las hadas quienes enseñaron a las sacerdotisas de la Diosa y a las curanderas de los tiempos del matriarcado el funcionamiento de la varita mágica dentro de las limitaciones o parámetros de la realidad material. Dichas instrucciones jamás se redactaron; su legado fue pasando de madres a hijas, de sacerdotisas a novicias, y gran parte de éste, en la etapa de persecución e ignorancia, se perdió. Pero se sabe que las hadas daban (y siguen dando) gran importancia al hecho de ponerle un nombre especial, y con un significado determinado para cada persona, a la varita mágica para estrechar su vínculo con ella, para otorgarle mayor poder.

El poder de la varita se refuerza y amplifica si cuando se utiliza es acompañado por palabras de poder, tanto de un hada como de una persona. Las varitas mágicas de las hadas están imbuidas del poder mágico que le han otorgado otros seres mágicos del otro mundo; por ejemplo, al vértice de una varita mágica de hada la ha rozado el cuerno de un unicornio para que siempre se emplee con audacia y nobleza, en armonía con la ley de la impecabilidad, con la pureza, el honor y la fuerza del bien.

Resumen

* La varita mágica es un instrumento de poder que sirve para enfocar y dirigir la energía.
* El poder de la varita mágica es el poder de tu corazón y de tu intención cuando la utilizas.
* Las varitas mágicas pueden tener diferentes formas y tamaños a tu voluntad.
* La varita mágica se puede comprar, regalar o la puedes hacer tú mismo de manera creativa o artesanal.
* Las varitas mágicas más conocidas por su eficacia y tradición son las realizadas con ramitas de árbol, de madera.
* Según la madera del árbol al que haya pertenecido tu varita, poseerá unas u otras cualidades energéticas relacionadas con la sabiduría y magia propia del árbol en concreto.
* No hay una varita de madera mejor que otra, de la misma manera que no hay un árbol más poderoso que otro: todos son especiales dentro de sus cualidades únicas.
* La varita mágica también puede ser de mineral o de metal, combinada con mineral y madera y metal, y puede ser sencilla o contener adornos. Tú decides.
* La longitud ideal de una varita mágica es de 15 a 30 centímetros.
* Es importante que antes de utilizar la varita mágica la hayas ritualizado con las indicaciones sugeridas.
* Es conveniente que de vez en cuando limpies y recargues tu varita mágica.
* Nunca utilices tu varita mágica frente a un espejo.
* Tu varita mágica personal debe tener un nombre especial, que para ti tenga un significado, para reforzar su vínculo contigo, ya que es un instrumento de poder que te represen-

ta, te ayuda y potencia tu conexión con las realidades mágicas y naturales.

* Fueron las hadas quienes instruyeron a las sacerdotisas de la Diosa y a las curanderas sobre el uso, las cualidades y las características mágicas de las varitas.

* Las varitas emblemáticas de las hadas poseen poderes mágicos otorgados por seres mágicos del otro mundo, como, por ejemplo, el unicornio.

* Todas las personas que a lo largo del tiempo han estado relacionadas con las realidades mágicas han tenido su propia varita mágica, y las hadas de cualquier linaje, al igual que la gran mayoría de los seres mágicos del otro mundo, tienen una varita mágica.

A continuación, vamos a adentrarnos en la realidad, las cualidades y las características de cada uno de los siete linajes de las hadas.

Segunda
Parte

Los siete linajes de las hadas

Siete son los linajes por los que se conocen, en la antigua tradición, las cualidades, atributos, características y especialidades de las hadas.

Los siete linajes son los siguientes:

* ❋ LINAJE de las HADAS de TIERRA.
* ❋ LINAJE de las HADAS de AIRE.
* ❋ LINAJE de las HADAS de AGUA.
* ❋ LINAJE de las HADAS de FUEGO.
* ❋ LINAJE de las HADAS de ÉTER.
* ❋ LINAJE de las HADAS de LUZ.
* ❋ LINAJE de las HADAS del ARCOÍRIS.

Cada linaje es diferente, pero eso no quiere decir que unas hadas sean mejores que otras, sino que, según sus especialidades, podrás ir sintiendo afinidad en mayor o menor medida por cada uno de sus linajes en función de tu carácter, personalidad, temperamento, etapa o momento de vida en el que te encuentres, o las circunstancias personales por las que estés pasando en este momento.

Todos los linajes de hadas son especiales, fascinantes y mágicos. Como mágica es su realidad y como mágico es tu corazón. Mi sugerencia es que leas con tranquilidad toda la información de cada uno de sus linajes hasta el final y que vayas tomando nota en tu cuaderno o diario de hadas personal para que se vaya definiendo en ti la o las afinidades por cada una de sus especialidades, cualidades y atributos.

En cada una de las explicaciones sobre las características de cada linaje, se mencionan sus correspondientes apartados, y, al igual que en los temas anteriores, al finalizar la teoría de cada linaje, se incluye un resumen a modo de repaso de lo que se ha comentado hasta el momento. Mi intención es que te resulte sencillo y práctico familiarizarte con cada uno de los linajes de las hadas y que puedas adquirir soltura, confianza y facilidad a la hora de decidir cómo, cuándo y por qué puedes solicitar su ayuda, su poderosa, femenina y mágica ayuda.

Secciones o apartados de cada linaje de hadas

En cada uno de los siete linajes de las hadas se incluyen nueve apartados, que son los siguientes:

1. **Características de las hadas del linaje correspondiente:** son las características que definen el linaje en concreto.

2. **Aspecto de las hadas del linaje correspondiente:** todas las hadas son especialmente bonitas y femeninas; sin embargo, su apariencia puede ser diferente, dependiendo del linaje al que pertenezcan. En este apartado, se hablará de su aspecto y peculiaridades en su apariencia.

3. **Lo que les gusta a las hadas:** las preferencias de las hadas de cada linaje pueden variar; en este apartado se mencionan las cosas por las que se sienten atraídas y/o aquellas otras cosas, que, en ocasiones, no las atraen. También en este mismo apartado se incluyen los animales emblemáticos con los que se relaciona a algunos linajes de hadas.

4. **Altares dedicados a las hadas:** es el apartado en el que se sugieren los objetos y utensilios idóneos para elaborar tu altar personal dedicado a las hadas de cada uno de los siete linajes.

5. En qué cosas pueden ayudarnos: se trata de sugerencias para pedir ayuda a las hadas de cada uno de los linajes en función de sus especialidades.

6. Deseos. Protocolo de petición de deseos: cada linaje, según la tradición, posee la capacidad de cumplir uno, dos, tres o más deseos. También hay hadas que no cumplen ninguno, y a algunos linajes de hadas no es necesario pedirles deseos para recibir igualmente su ayuda.

Cada linaje de hadas se caracteriza, desde tiempos remotos, por su especialidad para conceder deseos. Esta tradición (la de que las hadas conceden deseos) se remonta a los tiempos del matriarcado, cuando ni siquiera existía el lenguaje escrito y las personas vivían la realidad de los seres mágicos, en especial de las hadas, de una manera del todo natural, con sencillez, fascinación e incluso ingenuidad, sintiendo que eran merecedoras de la ayuda de estos seres mágicamente luminosos que podían asistirlas en sus tribulaciones ordinarias y extraordinarias. Luego llegaron las religiones, sobre todo la católica en sus tiempos más radicales, y prohibieron este tipo de vínculos, al considerar que no era natural creer o estar en contacto con seres luminosos y mágicos de la naturaleza; lo natural era rezar, aceptar los castigos y desgracias y rezar a los santos de su propio santoral para que concedieran ayudas misericordiosas desde el cielo.

7. Ritual de petición / meditación / conexión: es el apartado en el que comparto diferentes modos de conexión con las hadas de cada linaje, ya sea un ritual de petición, de agradecimiento, de entrega o una meditación.

8. Lugares especiales para contactar con ellas: gracias a la experiencia de todas las personas cuyo testimonio ha coincidido a través del tiempo y las diferentes épocas, se mostrarán los lugares o enclaves donde la presencia de las hadas resulta más frecuente.

9. Las diferentes hadas dentro de un mismo linaje: en este interesante apartado descubrirás los nombres con los que se conocen algunas hadas de los diferentes linajes por sus logros, hazañas, su forma y apariencia particular y otras características.

Linaje de las hadas de tierra

Características de las hadas del linaje de tierra

Las hadas del linaje de tierra son hadas de prosperidad. Son hadas generosas, benevolentes, adorables y risueñas, a las que les encanta la vida, la alegría de vivir, el amor entre las personas, y, en especial, el amor de familia.

En los tiempos antiguos, las hadas del linaje de tierra velaban por el bienestar de los hogares, favorecían y protegían las labores hogareñas de las que dependía la prosperidad de todos los miembros de la familia. Eran tiempos de sencilla felicidad pero difíciles, ya que las personas vivían aisladas en zonas montañosas, valles o colinas, en viviendas dispersas en medio de la naturaleza al amparo de las inclemencias de los ciclos naturales. Eran tiempos en los que aún no existía el dinero ni las ciudades, tan sólo aldeas o poblaciones muy pequeñas. La prosperidad de las personas se basaba en sus tierras de labranza, en sus cosechas, en el bienestar de sus ganados y en la salud de los miembros de la familia, que, desde una edad muy temprana, trabajaban para mantenerse a como un núcleo unido. Eran tiempos en los que ver y estar en contacto con las hadas era algo habitual y natural, aunque siempre iba acompañado de un motivo de celebración y alegría.

Aun hoy en día, las hadas del linaje de tierra son las hadas que más aman y se relacionan con los seres humanos que creen en ellas, que, de alguna manera, recuerdan el vínculo. Siguen estando cerca de los hogares, sobre todo en las zonas rurales, y se sienten dispuestas a ayudar a las mujeres (tanto a las campesinas como a las de las zonas urbanas), a quienes les encantan las tareas del hogar y/o tener orden en su hogar: amas de casa, mujeres que aman la casa y su hogar, y que se sienten realizadas y felices cuidando de su familia. Y si también son mujeres que adoran a las plantas o tienen un jardín o un huerto (con independencia de si es pequeño o grande), las hadas del linaje de tierra rondarán con frecuencia a su alrededor y se comunicarán con ellas a través de la intuición, de los sueños o de la sensibilidad especial para inspirarles fuerza, alegría, vitalidad y facilidad en las tareas y quehaceres de su día a día, sobre todo si además de amar su hogar, trabajan fuera de él.

Las hadas de tierra, al igual que las demás hadas, adoran los parajes donde la naturaleza es especialmente poderosa.

Aspecto

En general, las hadas de tierra son muy bellas y femeninas. Aman tanto el reino vegetal que su color es el verde en todas sus tonalidades: sus ojos, sus cabellos, sus adornos y su indumentaria son de este color.

En cuanto a su tamaño, las hadas de tierra pueden ser de cualquier tamaño, desde diminuto hasta majestuosamente grande. Sus alas suelen ser transparentes con destellos verdes y amarillos, o bien multicolores, aunque predomina el verde irisado. En cuanto a sus alas, pueden mostrarlas o no, dependiendo del momento o de su decisión.

Como ya se ha comentado, las hadas son expertas en el manejo de las leyes que rigen la energía, por lo que pueden cambiar de aspecto casi a voluntad. Decimos «casi», porque a algunas hadas de otros linajes cambiar de tamaño o aspecto les puede acarrear un desgaste de energía, algo que no ocurre con las hadas de tierra, que incluso pueden mimetizarse con el entorno en el que habitan y pasar por completo desapercibidas. Incluso en ocasiones se transforman en mujeres jóvenes o ancianas y salen al encuentro de alguna persona que necesita su ayuda, su orientación, su consejo. Sobre todo les encanta transformarse en ancianas de apariencia benévola o en mujeres de cualquier edad que salen al encuentro de alguien, tanto en un camino de la naturaleza como de la ciudad para darle alguna indicación, hacerle alguna observación o pregunta, que, en apariencia, no tiene importancia, pero que es un acontecimiento decisivo (aunque pase desapercibido) que incluso puede mejorar de una manera muy positiva y relevante su vida, aunque jamás se relacionaría con ellas, por ejemplo: caminar distraído, preocupado, ensimismado por algún motivo y una mujer desconocida hace que nos detengamos para preguntarnos cualquier cosa; nos detenemos unos minutos o cambiamos de acera, o elegimos otro camino diferente al que estábamos siguiendo, por otra calle, evitando, de este modo, algún acontecimiento negativo, perjudicial o incluso nefasto, o bien, después de este encuentro breve y fortuito, nos sucede algo especial, conocemos a alguien, nos encontramos con alguien querido, tomamos una decisión acertada, pero no lo relacionas con un hada de la prosperidad, un hada de tierra. En otras ocasiones, si somos conscientes de que la mujer en cuestión era especial, nos detenemos, nos damos la vuelta para mirarla, pero ya no está, se ha esfumado. Y nos preguntamos cómo ha podido desaparecer en un instante: era un hada transformada.

Las hadas de tierra también son conocidas como las hadas de los bosques, porque los entornos silvestres son sus parajes preferidos, entre ellos, las arboledas. La tradición antigua, en forma de relatos mágicos, cuentos y leyendas, nos cuenta que hay hadas de los bosques que pueden transformarse en cisnes y estar cerca de seres humanos. Y algo de realidad debe haber en el hecho de que los seres mágicos del otro mundo puedan metamorfosearse, adoptar diferentes formas y apariencias a su antojo, ya que la mayoría de tradiciones de todos los países, sobre todo en Europa, poseen relatos y leyendas al respecto, sobre todo en Irlanda, Escocia, Gales, Inglaterra, Noruega, sur de Francia, norte de España (Galicia especialmente) y zona de Levante, y también en Finlandia e Islandia.

La capacidad para cambiar de apariencia es una característica mágica especial de las hadas y las deidades antiguas celtas y vikingas. La transformación en cisne es muy frecuente en este tipo de relatos antiguos. Cuando las hadas se transforman en bellos cisnes, se advierte que el cisne en cuestión posee una mirada y unos movimientos elegantemente diferentes a los cisnes comunes.

Las hadas de tierra, al igual que la mayoría de las hadas de los demás linajes, poseen una vibración muy rápida (propia de su naturaleza), uno de los principales motivos por el que apenas se pueden ver claramente en su forma y aspecto natural, a menos que decidan libremente reducir la velocidad de su vibración natural, y en ocasiones han sido captadas por el objetivo de las cámaras de fotos. Sin embargo, podemos, con mucha más facilidad, sentirlas, sobre todo cuando nos encontramos en lugares de la naturaleza.

Lo que les gusta a las hadas de tierra

Las hadas de tierra siguen amando a los seres humanos. Les gustan los ambientes hogareños, las fiestas, las celebraciones, la alegría, la risa, los niños, el orden, las flores, las plantas, los aromas, la belleza, el arte, la artesanía, las personas artesanas que trabajan con sus manos de manera original y creativa, las personas cuyo trabajo o profesión está relacionada con el bienestar de

los demás, los oficios que tienen que ver con el confort, el ambiente de hogar, la belleza, la armonía y un largo etcétera, puesto que adoran a las personas de manera especial, con ternura, con alegría, y, sobre todo, porque les encanta ayudar, contribuir a que nuestras vidas humanas sean dichosas.

Las hadas de tierra son buenas consejeras, cariñosas y comprensivas, pero también es cierto que poseen un carácter firme: no olvidemos que son hadas de tierra, las más realistas y prácticas de todas las hadas. Son solidarias, cariñosas y generosas, pero les odian la incredulidad, las dudas, las contradicciones, el victimismo o las quejas. Y mucho menos aún soportan la ironía o la indiferencia: estas actitudes o comportamientos las ahuyentan.

La indecisión las espanta. Y la indolencia también, lo mismo que la vagancia, la hipocresía y, sobre todo, la doble intención. Al igual que las hadas de los demás linajes, las de tierra no piden que seas perfecto, sino impecable, sincero, que confíes en ti mismo y en la vida.

A las hadas del linaje de tierra les atraen las personas que cuidan de su propio huerto o jardín. Si tienes un jardín, les encantará que les dejes un espacio libre, sin plantas, silvestre, despejado. En esos lugares pueden aparecer «por arte de magia» pequeñas piedras o cristalitos de colores, monedas de pequeño tamaño, canicas o cosas que brillan: es su manera de decirte que están ahí.

A las hadas de tierra les gusta el sonido suave del tambor, quizá porque representa el latido de la Madre Tierra. Una manera de contactar con ellas en la naturaleza es hacer sonar un tambor. Tras elegir un espacio dejándote llevar por tu intuición, siéntate, a ser posible cerca de un árbol, y empieza a tocar el tambor de manera lenta y armoniosa, para ir poco a poco incrementando el ritmo. Ellas, las veas o no, acudirán. Las sentirás.

Antiguamente, los campesinos, sobre todo las mujeres, que solían ser las encargadas de realizar las siembras (por la creencia en su poder germinador dador de vida y también porque eran tiempos en los que las labores del campo eran realizadas por todos los miembros de la familia), invocaban el poder de las hadas de tierra para que con su magia de prosperidad impregnaran de poder la siembra y así disponer de una cosecha abundante.

Animal asociado a las hadas de tierra

Las hadas del linaje de tierra sienten un amor y un vínculo especial con aves como las ocas, los patos y, en especial, los cisnes. Preferencia que se refleja en los numerosos relatos sobre hadas, en las que podían transformarse estas aves tan bellas y especiales.

Los cisnes representan la belleza y la gracia, y nos recuerdan que en todo momento, y ante cualquier situación, que siempre es posible encontrar belleza. Son gráciles, sofisticados, e incluso para despedirse de la vida, son elegantes; cuando un cisne presiente que va a morir, se despide de la vida emitiendo un canto especial, el canto del cisne.

Los cisnes simbolizan también la transformación y la confianza; cuando nacen y son pequeños, no son en absoluto bellos, ya que se asemejan a patos comunes. Tan sólo con el paso del tiempo logran su magnífico porte tan elegante y majestuoso. Los cisnes se unen en pareja para toda la vida.

En la trayectoria del matriarcado (ya sea datos históricos o dentro del legado de cuentos y leyendas), es común encontrar en todas las etnias referencias a la Madre de la Creación, la Dadora de Vida, descrita bajo la forma de algún ave de cualidades extraordinarias. Incluso en la religión católica se le llama a María avemaría, y ésa es su plegaria. Las referencias describen a un ave mitológica que desciende del cielo y porta la vida a la tierra, trae el huevo sagrado del que surge toda vida.

La costumbre de regalar huevos de colores por Pascua hunde sus raíces en la tradición celta.

El cisne representa *la gracia*, sentirnos agraciados, agradecidos, en estado de gracia con nuestras circunstancias, con nuestras vidas.

Altar para las hadas de tierra

Un altar puede ser muy sencillo o, por el contrario, muy elaborado. Los utensilios que aparecen aquí son sugerencias. Siéntete libre de elegir aquellos que desees, o por los que te sientas inclinado por tu intuición para elaborar tu propio altar dedicado a las hadas de prosperidad.

* Velas marrones, verdes o doradas. Son los colores que las representan.
* Tela de altar verde o marrón. Puedes emplear una tela o pañuelo de este color, o incluso multicolor con tonalidades verdes y marrones.
* Hojas secas, ramitas y corteza de árboles. Representan a la naturaleza y refuerzan la sintonía de tu intención.

* Semillas. Las semillas son resonadores cósmicos: contienen el potencial de lo que puede convertirse en un árbol, una planta, un fruto o una flor.
* Incienso de verbena, olíbano, cedro, o madreselva. Son afines a las hadas de prosperidad. También lo es el incienso de ámbar o el que tú desees.
* Cristales de cuarzo transparente, ónix, azabache, ámbar, ágata cornalina, jaspes marrones, cuarzos ahumados, minerales verdosos: son los más afines a ellas por su gama cromática o por su vínculo con la naturaleza, ya que tanto el azabache como el ámbar son orgánicos.
* Plantas: especialmente la hiedra, o bien pequeñas plantitas en maceta, o una planta de hojas verdes, con o sin flores.
* Símbolos propios de las hadas: imágenes, figuritas, varitas mágicas, etc.
* Eleven (septa), en imagen o dibujada por ti.
* Hombre/mujer verde en fotografía o en una figura. Representa la fuerza renovadora de la naturaleza.
* Y aquellos objetos que para ti tengan un significado especial.

En qué pueden ayudarnos las hadas de tierra

Las hadas de tierra siempre han ayudado a las personas que trabajan la tierra, incluso hoy en día, sobre todo en las zonas rurales y en los trabajos o negocios relacionados con los productos de la tierra: agricultores, artesanos que trabajan con arcilla, pequeños o grandes comercios de alimentación y de productos ecológicos, etc.

Las hadas de tierra ayudan a las familias, en especial a las madres y a las mujeres embarazadas. También a los negocios honestos, los juegos de azar y a todo lo relacionado con tener suerte y ganancias materiales: son las hadas de prosperidad.

Un dato curioso es que antiguamente se pedía ayuda a las hadas de tierra, las hadas de los bosques, cuando se padecía problemas de muelas, dientes, cutáneos o en las uñas, así como para tener un cabello abundante y bonito. La costumbre consistía en atar una cinta o cordón de color marrón, rojizo o verde en la rama de un árbol e invocar al hada del bosque para que ayudara a solucionar este tipo de problemas, exponiendo, con detalle, lo que se necesitaba, mientras las manos se apoyaban en el árbol. Y se daba por hecho que el hada del bosque escuchaba la petición y ayudaba a solucionar el problema.

Deseos

La tradición dice que cada linaje de hadas puede ayudarte a que tus deseos se cumplan. Aunque no es tan sencillo. Las hadas no son una especie de *genio de la lámpara de la fantasía*. Las hadas son mujeres reales de otro nivel de realidad. Su realidad es diferente a la nuestra. Ellas no viven en la realidad humana y no se cuestionan si nuestros deseos son pequeños, medianos o grandes; lo que se cuestionan a la hora de ayudarnos es si nuestros deseos son sinceros, reales y, sobre todo, si sentimos que los merecemos y si la petición de ayuda es sincera.

Un hada sabrá si estamos jugando a «pedir por pedir». Sabrá si somos personas sinceras y auténticas. Sabrá si sentimos que lo merecemos o si nos estamos autoengañando.

Una hada, sobre todo si es un hada de tierra, que son prácticas, realistas, laboriosas y valientes, sabrá si estás en el victimismo, en la codicia, en la duda o, peor aún, en la desconfianza, y entonces no pasará nada, no habrá enfoque, no habrá energía que sustente que puedan hilar los hilos de las variantes probables para que tus deseos se cumplan.

Al solicitar la ayuda a las hadas de tierra, tu estado de ánimo no importa: puedes estar triste o alegre, sentirte abatido, en la indefensión, en la injusticia, en el desconsuelo, en la incertidumbre... Lo importante siempre será que quieras seguir adelante, que estés en la acción, en la confianza y en el merecimiento.

En cuanto a conceder deseos, la antigua tradición mágica dice que las hadas de tierra te ayudarán a cumplir cuatro deseos, por lo que tienes que haberlos pensado y decidido muy bien. Tienen que ser deseos que provengan, sobre todo, de tu corazón, cuestiones que verdaderamente te ilusionen y sientas que mereces. Y si no lo tienes claro, siempre puedes pedir, como primer deseo, que te ayuden a merecer lo que pides: éste ya sería un deseo en sí mismo, pero te facilitaría la consecución de los otros tres, porque irá eliminando las posibles resistencias a merecer lo que deseas.

Los deseos o anhelos son cosas que nos ilusionan, que cuando piensas en ellos, sonríes, tu corazón se siente feliz y le dice a la mente: «¿Por qué no?».

Tradicionalmente, a la hora de pedirles un deseo a las hadas de tierra, se plantaban semillas de alguna planta, flor o árbol para acompañar la consecución del deseo. De esta manera, el enfoque y la paciencia ayudaban a conseguir aquello que se deseaba y que se le había pedido al hada de tierra. Y es algo que hoy en día yo sigo practicando y sugiriendo, ya que sigue dando un resultado excelente y permite que no caigamos en la impaciencia. En este sentido, te recuerdo que las hadas hilan los hilos de las probabilidades para que el deseo se cumpla y se materialice, algo que, en ocasiones, es casi inmediato y, en otras, lleva un tiempo.

Ritual de prosperidad / petición a las hadas de tierra

Éste es un sencillo y poderoso ritual para las hadas de tierra. Es conveniente elegir un día especial para realizarlo, uno de los señalados como fecha o portal energético de la tradición celta.

Éstos son los utensilios que se necesitan:

* Una vela marrón o verde, que colocarás en el centro del altar.
* Dos velas blancas, que pondrás a cada lado del altar.
* Un recipiente de cerámica, cristal o tiesto para semillas.

* Tierra nueva para plantas.
* Semillas (de plantitas que crezcan rápido; pueden ser de legumbres, de cereales, de germinados, etc.).
* Un símbolo material de lo que quieres conseguir en tamaño pequeño, por ejemplo, una moneda si es prosperidad, un corazón si es amor, una petición por escrito si es salud, una imagen o una figurita de un ángel si es protección, un anillo si es una relación, una llave si es una casa, etc.

Pasos a seguir:

* Enciende la vela.
* Esparce un poco de tierra en el recipiente.
* Coloca tu símbolo en la tierra y añade un poco más de tierra.
* Distribuye las semillas sobre la tierra y agrega un poco más de tierra sobre ellas.
* Vierte un poco de agua para que ayude a que las semillas germinen.
* Pide a las hadas de tierra que te ayuden a «plantar» tu deseo con firmeza y seguridad.

A medida que las semillas vayan germinando, sus pequeñas raíces estarán en contacto en todo momento con el objeto simbólico que también has sembrado en la tierra. Tienes que confiar en que a lo largo de un año se cumplirá. Y, por supuesto, tienes que cuidar de tu plantita a medida que las semillas vayan germinando.

Lugares especiales para contactar con ellas

Las hadas de tierra habitan en lugares especiales de la naturaleza, como bosques, arboledas, montañas, cimas, valles, jardines, campos sembrados, viñedos, árboles frutales, jardines públicos, jardines personales, invernaderos, rocas, grutas, cuevas, etc.

Antiguamente, cuando la relación era natural y el vínculo aún no se había olvidado, un hada del linaje de tierra podía materializarse ante una persona en parajes de la naturaleza o en su propio hogar o entorno para ayudarla.

La forma de contactar con las hadas de Tierra o hadas verdes es imaginando, visualizando el color verde intensamente, esperando a que en el centro empiece a generarse una luz dorado-verdosa, y confiar a que el hada verde se haga visible a nuestra visión interna, y entonces exponerle la cuestión por la que solicitamos su ayuda. Puedes realizar este tipo de conexión cuando te encuentres en un lugar de la naturaleza que para ti sea especial, donde sientas paz, armonía y tu intuición te diga que es un paraje habitado por las hadas.

Las diferentes hadas del linaje de tierra

En algunas tradiciones de Europa, a las hadas de tierra se las ha llamado hadas verdes, hadas de los bosques o hadas marrones. Por ejemplo, en Asturias, a las hadas vinculadas con las cuevas se las llama xanas; en León, janas, y, en Cantabria, anjanas. Antiguamente, en Cataluña se las llamaba damas o *dones de coves*.

Las hadas de los bosques protegen las zonas naturales donde viven que, por lo general, no están habitadas por seres humanos, no hay construcciones materiales. En estos parajes que son su hábitat, es frecuente encontrar círculos de piedras o rocas especialmente significativas.

Con su poder mágico, las hadas de tierra son capaces de realizar sus prodigios mágicos para que estas zonas sigan pasando inadvertidas y que estén protegidas de la violencia, la codicia o la avaricia humanas. Incluso en muchas ocasiones, evitan grandes desastres, como incendios ocasionales o intencionados.

Las hadas marrones

Las llamadas hadas marrones son también hadas de tierra, y lo que las diferencia de las hadas verdes es su hábitat: suelen vivir en parajes fangosos, de tierras rojizas y húmedas, donde no habitan seres humanos, lugares donde la naturaleza crece con libertad. En cuanto a su aspecto, suelen mimetizarse con los troncos de árboles y con la hojarasca marrón, motivo por el cual se las ha llamado tradicionalmente hadas marrones, ya que su aspecto e indumentaria tienen este tipo de tonalidades rojizas, ocres y marrones. Su aspecto es muy original y bello, de cabello corto de color cobrizo, lo mismo que su piel, con destellos brillantes dorados, y como todas las hadas, tienen las orejas puntiagudas.

En ocasiones se las ha descrito con dos antenas minúsculas en la línea del cabello, sobre la frente. Este tipo de antenas les sirven para amplificar su intuición y conexión con otros elementales y seres del otro mundo, así como para comunicarse con los espíritus de los árboles sabios y otros seres de la naturaleza.

Las hadas marrones son hadas silvestres, hadas muy libres que no suelen hallarse cerca de construcciones humanas. Poseen unas alas majestuosas, bellísimas y de intensos colores rojizos, marrones y verdes. Son alegres, dinámicas y sonrientes.

Reconocen muy bien a los seres humanos que aman la naturaleza y a los árboles. Aunque pueden cambiar de tamaño a voluntad, generalmente son hadas de tamaño pequeño que pueden pasar a nuestro lado, revoloteando a nuestro alrededor y hacernos pensar que se trata de una mariposa de tonos rojizos anaranjados.

Son hadas silvestres que prefieren estar cerca de los niños antes que de los adultos. Y detestan a las personas que van a la naturaleza a ensuciarla o maltratarla.

* Las hadas de tierra son hadas de prosperidad.
* Las hadas de tierra siempre han ayudado a los seres humanos, especialmente a las mujeres campesinas y amas de casa, así como a todas las personas que aman y cuidan a las plantas.
* Las hadas de tierra viven en la naturaleza, en bosques, arboledas, montañas, cimas, colinas, valles, rocas, grutas y cuevas. También rondan por los jardines, los invernaderos, los campos sembrados, los viñedos, los árboles majestuosos y los jardines de pueblos y ciudades.
* Las hadas de tierra también se conocen como hadas de los bosques, xanas, janas, anjanas, damas de las cuevas, damas verdes y damas marrones.
* Las hadas de tierra son generosas, buenas consejeras, cariñosas y comprensivas, con un carácter firme y decidido.
* Las hadas de tierra ayudan a las personas que trabajan la tierra, a los agricultores, los artesanos, las familias, las madres, las mujeres embarazadas, a que los negocios prosperen, a los negocios honestos y solidarios, y a tener suerte y ganancias materiales.
* Ayudan a que nuestros deseos se cumplan, porque saben mucho más sobre las leyes de la energía que nosotros los seres humanos, que, con el tiempo, hemos olvidado cómo funciona la magia.
* Un hada de tierra sabe si nuestros deseos son sinceros y si sentimos que los merecemos.
* Para que un hada de tierra nos ayude, no importa nuestro estado de ánimo, sino la sinceridad.
* Las hadas de tierra pueden cumplir cuatro deseos sinceros y factibles a lo largo de toda tu vida.
* Las hadas de tierra valoran muchísimo la decisión.
* Las hadas de tierra pueden cambiar de tamaño a voluntad. Pueden mostrar sus alas o no, y pueden mimetizarse con el

entorno. También pueden transformarse en bellos y majestuosos cisnes.

* Las hadas de los bosques protegen los entornos naturales donde habitan.
* La especialidad de las hadas de tierra son los árboles y las plantas.
* Las hadas, en general, y las de tierra, en particular, ayudan exclusivamente a quien les pide ayuda de manera personal; no hacen caso de peticiones para terceras personas, para eso tendría que pedir ayuda la persona en cuestión.
* Las llamadas hadas marrones habitan en parajes de tierras rojizas.
* A las hadas de tierra les gusta, el sonido armonioso, suave y poderoso del tambor.
* Los animales preferidos de las hadas del linaje de tierra son las aves, en especial los cisnes. Los cisnes representan la gracia y la belleza, la transformación y la confianza en la vida.

Linaje de las hadas de aire

Características de las hadas del linaje de aire

Las hadas de aire son afines al elemento aire. Éste se relaciona con los pensamientos, las ideas, la creatividad, la genialidad, el proceso de respiración y de renovación, el *prana* del aire, la inspiración creativa, el arte y la belleza, que son, por añadidura, las cualidades que representan a las hadas del linaje de aire, cuyas especialidades están relacionadas con la creatividad y la revitalización.

Las cualidades de las hadas del linaje de aire pueden ayudarnos, sobre todo, de dos maneras: a nivel creativo, a través de recursos creativos, tanto a nivel personal como profesional, sobre todo si nuestro trabajo o profesión requiere inspiración, recursos de originalidad, enfoque de marca profesional o distintivos creativos, impulso renovador, inspiración de ideas renovadoras, originales y únicas que representen lo que queremos transmitir como imagen de nuestro trabajo, negocio o profesión, sobre todo para que sea percibido como un arte, como algo especial que nos representa a través de nuestro esfuerzo y trabajo de manera creativa, original y única. También nos pueden ayudar a decorar o redecorar nuestros espacios preferidos, tanto del trabajo como nuestro hogar. Nos pueden inspirar de manera creativa cuando elegimos especializarnos, trabajar, estudiar o elegir una profesión en la que la creatividad juegue un papel esencial. Y también pueden ayudarnos en la revitalización en un sentido muy amplio: en la salud, tanto en procesos de recuperación como de cambios necesarios para mejorarla, en procesos renovación energética y vitalidad para nuestros centros vitales o *chakras*, en resistencia física, en la superación de una enfermedad, en el fortalecimiento después de una convalecencia o una intervención quirúrgica, y todo lo positivo que conlleva la renovación pránica a través de la respiración para que nuestra sangre y nuestras células se revitalicen con aire nuevo, puro, cargado de átomos dorados, *prana* solar, que puede beneficiarnos tanto a nivel físico como a nivel anímico.

Las hadas del linaje de aire pueden ayudarnos a superar estados de tristeza, depresión, desesperanza, melancolía, así como en momentos de ansiedad, estrés, etc. Y en todas aquellas circunstancias que, debido a experiencias desafortunadas, nos llevan a suspirar en lugar de a respirar a pleno pulmón, impidiéndonos celebrar la vida cotidiana con alegría y confianza.

Las hadas de aire son auténticas musas inspiradoras. Es más, se comunican con nosotros, los humanos, constantemente a través del pensamiento, pero la mayoría de personas no las identifican. Se limitan a pensar: «He tenido una idea estupenda», «He tenido una inspiración maravillosa», «La idea me vino de repente, por arte de magia».

La ayuda de las hadas, en general, y de las hadas de aire, en particular, se centra en saber fluir con los acontecimientos, salir de la queja (que es lo contrario a fluir y confiar), permitiendo aprender de las experiencias (sobre todo las limitadoras) para que pasen cuanto antes, que integremos su enseñanza, y nos elevemos con entusiasmo por encima de ellas permitiendo que la vida nos sorprenda con resultados y circunstancias mucho más enriquecedoras y placenteras.

Las hadas de aire son expertas en todas estas cosas.

Por ser afines al elemento aire, el impulsor de nuestras ideas y pensamientos, las hadas saben interpretar y sentir cada uno de nuestros pensamientos cuando necesitamos inspiración creativa o renovación energética para nuestra salud y vitalidad física.

Aspecto

El aspecto de las hadas de aire es muy variado: pueden ser diminutas, casi imperceptibles, como pequeños corpúsculos luminosos, o mucho más grandes, del tamaño y altura de los humanos. Y lo que siempre comparten, sea cual sea su tamaño, es su porte magnífico; parecen princesas de leyenda, sobre todo porque van ataviadas de una manera muy especial, muy femenina. Algunas de ellas suelen llevar sombreros cónicos multicolores, y quizá por este motivo se supone que son el linaje de hadas que más ha estado en contacto con los seres humanos, porque así se han representado en infinidad de cuentos, leyendas, dibujos y pinturas.

Otra característica que comparten las hadas de aire, sea cual sea su tamaño, es su varita; casi siempre llevan una varita cuya punta está viva, es luminosa, generalmente dorada con una sutil aureola brillante. Por supuesto, todas ellas flotan en el aire y se mueven a una velocidad eléctrica. Las hadas de aire pueden cambiar de tamaño a voluntad sin que esta cualidad les suponga un desgaste energético, ya que se sustentan con la vitalidad del elemento aire, el *prana* dorado. Sus rasgos y facciones, además de bellos y femeninos, son sutilmente delicados, etéreos, de mirada inspiradora y de infinita bondad.

Su apariencia es majestuosa, bellísima, especialmente femenina, muy elegante y armoniosa. Ya sabes que todas o casi todas las hadas pueden cambiar de forma (porque son expertas en el funcionamiento de las leyes de la energía), y las hadas de aire suelen adoptar la forma de pajaritos pequeños como, por ejemplo, colibrís, petirrojos, y, sobre todo, suelen metamorfosearse en mariposas y libélulas. Y en muy contadas ocasiones pueden

proyectarse y adoptar la apariencia de una mujer que, según las circunstancias (pero de manera especial), te ayuda en algo, y luego nunca más vuelves a ver. En estas ocasiones, su disfraz perfecto es el de una desconocida de una apariencia bella y elegante, con algo especial en la mirada y en los ademanes, y que puede ser una niña, una joven, una mujer madura o una anciana. A continuación, de inmediato o en las siguientes horas, días o semanas, algo cambia en tu mundo, aunque no lo relaciones con el encuentro, casi siempre fortuito, con aquella desconocida. Y, sin embargo, es la clave de un importante cambio para ti.

En la mayoría de ocasiones, un hada de aire te inspira, aunque ni siquiera entables una conversación con ella; sólo sientes su presencia, su mirada, su sonrisa... familiarmente desconocida. Y, a continuación, encuentras la solución o la salida a lo que te estaba preocupando o asfixiando. Pero no lo relacionas con este encuentro pasajero y momentáneo. Y, sin embargo, recibes la ayuda de un hada de aire. Esta circunstancia sucede con mucha más frecuencia de lo que podemos imaginar, porque las hadas de aire son generosas, solidarias y grandes aliadas de las personas sensibles, de buen corazón, especialmente las mujeres, a las que les gustan ayudar por pura empatía femenina y solidaria.

Lo que les gusta a las hadas de aire

A las hadas de aire les gustan las personas creativas. Y son de los pocos linajes de hadas a las que no es necesario invocar, ya que al ser el aire su elemento, se encuentran siempre en todas partes y captan al instante los vórtices energéticos, de vibración cromática dorada que, de manera natural, genera una persona cuya intención es la creatividad, la inspiración creativa, artística. Por lo que siempre están cerca de personas relacionadas con la belleza, el arte, la música, como pueden ser, por ejemplo, los actores, los poetas, los decoradores, los compositores, los escritores, las personas relacionadas con la expresión y la escritura, los artesanos, los joyeros, los maquilladores, los esteticistas, las modistas, los diseñadores de moda, las floristas, los jardineros, etc. También suelen estar cerca de personas relacionadas con la sanación, con la ayuda a los demás a través de palabras inspiradoras, alentadoras (dar alas con las palabras de ánimo).

A las hadas de aire les gustan los ambientes tranquilos y relajados, sobre todo si la música ambiental es bella, de sanación o de relajación. La música, especialmente de flautas y gaitas, les encanta y, en general, las melodías de todos los instrumentos de aire, como flautas, ocarinas, etc.

Adoran los lugares armoniosos de tu hogar o de la naturaleza donde la belleza es única. Las hadas de aire se sienten atraídas por los lugares bellos donde se nota una sensación especialmente reconfortante. También adoran los ambientes de suave perfume a fragancias naturales.

Ellas, las hadas de aire, sienten una especial empatía por las personas bellas por dentro y por fuera. Les atraen los juegos inocentes y alegres de los niños, motivo por el que suelen estar cerca de ellos. Por el contrario, se alejan de los ambientes sórdidos, cerrados, malolientes, ruidosos, donde no circula el aire y huele mal, así como de las personas que tienen pensamientos negativos, malintencionados, desconfiados, tóxicos o pesimistas. En general, las hadas y, en particular, las hadas de aire no soportan la falta de higiene y el desorden en todos los sentidos y en cualquier tipo de ambiente.

Aunque ya casi nadie recuerde de dónde viene la costumbre de que tanto hombres como mujeres lleven plumas en el pelo o en los sombreros, tiene su origen en el vínculo con las hadas de aire, y es una especie de señal o de reclamo para entrar en contacto y para afirmar el vínculo y la sintonía con las hadas de aire.

También les atrae y se dejan llevar y mecer por la «música» de la naturaleza, por el sonido de las hojas de los árboles mecidas por el viento, por las campanas o melodías que en apariencia no proceden de ninguna parte. Estoy segura de que has tenido en más de una ocasión esta sensación.

Desde los tiempos del matriarcado, se decía que, cuando nacía un bebe, además de su hada madrina, siempre había hadas de aire cerca para acompañarlo en sus primeras respiraciones. Las hadas de aire adoran a los recién nacidos.

Animal asociado a las hadas de aire

Las mariposas y las libélulas son los animales preferidos por las hadas de todos los linajes, pero, sobre todo, por las hadas de aire.

La mariposa simboliza la fuerza transformadora, la capacidad de trascender las limitaciones, la libertad, el esfuerzo, la confianza y la alegría. Ver mariposas con frecuencia indica que se aproximan cambios positivos; en ocasiones, pequeños, y otras veces cambios importantes. Como símbolo, es posible que la mariposa nos indique que tenemos que tomar decisiones importantes que nos traerán cambios beneficiosos en nuestras vidas, y que es el momento de salir de la zona de confort. Las hadas de aire suelen «enviar» mariposas a las personas que están en un momento de sus vidas de añoranza sentimental, tras una ruptura o pérdida de un ser amado, o cuando el corazón anhela enamorarse. Es como si el mensaje fuera: sonríe y abre tu corazón y deja que parta la tristeza.

Lo cierto es que, cuando vemos una mariposa, tan bonita, tan única, con su alegre aleteo, sonreímos. En Oriente, la mariposa como símbolo está presente en los hogares de los recién casados para atraer la alegría y la felicidad conyugal. Para los indios americanos, como, por ejemplo, los hopi, la mariposa representa la felicidad del amor, y quizá por eso las jóvenes que quieren enamorarse y ser correspondidas se peinan forma modo de alas de mariposa como si fuera un reclamo.

El mensaje simbólico de la mariposa es que fluyamos, que aceptemos los cambios como algo natural, con confianza y alegría. Y, en otras ocasiones, es que despleguemos las alas del corazón hacia el amor.

Asimismo, en Oriente, la libélula simboliza la buena suerte y es portadora de buenos augurios. Cuando las libélulas revolotean en los campos de arroz, indica que habrá buenas cosechas. Simboliza el triunfo, el éxito, la victoria y la valentía, y quizá por estas características era elegida para ser incluida en los escudos e indumentaria de los samuráis.

Al igual que la mariposa, la libélula simboliza el cambio, la necesidad de transformación, de seguir creciendo dejando atrás etapas limitadoras.

Altar para las hadas de aire

Un altar dedicado a las hadas de aire tiene que ser muy especial en sentido de belleza, armonía y elementos estéticamente bellos afines a su naturaleza, por ejemplo:

* Plumas.
* Flores naturales.
* Incienso de rosas o flores.
* Cristales transparentes o de colores.
* Música de relajación, especialmente de instrumentos de viento.

* Semillas aladas.
* Diente de león.
* Figuritas de pájaros, de mariposas, de libélulas.
* Y otros objetos de nuestro agrado relacionados con el elemento aire.

En qué pueden ayudarnos las hadas de aire

Su ayuda desinteresada es especialmente inspiradora. Y, para ello, pueden estar más cerca de ti de lo que podrías imaginar, así, sin más, sin ni siquiera haberles pedido ayuda, inspirándote nuevas y alentadoras ideas de cambio.

Las hadas del linaje de aire son capaces de sentir la ilusión de un corazón enamorado o la buena intención de un pensamiento solidario, y entonces ayudan sin que se les haya pedido nada. Son hadas especialistas en recalificar la energía de una situación o de un ambiente tenso si se las invoca o se les pide ayuda: ellas saben cómo equilibrar la energía desarmónica después de un enfado, malentendido o discusión, sobre todo si la o las personas con las que hemos discutido o nos hemos disgustado nos importan, es decir, cuando nuestro deseo de que todo esté bien y vuelva la armonía y la fraternidad es sincero de todo corazón.

También se las puede invocar cuando vayamos a realizar una celebración, una fiesta, un encuentro especial familiar o de amistades. En este sentido, la forma de invocarlas es ofreciéndoles unas palabras desde el corazón a modo de invitación a que participen en lo que nos disponemos a celebrar.

En estas ocasiones, en lugar de ofrecerles un altar, decoraremos el espacio donde vamos a realizar la fiesta o celebración con las cosas y detalles que les gustan especialmente a las hadas: objetos bellos y ordenados, alimentos dulces y vistosos, velas, incienso, cristales de colores, flores, música agradable y alegre, aromas de flores, incienso, rosas, etc.

Otras cosas por las que se les puede pedir ayuda a las hadas de aire son:

Seguridad al expresarte a través de las palabras

Puedes pedir ayuda a las hadas de aire en todas las cuestiones que estamos viendo según sus cualidades, pero, sobre todo en aquellas ocasiones en las que quieras que tus palabras trasciendan: sentirte con seguridad al hablar o escribir; cuando tengas dudas sobre cómo expresar lo que sientes y lo que piensas, su ayuda dará poder a la intención de tus palabras.

Asimilar un idioma

Algo muy práctico y que da un resultado excelente es pedir ayuda a las hadas de aire cuando estudiamos un idioma extranjero: cualquier aprendizaje requiere tiempo, entrega y esfuerzo para el conocimiento nos impregne, se incorpore de manera natural a nuestro pensamiento. Y ellas, tan afines a nuestro mecanismo de pensamiento-ideas, nos ayudarán a que dicho aprendizaje sea más productivo y requiera menos esfuerzo.

Comunicación interdimensional

La antigua tradición dice que las hadas de aire enseñaban el lenguaje de los pájaros a las mujeres, especialmente la comunicación con los cuervos, los colibrís y los petirrojos. Las hadas, en general, se comunican con todos los animales, y, en particular, las de aire se comunican con los pájaros.

Otras de las ayudas que podemos solicitar a las hadas de aire son:

* Cuando necesitemos saber más sobre sonidos y música sanadores, cantos vocálicos, rituales y ceremonias relacionadas con el elemento aire.
* Para profundizar sobre el poder de las palabras y sonidos de poder (afirmaciones positivas, decretos, sonidos sanadores, etc.).

* Para que nuestros pensamientos sean positivos y podamos comprender la esencia positiva de personas con las que no tenemos resonancia.
* Para inspirarnos en la creación de ambientes armónicos en nuestro hogar o trabajo o relaciones difíciles (sobre todo con las personas que nos importan).
* Para poder alejarnos con armonía de ambientes o personas con las que no tenemos afinidad.
* Para no discutir. Para que una discusión no se convierta en una pelea ni en distanciamiento.
* Para utilizar la palabra de manera constructiva y amorosa.
* Para encontrar paz y bienestar en el silencio interior y exterior.
* Para descifrar y/o profundizar en el lenguaje secreto de la naturaleza, especialmente en el sonido del viento.
* Cuando necesitemos fortalecer la imaginación, la creatividad, las ideas creativas y constructivas.
* En todas las ocasiones en las que precisemos inspiración.

Deseos

Las hadas del linaje de aire nos ayudan y asisten en la mayoría de ocasiones sin necesidad de solicitar su ayuda. Sin embargo, si deseas que te ayuden en la consecución de alguna cosa, proyecto o propósito concreto, las puedes invocar para contar con su ayuda de alegría y felicidad, en cuyo caso te permitirán conseguir tres deseos concretos a lo largo de tu vida, pero sólo si están relacionados con la suerte, la prosperidad, la alegría y diversión y/o el amor.

Sí, las hadas de aire pueden permitirte la consecución de tres deseos a lo largo de tu vida. Pero la consigna, como sabes, es creer en ti, estar en la acción, sentir y creer que lo mereces y, por último, no dudar. En este sentido, debes tener claros qué tres deseos te gustaría pedirles a las hadas de aire. Te recuerdo que son las más ingeniosas y que valoran mucho el ingenio y la creatividad. Por ejemplo, si les pides que se manifieste en tu vida el amor verdadero y que sea una pareja maravillosa, que te quiera y que seáis felices, que sea guapo, saludable, fiel y próspero, cada vez que dices «y» es un deseo.

Y sólo te ayudarán en tres deseos. Es algo muy sutil pero marca la diferencia, por lo que recuerda utilizar en lugar de «y», «con», es decir, quedaría así: un hombre *con* auténtico amor hacia mí, *con* belleza en todo su ser, *con* prosperidad, *con* fidelidad, *con* delicadeza, *con* pensamiento positivo, *con* sentimiento positivo, *con* acciones positivas, *con* felicidad en todos los sentidos. Y lo mismo si el deseo es de salud o de prosperidad, trabajo, cosas materiales o espirituales.

De todas maneras, tal y como hemos visto, las hadas de aire siempre están cerca inspirándonos, y su inspiración es una manera de ayudarnos permanentemente a que nuestros deseos se cumplan.

Las hadas de aire son hadas muy generosas.

Ritual de petición / meditación / conexión

La siguiente meditación/conexión es muy sencilla de practicar.

* Piensa que te encuentras en un lugar muy especial de la naturaleza que puedes imaginar con facilidad o que te resulta sencillo rememorar porque ya lo conoces físicamente. También puedes utilizar una lámina inspiradora como portal de conexión mientras te encuentras en la comodidad de tu hogar.

En primer lugar, lee con detenimiento los pasos a seguir y, a continuación, realiza la meditación de conexión como te se propone a continuación.

Pasos a seguir:

* Imagina que estás mirando el cielo azul y ves una nube blanca.
* Visualiza que esa nube empieza a brillar con intensidad y que puedes sentir que estás en su interior, respirando esa agradable luminosidad.
* Permite que tu visión interna se adapte a ese brillo hasta empezar a percibir un palacio de cristal bellísimo.
* Siente, además, que puedes escuchar una música sutil muy agradable y especial.
* Así, de manera fácil y natural, estarás en un palacio de las hadas de aire. Permítete sentir cómo salen a tu encuentro.
* Aquí, en este lugar tan mágico y especial, podrás aprender y disfrutar de tu vínculo con las hadas de aire. Te contarán sus secretos.

Las hadas de aire siempre están cerca de la realidad humana, pero sus moradas se hallan en el plano sutil de enclaves naturales que son bellísimas construcciones con un aspecto majestuoso en forma de palacios de cristal.

Sugiero que la primera o primeras veces que hagas esta meditación/conexión, rememores algún momento especial de tu vida en el que te sintieras especialmente creativo, inspirado o feliz al realizar algo artístico y satisfactorio, porque así comprobarás que a tu alrededor estaban ellas, las hadas de aire. Y, además, entrarás o reforzarás un estado de ánimo óptimo que elevará la vibración de todos tus *chakras* y tu capacidad para visualizar.

En cada ocasión que practiques esta visualización/conexión con tu imaginación, recuerda tomar notas en tu cuaderno de conexión con las hadas.

Lugares especiales para contactar con ellas

Con las hadas de aire se puede contactar con mayor facilidad, y siempre a través del pensamiento. Como se ha comentado, al igual que el aire, las hadas de aire pueden estar en todas partes, tanto en espacios cerrados como en lugares abiertos de la naturaleza. Seremos conscientes de ellas cuando nuestra intuición nos avise de que la brisa, el viento o los pequeños remolinos de aire inesperados son diferentes, sobre todo si de repente notamos un aroma especial a madera o a flores, que nos aporta serenidad, alegría o sonrisa en medio de un silencio reconfortante en lugares como colinas, sitios elevados del bosque o la montaña, las orillas de las playas, los jardines, la terraza o el balcón de casa, en nuestro hogar al encender un incienso o al escuchar música relajante, y, en general, en todos aquellos sitios o ambientes donde nos sentimos especialmente en calma, bienestar y tranquilidad.

Los lugares humanos frecuentados por las hadas de aire son aquellos en los que el aire es puro, no está contaminado y está dominado por aromas naturales, armónicos, estéticos, ventilados, de aire fresco y, sobre todo, donde el pensamiento, la acción y la intención son impecables.

Como el resto de las hadas, les ahuyenta la doble intención, la sordidez, la contaminación, los lugares donde ha existido sufrimiento y privación de libertad, las zonas industriales, la suciedad y la violencia.

Las diferentes hadas del linaje de aire

A lo largo de la historia, en diferentes tiempos y culturas, ha habido personas famosas o anónimas que han puesto nombre a los seres luminosos de la naturaleza (hadas) para describirlos, definirlos o clasificarlos. Éstos son algunos por los que se les sigue conociendo.

Sílfides

Se cree que fue Paracelso quien nombró a las hadas de aire como sílfides. Antes de denominarse de este modo, eran conocidas con diferentes nombres en cada comunidad antigua de la época del matriarcado, de los que no ha quedado testimonio escrito porque todavía no existía la escritura tal y como la conocemos hoy en día.

Se las relacionaba con el elemento aire porque podían verse precisamente los días de mucho viento o en los rituales y ceremonias en los que se realizaban ofrendas al viento, sobre todo para calmarlo. También se las relacionaba con la brisa y con el viento que preceden a una tormenta y o a los que soplan durante esta inclemencia meteorológica.

A las sílfides se les atribuye la limpieza, el equilibrio y el orden de la atmosfera; en definitiva, su limpieza a nivel energético, cuando, por determinadas circunstancias, el ambiente en cuestión, el aire, ha sido contaminado por un acontecimiento negativo. (Todos sabemos lo que quiere decir un ambiente cargado en un lugar, estancia o habitación donde ha sucedido algo desarmónico, negativo, dramático o devastador, y en ese sentido, las hadas de aire son los elementales del elemento aire, que reestructuran y recalifican la energía ambiental de la contaminación que haya podido quedar).

Tinkerbells

Cuenta la tradición antigua inglesa que existen unas diminutas hadas de aire denominadas Tinker Bells a las que les gusta estar cerca de las cunas de los bebés (y que los bebés pueden ver), porque adoran y protegen su alegría e inocencia. ese asemejan a una especie de hada Campanilla rodeada de un brillo áurico.

Hadas doradas (también llamadas damas doradas)

Se trata de bellísimas hadas de majestuoso aspecto que, aunque tienen alas, por lo general las mantienen plegadas. Su indumentaria es casi siempre dorada, como su cabello y el brillo de su piel. Pueden cambiar de tamaño a voluntad.

La antigua tradición las sitúa siempre en lugares majestuosos de la naturaleza y en edificios asimismo grandes e importantes. También en espacios cerrados donde abunda la luz del sol o en ambientes decorados con tonalidades doradas o brillantes. Por ejemplo, se pueden hallar en antiguos edificios bien conservados con abundante decoración romántica o estilo *art déco*.

Su relación con los seres humanos se centra en inspirar a personas dedicadas al arte a través de la escritura, la filosofía, la poesía y la sabiduría de las palabras para narrar hechos, historias o leyendas, pero no conceden deseos materiales porque no suelen relacionarse con las personas en general. A las hadas doradas, de incomparable hermosura, les interesa el arte y la belleza, así como inspirar ideas de manera sutil a creadores y artistas, pero se limitan a esto.

Hadas transparentes (también llamadas damas)

Suelen ser diminutas y, aunque brillan mucho, resulta muy difícil verlas tanto con los ojos abiertos como con los ojos cerrados precisamente por su transparencia, aunque, en ocasiones, es posible captarlas con el objetivo de una cámara. Son tan pequeñas que la mayoría de las veces pueden confundirse con motas de polvo brillantes.

A las diminutas y vivaces hadas transparentes les gustan los seres humanos, especialmente los niños y las personas positivas, valientes y soñadoras con los pies en el suelo, emprendedoras, de buena intención y con un corazón transparente. Y al igual que la mayoría de las hadas de aire, inspiran ideas originales y creativas a este tipo de personas en las que la creatividad y el arte forma una parte importante de sus vidas.

Como todas las hadas, odian las mentiras, la hipocresía, la sordidez, las quejas, la indolencia, los convencionalismos, la rigidez, la doble intención y la negatividad.

En ocasiones, la presencia e influencia de las hadas transparentes resultan evidentes en el ambiente del lugar donde solemos trabajar o relajarnos escuchando música. En estas ocasiones, al entrar en esta estancia o estar en ella en un momento determinado, notamos que la calidad de la luz es diferente, que huele a flores, que el lugar se llena de magia, y el corazón se regocija, la mente se siente creativa y las manos vuelan para crear y plasmar la inspiración, y las ideas que han salido de la nada toman forma, se concretan. Es lo que en ocasiones definimos como momentos de inspiración mágica, aunque en realidad se trate de las hadas transparentes, que brindan su ayuda inspiradora.

Resumen del linaje de las hadas de aire

* Las hadas de aire son afines al elemento aire: tanto en cuanto a ideas como en cuanto a pensamientos.
* Las hadas del linaje de aire pueden ayudarnos a nivel creativo (inspiración) y a nivel de renovación vital (sanación).
* Las hadas de aire son auténticas musas inspiradoras en los temas relacionados con la creatividad y la originalidad.
* El aspecto de las hadas de aire es muy variado: diminutas o de tamaño humano. Y la mayoría de ellas pueden cambiar de tamaño a voluntad.
* Las hadas de aire se sustentan con el *prana* del aire.
* Su apariencia suele ser majestuosa, bellísima, especialmente femenina, muy elegante y armoniosa.
* Las hadas de aire pueden metamorfosearse en colibrís, petirrojos, mariposas y libélulas.
* Las mariposas y las libélulas en ocasiones son símbolos a modo de mensajes de cambio que envían las hadas.
* Las hadas del linaje de aire pueden adoptar la forma de una mujer, una perfecta desconocida de apariencia bella, elegante, con algo especial en la mirada.
* Las hadas de aire son generosas, solidarias y grandes aliadas de las personas sensibles y de buen corazón.

* A las hadas de aire les encantan los ambientes tranquilos y la música de instrumentos de viento, como ocarinas, flautas y gaitas.
* Las hadas de aire interceden ante una situación tensa para que no haya disgustos o enfados.
* Las hadas del linaje de aire, sobre todo si se las invoca o se les pide ayuda, pueden aportar su magia alegre en las celebraciones y las fiestas.
* Las hadas de aire pueden ayudarnos a expresarnos mejor y a que aprendamos un idioma diferente con mayor facilidad. También son especialistas en el lenguaje de los pájaros, sobre todo el de los cuervos, los petirrojos y los colibrís.
* Las hadas de aire pueden conceder tres deseos a lo largo de la vida.
* Los animales simbólicos de las hadas del linaje de aire son la mariposa y la libélula.
* Practica de vez en cuando la conexión con las hadas de aire visualizando sus fortalezas: palacios mágicos de cristal.
* Las hadas de aire también son conocidas como sílfides, Tinker Bells, hadas doradas, damas doradas, hadas transparentes y damas de cristal.

Linaje de las hadas de agua

Características de las hadas del linaje de agua

Las llamadas hadas de agua son seres femeninos que pertenecen a otro nivel de realidad estrechamente vinculado a la nuestra, ya que nuestra naturaleza humana, nuestro cuerpo físico procede del agua salada (la vida material en la superficie terrestre surgió del océano), y para su sustento necesitamos sobre todo agua dulce. Además, nuestra composición química se basa en esencia en el agua: sangre, linfa, sudor, lágrimas. En definitiva: agua.

También nuestras emociones son fluctuantes, como el agua, la Luna y las mareas. Por todos estos motivos, el agua es el nexo de unión que nos vincula a la magia de las hadas de agua, expertas en los secretos del líquido elemento de la vida.

Para las hadas del linaje de agua, su elemento afín es el agua. Es el medio natural en el que transcurre su vida; es el elemento del que se impregnan, del que viven y respiran, y del que son expertas, pues el agua es su medio de vida, realidad y existencia.

Del mismo modo que los demás linajes de hadas, a los seres humanos nos consideran seres de la Tierra Media, ya que nuestra vida transcurre en medio de muchas realidades y no somos capaces de valorar tal maravilla por estar condicionados y enfocados en la realidad limitada de nuestros sentidos físicos materiales, sin apenas desarrollar nuestro potencial a través del entrenamiento de los llamados sentidos extrasensoriales para poder verlas, sentirlas, percibirlas, escucharlas e interactuar con ellas de manera totalmente sencilla y natural.

Para las hadas de agua, el agua es su medio, su elemento: respiran agua, viven en el agua, conocen los secretos alquímicos del agua, valoran de manera sagrada el elemento agua por contener la fuerza de la vida, y, por extraño que nos parezca, el agua no hace que se mojen ni les afecta como puede afectarnos a los seres humanos.

Una de las funciones de las hadas de agua es la de cuidar de la vida del agua, del equilibrio del agua. Con sus actividades, contribuyen una y otra vez a armonizar todas las posibles alteraciones originadas por los reajustes propios de un planeta en movimiento como es la Tierra (rotación sobre sí misma y traslación alrededor del sol), y, sobre todo, en lo relacionado con los desequilibrios medioambientales que ocasiona la falta de conciencia y consciencia humana. Se ocupan de cuidar, en la medida de lo posible, de la vida de la fauna y la flora marinas y oceánicas.

Las hadas del linaje de agua son las guardianas de los secretos del agua y, por tanto, de todos los líquidos. Ellas pueden enseñarnos las maravillas que podemos lograr con la magia de transferencia, como veremos en los datos sobre su linaje (el poder y la mamoria del agua, como han hecho patente las numerosas investigaciones y estudios de Masaru Emoto).

Aspecto

Las hadas del linaje de agua más descritas y que más mitos y leyendas han inspirado son las sirenas. Sin embargo, como veremos, su forma y su belleza son variadas. Además, como la gran mayoría de las hadas, pueden mimetizarse y confundirse con el entorno que habitan: en Irlanda y Escocia, durante mucho tiempo, se les llamó damas-foca, ya que adoptaban la forma de una foca para acercarse a las orillas de las playas, como relatan numerosas historias antiguas de pescadores y marineros que se enamoraron de estas bellísimas mujeres marinas que les ocultaban su piel de foca para que nunca pudieran regresar al mar.

Se cuenta con antiguos testimonios de familias irlandesas que afirman que son descendientes de una mujer foca, un hada marina, asegurando que eran mujeres enigmáticas, de una belleza inusualmente misteriosa, silenciosas, muy femeninas, hacendosas, creativas, buenas esposas y madres, pero que tenían una mirada de tristeza permanente porque añoraban su vida en las profundidades del mar. Este tipo de historias se recogen, sobre todo, en canciones y leyendas del folclore irlandés, y han sido llevadas al cine (uno de cuyos ejemplos es la película *La isla de las focas*).

En ocasiones también se las define como mitad pez y mitad mujer. Así, al abandonar el agua marina, la sirena pierde su cola y se convierte en una bellísima mujer de esbelta figura.

Todos los cuentos, mitos y leyendas sobre las hadas del agua relatan la añoranza que sienten estos seres por el agua y, sobre todo, por el mar y el océano, después de permanecer durante un tiempo en la realidad humana. Existen muchos relatos sobre las sirenas que, por amor, dejaron atrás su modo de vida marino. Algunas de ellas, sin embargo, enfermaron de nostalgia, a veces con un final trágico, mientras que otras lograron regresar al agua para no volver nunca jamás a tierra firme, dejando atrás su vida, las costumbres humanas, sus hijos y sus esposos humanos. No obstante, de vez en cuando, desde lejos, observaban a sus retoños sin abandonar su hábitat, el agua de mar.

En la mitología celta, el hada de agua más conocida es la Dama del Lago, la guardiana de la espada Excalibur (Excalibur significa «fuerza eterna»). A la Dama del Lago se la define como un hada con una gran belleza, ataviada con una túnica de color celeste, con una tiara de piedras preciosas sobre su cabeza y de largo y dorado cabello. Además, poseía unos dones sanadores, haciendo referencia al poder sanador y reparador del agua.

Las hadas de agua se caracterizan por tener un cabello precioso de colores brillantes y verdosos, turquesa, negro azabache, dorados, rosados..., muy originales y bellísimos.

Tanto los pintores clásicos como los antiguos escritores las definían como unas mujeres bellísimas de piel blanca y brillante, con unos ojos almendrados o redondeados especialmente grandes, y con una mirada profunda, magnética, serena y enigmática. Son muy femeninas y armoniosas, sutiles y mágicas, de la misma altura que una mujer, pero de tamaño mucho más grande o pequeño cuando están en el agua.

Pueden adoptar la forma de focas, delfines y/o tortugas. Es decir, poseen el don del polimorfismo y pueden adoptar temporalmente la forma de una mujer o de algún animal marino. Cuando se muestran en su naturaleza femenina, su apariencia es la de princesas o reinas de cuento, de leyenda. Tienen una gran belleza, delicada y extremadamente femenina.

Lo que les gusta a las hadas de agua

A la mayoría de las hadas de agua les gustamos los seres humanos; se sienten conmovidas por nosotros. Les causamos una gran ternura por nuestras tribulaciones y torpezas. Les gusta aliviar el sufrimiento (sobre todo por los males de amores) de las mujeres y los hombres. Les gustan los niños, hasta tal punto de que en muchas ocasiones incluso los han rescatado de una muerte segura llevándolos a zonas de playa habitadas, o dejándolos cerca de una embarcación para que fueran rescatados. También se sabe que les atraen en especial los hombres de corazón puro y con un aspecto bello, pero no existe ni una sola leyenda o relato (que se sepa) con un final feliz a este respecto, ya que, para ellas, el vínculo que tienen con el agua, con el mar, es extremadamente poderoso.

La literatura clásica griega las ha definido como unos seres que, con sus cantos, tentaban, y ha llegado a afirmar que en determinadas épocas, los marineros y comerciantes que surcaban los mares tenían que atarse al mástil y taparse los oídos para no lanzarse al agua al escuchar sus cantos. Son los cantos de sirena: hipnóticos, fascinantes y mágicos, aunque de ellos poco se sabe. Por otra parte, hoy en día se sigue conservando la creencia de que en la proa de la embarcación hay que llevar una figura de sirena, puesto que atraerá la suerte y el barco tendrá una protección especial. Y sí, las hadas de agua poseen una voz melodiosa con la que son capaces de interpretar unos cánticos sanadores más allá de supersticiones, mitos y leyendas.

Las hadas de agua sienten afinidad por objetos como los siguientes:

* Las caracolas.
* Los caballitos de mar.
* Las piedras y los corales marinos.
* El jaspe o la piedra océano.
* Las perlas.
* El sonido de la ocarina.
* Las algas.
* El sonido del agua.
* Las fuentes de agua.
* Los líquidos de colores.
* El agua dulce y salada.
* El agua bendecida con pensamientos y sentimientos positivos.
* Las flores y las plantas, como a todas las hadas.

Las hadas del linaje de agua no suelen mostrarse con facilidad, quizá porque hubo un tiempo en que lo hacían para guiar en sus trayectos a los marineros, proteger a los pescadores y rescatar de los naufragios a las personas, pero la codicia y la excentricidad humana en su afán de capturarlas, poseerlas como un trofeo y tratarlas sin respeto ni consideración alguna hizo que se volvieran reacias a dejarse ver. No les gusta ser sometidas ni tampoco las personas curiosas ni violentas. Detestan la contaminación, tanto ambiental como personal, de ideas, pensamientos o de sentimientos, así como la doble intención, la manipulación y la negatividad en todas sus formas y aspectos.

Animal asociado a las hadas de agua

Caballito de mar

Se sabe que los caballitos de mar son los animales marinos preferidos de las sirenas. El caballito de mar es un ser marino que sigue conservando su aspecto a lo largo del tiempo; se cree que no ha cambiado de forma como especie desde que existe. Un dato curioso es que no tiene escamas y que puede mimetizarse con su entorno cambiando de color. Y su aleta dorsal, con la que se impulsa en el agua, se asemeja a un ala mágica que le permite desplazarse a la velocidad que desea. A nivel simbólico representa la paciencia, la alegría, la libertad y el amor. Es curioso observar que, por lo general, se une a una sola pareja de por vida y que suelen permanecer unidos por la cola en forma de espiral la mayor parte del tiempo. Es el macho quien alberga en su cuerpo a las crías, y también quien da a luz, permitiendo que la hembra pueda seguir gestando casi de manera continua para que su especie siga siendo abundante. En todas las culturas a lo largo de la historia, se ha considerado al caballito de mar como un ser mágico y especial que trae buena suerte.

Altar para las hadas de agua

El objetivo de un altar es crear un foco de luz que contribuya a centrar la energía del propósito por el que se elabora. Para el altar dedicado a las hadas de agua, hay que contar con objetos relacionados con el agua, como, por ejemplo:

* Imágenes o dibujos de sirenas.
* Caracolas.
* Caballitos de mar (en figurita, dibujo o fotografía).
* Minerales (piedra océano, coral, larimar, perlas).
* Vela o velas de agua o bien de color azul.
* Una copa o recipiente con agua dulce o salada.
* Sal o arena de la playa en un pequeño recipiente.
* Flores de tu elección (naturales, cortadas o en maceta).
* Un caldero (aunque sea pequeño y simbólico). El caldero es un símbolo sagrado que representa la nutrición, el alimento y el agua de la vida (la sopa, el cocido, la comida de cuchara que se cuece poco a poco). Antiguamente, en los hogares rurales, el caldero siempre estaba en el fuego, cocinándose con tiempo para poder ofrecer comida a quien la necesitara. El caldero fue, y sigue siendo, un símbolo de hospitalidad, de fraternidad y de abundancia.

Es un atributo de las Diosas de agua de vida.

En qué pueden ayudarnos las hadas de agua

Todos los seres mágicos del agua, sobre todo las hadas de agua, nos ayudan a reponer nuestra energía vital, ya que ellas son, en sí mismas, pura energía y vitalidad.

* Nos ayudan física y anímicamente: gracias al agua, ayudan a recuperarnos física y energéticamente; nos permiten salir de situaciones estancadas, de circunstancias anegadas, embarradas, fangosas, viscosas, envenenadas, contenidas, que nos ahogan, que nos anegan, para que nuestras relaciones (incluida la que mantenemos con nosotros mismos) fluyan con libertad y en un buen cauce. Nos ayudan a encauzar nuestros propósitos con equilibrio, con armonía.

* Nos permiten comprender nuestras emociones para que no nos desborden, no nos ahoguen. Nos ayudan a salir de situaciones, hechos o circunstancias que nos pueden causar ahogo.

* Nos ayudan a que nuestros líquidos fluyan bien; de hecho, todos los líquidos de nuestro cuerpo: sangre, lágrimas, linfa, líquido eléctrico del cerebro, sudor, saliva, orina, procesos digestivos, emociones. Estamos conectados por naturaleza con el agua y con las hadas de agua.

* Nos ayudan en nuestro equilibrio emocional. Las emociones, que están relacionadas con el segundo *chakra*, el *chakra* emocional, es el centro vital de nuestro temperamento, lo que hace que, en ocasiones, desbordemos nuestras aguas internas (la parte emocional de nuestra forma de ser y relacionarnos con las personas, con la comida y con la vida misma). El agua, las emociones y la Luna están estrechamente relacionados con las fluctuaciones, con los cambios.

* Nos ayudan a saber fluir y confiar en el flujo de la vida y los acontecimientos personales: fluir como fluye el agua, sin oponer resistencia, aprendiendo de cada acontecimiento, momento y circunstancia que la vida nos depara.

* Pueden ayudarnos con su magia especial a transferir al agua poder sanador a través de pensamientos y sentimientos positivos, aprendiendo sobre los secretos alquímicos del agua, los elixires, el agua dinamizada o la transferencia de la vibración de los minerales al agua o de las flores al agua.

* Nos permiten reparar con el agua de vida nuestras dolencias y molestias físicas: recuperar la sabiduría medicinal del

agua, profundizar en el poder sanador de las aguas milagrosas que han existido, y existen, en enclaves especiales de agua sanadora.

* Podemos hidratar todo lo necesario nuestro cuerpo, ya que la falta de agua es la causa de la mayoría de nuestras enfermedades humanas. Con el paso del tiempo, nos «secamos» por dentro y por fuera por no consumir la suficiente agua: cada persona debería beber agua (no otro líquido, sino agua) en la misma proporción que su altura; por ejemplo si tu altura es de 1,65 cm, la ingesta de agua debería de ser siete vasos de agua repartidos a lo largo del día, un poco más de un litro y medio de agua diario para mantener tu organismo hidratado y prevenir posibles enfermedades, todas ellas relacionadas con la falta de agua. Así, las funciones celulares de reparación serán llevadas a cabo por los procesos químicos y alquímicos en el organismo.

* Nos ayudan a elaborar remedios o medicinas con agua: antiguamente, cuando todavía no existían los fármacos químicos, el agua era la base para la preparación de remedios sanadores, gracias a infusiones, maceraciones, concentrados, tinturas, alcoholes, etc.

* Pueden ayudarnos a elaborar elixires mágicos. Se trata de remedios especiales y personalizados cuya base principal es el agua informada o agua impregnada con un propósito definido.

* Nos permiten profundizar en la magia de transferencia. En el apartado destinado a la magia de transferencia se explicarán los pasos que hay que seguir para practicar esta antigua sabiduría de transferir al agua una capacidad sanadora.

Deseos

Las hadas de agua pueden hacer que una persona a lo largo de su vida sienta un vínculo con ellas. Las hadas del linaje de agua siempre han tenido fama de otorgar deseos a todas las personas que las invocaban cerca del agua.

Cuando la vida transcurría sobre todo en las zonas rurales, era muy común que las personas, sobre todo las mujeres, se acercaran a los lugares donde fluía el agua para invocar a las hadas guardianas de estos enclaves, y allí, resguardadas por el recogimiento del bosque, junto a una fuente, un estanque, un pozo, un manantial o a la orilla de un río, dejaban correr sus lágrimas y realizaban sus peticiones.

En aquel entonces, las hadas de agua ayudaban a mujeres sensibles y vulnerables que habían sufrido auténticos desengaños amorosos, injusticias y traiciones, y lloraban de infelicidad por no encontrar el amor verdadero. Se trataba de mujeres que tenían un corazón y una intención valientes, que añoraban un auténtico amor y que creían que no eran afortunadas o que la suerte no estaba de su parte. En estos casos, se les concedía el deseo de que, en muchas ocasiones, hallaran el amor auténtico, y, en otras, la gran mayoría, las hadas de agua las ayudaban a que encontraran y valoraran por encima de todas las cosas su propia dignidad.

En aquellos tiempos en los que nos relacionábamos con las hadas de manera cotidiana, sencilla y natural, las hadas del linaje de agua ayudaban a cumplir el deseo de la maternidad a las mujeres que deseaban ser madres.

Al estar en relación directa con los secretos y la magia del agua, de los líquidos, se les puede pedir ayuda si lo que se desea verdaderamente es dejar una adicción (sobre todo si está relacionada con la bebida), siempre y cuando el deseo de dejar dicha conducta adictiva sea auténtico.

Y, sobre todo, las hadas de agua son expertas en conceder deseos para recuperar la salud en el caso de padecer determinadas enfermedades relacionadas con los líquidos (retención de líquidos, problemas en los lagrimales o en los ojos, linfa, etc.), siempre y cuando el deseo sea sincero y el vínculo establecido sea auténtico, porque las hadas, con independencia de su linaje, hacen oídos sordos a pedir por pedir. El propósito y la convicción han de ser verdaderos. Si tu deseo es aprender sobre los secretos del agua, ellas, las hadas de agua, son grandes instructoras: enseñan, si se les pide ayuda, a través de la inspiración y la intuición a todas las personas interesadas en las cualidades sanadoras y medicinales del agua, ya que, como seguramente sabrás, el agua posee cualidades reparadoras, sobre todo el agua de mar.

Las hadas de agua pueden concedernos su ayuda en los deseos relacionados con:

* Rescatar en situaciones de peligro extremo relacionadas con el agua.
* Salir del sufrimiento sentimental.
* Encontrar un amor digno y afín.
* Embarazo deseado.
* Abandonar una adicción, sobre todo relacionada con los líquidos.

* Recuperar la salud.
* Los secretos sanadores del agua de mar.
* Los secretos de la magia de transferencia (la medicina del agua sanadora).

Ritual de petición / meditación / conexión

Meditación / conexión con las hadas de agua en la naturaleza

Puedes practicar la siguiente meditación de conexión con las hadas de agua cuando estés en la naturaleza, cerca de lugares donde haya agua, o bien en la comodidad de tu hogar, si lo deseas, con un recipiente con agua preparado para tal fin.

Para realizar esta meditación de conexión con las hadas de agua, puedes poner música relajante que sea especialmente significativa para ti, sobre todo si contiene sonidos de agua o de delfines, aunque también puede tratarse de una melodía tranquila de las pensadas para meditar y visualizar.

Pasos:

* Elige un lugar donde puedas sentarte cómodamente cerca del agua, ya sea en la orilla de un río o de un estanque, o en un pozo, un manantial, una fuente, etc. O bien otra alternativa es tener a mano un recipiente con agua en tu propia casa.
* Siente el agua, tócala con tus manos.
* Siente su sonido como si nunca antes lo hubieras escuchado, con los ojos cerrados, con sentimiento.
* Agita el agua con tus manos y siente que las hadas de agua están cerca, atraídas por el sonido del agua y por tu intención de contactar con ellas.
* Ahora, con independencia de si estás sentado en la naturaleza o tocando el agua con tus manos en un recipiente en un

lugar para meditar en tu propio hogar, imagina, visualiza o siente que estás en contacto con el agua de un lago de transparentes, brillantes y mágicas aguas azules, un lago mágico de aguas tranquilas, en cuyo centro se halla un palacio de cristal de reflejos azules rodeado de originales fuentes. No trates de visualizarlo a menos que seas vidente, tan sólo imagínatelo. La visualización se irá abriendo camino poco a poco, sin esfuerzo (recuerda que visualizar es sentir que estás viendo, no empeñarte en ver como si tuvieras los ojos abiertos).

* De manera pausada, se irá manifestado, de un modo sencillo y fácil, un camino de luz blanca y brillante de reflejos azules, que llegará hasta ti para que entres en el palacio de las hadas de agua. Déjate sorprender. Todo en este lugar es mágico, etéreo, agradable y luminoso; incluso puede que te resulte familiar por haber estado ya allí en algún sueño del que ahora puede que tomes consciencia.

Cuando hayas terminado, recuerda tomar notas en tu cuaderno personal de conexión con las hadas.

Lugares especiales para contactar con ellas

Podemos contactar con las hadas del linaje de agua en casi todos los lugares donde haya agua (en aquellos sitios donde no hay vida, como en el agua contaminada, toxica o muerta, no suele haber hadas de ningún linaje). Así, es posible encontrarlas en parajes de la naturaleza donde hay ríos, estanques, manantiales, marismas, afluentes, saltos de agua, zonas de playa, mares, océano, sfuentes y pozos sagrados. En estos lugares te resultará especialmente fácil sentirlas, ya que es su hábitat natural. Cuando te encuentres en alguno de ellos, elije una zona donde fluya el agua y que tu intuición te señale, y siéntate allí con tranquilidad y de manera relajada. Respira la energía mágica del lugar, lleva contigo flores y/o un pequeño ramo y lanza algunas a la orilla o agita el borde del agua con el ramo de flores: llámalas desde tu corazón, con tu sentimiento impecable. Son tus hermanas, las hadas de agua; diles quién eres, tu nombre, cántales una canción o haz sonar una ocarina o una caracola. Y presta atención a tu alrededor. Si a los pocos minutos observas que donde has lanzado o agitado las flores, el agua empieza a crear pequeñas ondas, a mostrar un leve movimiento, no lo dudes, ellas están allí aunque no puedas verlas físicamente. Siempre que visites la naturaleza, y si lo deseas, acuérdate de dejar alguna flor como ofrenda a las hadas de agua. Ellas, desde su realidad, te ayudarán a que tu vida fluya con mayor armonía.

Antiguamente (y también hoy en día, aunque en menor medida), las fuentes naturales que se encontraban en la naturaleza tenían su propia guardiana: el hada de agua. El entorno de dicha fuente es su hogar, su hábitat. Aunque en la actualidad cada vez existen menos fuentes en la naturaleza de las que se pueda beber o que se puedan hallar con facilidad caminando por el campo. Desde la canalización y el tratamiento del agua para hacer que sea potable, estas fuentes han ido cayendo en el olvido, y cuando encontramos una de ellas, lo normal es que veamos un cartel en el que se prohíbe beber agua por no ser potable. Sin embargo, mi consejo es que sientas el entorno y que prestes atención a tu intuición para saber si el enclave sigue siendo protegido por un hada de agua.

Si decides contactar con ellas en tu hogar, también te resultará fácil, porque, como sabes, lo importante es tu intención. Puedes entrar en contacto meditativo con las hadas de agua en tu hogar si preparas un entorno específico para ello, como te ha sugerido en el apartado anterior de meditación/conexión con las hadas de agua, ya que tan sólo necesitarás un recipiente amplio y transparente (de cristal o de porcelana) con agua, ya sea ésta dulce o salada. ¿Por qué? Porque el agua es el elemento más psíquico que existe: toda el agua que existe en el planeta Tierra está conectada, todos los seres mágicos de agua están relacionados entre sí. Y, además, nuestro cuerpo y nuestro cerebro están constituidos en su mayor parte por agua. Éste es el secreto del cómo y por qué las hadas de agua pueden ayudarnos a que en nuestra vida nuestros asuntos personales fluyan con más equilibrio y armonía, sobre todo a nivel emocional.

En la naturaleza abundan los lugares donde podemos contactar con las hadas del linaje de agua, algunos de los cuales son:

Pozos

Antiguamente, las comunidades celtas de lo que hoy conocemos como las islas británicas (llamadas así en honor a la Diosa celta Brigid) creían que los pozos naturales eran enclaves construidos por los seres del otro mundo, y que se convertían en lugares especiales porque proporcionaban agua pura y limpia, con cualidades vitales, que fortalecía la salud del cuerpo y el estado de ánimo. Y, por este motivo, a dichos pozos se los llamó pozos sagrados. Además eran, y siguen siendo, un punto energético de conexión, de reunión ocasional con las hadas y con las deidades femeninas o Diosas celtas. En estos pozos se dejaban ofrendas: monedas, flores, cuerdas de colores o peticiones.

Los pozos sagrados existían en todos los lugares de Europa. Algunos de ellos siguen existiendo y se siguen considerando mágicos y sagrados. En este sentido, en la zona de Somerset, en Glastonbury (Inglaterra), en el Chalice Wel se puede visitar el pozo sagrado, donde se sigue sintiendo su magia de manera serenamente poderosa.

Se cree que sólo en Irlanda llegaron a existir más de tres mil pozos sagrados.

El ambiente sobrenatural, de atmosfera tranquila y pacífica, sigue presente en algunos de ellos hoy en día. Y eran las hadas de agua, las guardianas o damas del pozo las que guardaban su energía, y a ellas se les pedía ayuda y se les ofrecían presentes u ofrendas para solicitar su colaboración, o, lo que es lo mismo, deseos.

Fuentes mágicas

Las fuentes mágicas también abundan en la Europa de pasado celta. Al igual que los pozos sagrados, se trata de fuentes naturales localizadas en enclaves especiales en los que se respira un ambiente mágico, tranquilo y acogedor. A estas fuentes la tradición antigua las definía como puertas al otro mundo, y también estaban custodiadas por entidades brillantes, hermosas, etéreas y femeninas: las hadas de agua.

El agua que emanaba de estas fuentes se consideraba milagrosa para la salud, para el estado de ánimo y para abrir caminos de suerte y prosperidad. Curiosamente, la mayoría de estos enclaves suelen ser los mismos en los que la religión católica afirmó que se había aparecido la Virgen María, e hizo construir ermitas, basílicas e iglesias para que los peregrinos pudieran beber de sus aguas y realizar sus ofrendas, peticiones y plegarias. Hay muchos ejemplos de ello: Virgen de Lourdes, Virgen de Núria, Virgen de los Lirios, Virgen de Covadonga, etc. Además, cada una de estas fuentes tiene su propia identidad, su propio paisaje natural. Era muy común que estas fuentes de agua milagrosa curasen heridas del cuerpo o del corazón, propiciaran la fertilidad o la potencia sexual y reconfortaran los corazones afligidos por las desgracias acontecidas. Sin embargo, jamás se trató de una aparición mariana: la Virgen María no puede tener apariencias tan dispares como las mujeres del otro mundo o las hadas, que se dejaban ver de vez en cuando, y cuyo aspecto, en ocasiones, era diminuto, mientras que otras veces su tamaño era grande. No obstante, siempre eran etéreas y estaban acompañadas de cierto brillo o aureola luminosa, la mayoría con alas multicolores, orejas puntiagudas, unas indumentarias brillantes y varitas mágicas en sus manos. Pero la expansión de la devoción por la Virgen María hizo que la Iglesia de Roma aceptara sanaciones y este tipo de visiones de mujeres etéreas y luminosas, dando por hecho que se trataba de la Madre de Dios, sin más explicaciones, por dogma de fe. Lo importante, en realidad, es que estos enclaves, con sus aguas sanadoras, fueron, y son, milagrosos, sin importar qué nombre reciban estas apariciones.

Ríos

Los ríos, sobre todo aquellos cuyo cauce no es profundo y cuyas aguas fluyen en medio de arboledas o bosques, pueden ser lugares especiales para realizar rituales de entrega a las hadas de agua. Estos rituales suelen consistir en entregar «penas», despedirse de recuerdos dolorosos o derramar lágrimas de desamor y tristeza que se carga como un peso innecesario en el corazón, y se le pide a las hadas de agua del enclave que nos ayuden a que nos abandone dicha pena, sufrimiento, añoranza, tristeza o dolor. Y, como demostración de respeto y agradecimiento por la asistencia recibida, las personas, sobre todo mujeres, le ofrecían al agua flores o pequeños objetos relacionados con el motivo de su pena.

Manantiales

En el pasado, los lugares donde nace el agua se consideraban orificios sagrados de la Diosa naturaleza, de la Madre Tierra, que regalaba vida, abundancia y sanación. Y, al igual que en los pozos y en las fuentes sagradas, se depositaban ofrendas, se realizaban peticiones y se pedían deseos.

En el pasado, se tenía la costumbre de dormir junto a estos lugares de la naturaleza para recibir la bendición de las hadas guardianas de pozos, fuentes o manantiales sagrados.

Las diferentes hadas del linaje de agua

Las hadas de agua más conocidas son las sirenas, pero según la tradición a la que pertenezcan, también existen otras hadas de agua igualmente mágicas, guardianas y sanadoras.

Ninfas de agua

Son hadas de agua dulce cuyo hábitat son los ríos, los riachuelos y los afluentes. También pueden ser guardianas de algunos estanques, manantiales y saltos de agua. Desde tiempos antiguos se las ha relacionado con el don sanador que transmiten al agua. *Ninfa* quiere decir «mujer joven», «doncella», es decir, una adolescente de apariencia dulce, bella, frágil y juvenil.

Sirenas

Son las hadas de agua más conocidas, quizá por ser las más avistadas por los marineros, pescadores y viajeros de medios marinos.

Damas de las nieves

Se trata de las hadas cuyo hábitat son los lugares nevados, generalmente aislados, en cumbres, valles y lugares donde suele haber nieve de manera perenne. Su aspecto es blanco luminoso, y no sólo su indumentaria, sino también su cabello, y sus ojos son de un azul cristalino que parece blanco. Pueden proyectarse ataviadas con adornos luminosos asimismo blancos, y suelen mostrar su bellísimas y grandes alas, así como su varita mágica.

Guardianas de la fuente

Son las hadas del linaje de las hadas de agua que protegen una fuente determinada, por lo general con poderes sanadores, en enclaves de la naturaleza. Son las encargadas de aportar una vitalidad especial al agua del lugar que cuidan. Su apariencia es muy etérea, muy sutil; son casi transparentes y pueden adoptar una forma diminuta o grande, aunque lo cierto es que siempre son bellas y luminosas.

Oceánides

Son la máxima consciencia de las aguas marinas: los océanos. Son hadas de agua bellísimas con un aspecto magnífico. Protegen el poder vital y regenerador del agua del mar, que contiene, en sí mismo, la fuerza vital y la capacidad de recuperación de gran parte de las dolencias que pueden afectar a los seres humanos. La vida procede del mar, del océano, y nuestra sangre posee todos los componentes del agua del mar. (Sugiero la lectura del libro *El agua de Quintón*, donde podrás informarte de manera detallada de todos los beneficios y curas milagrosas, reales y eficaces que se han llevado a cabo con el agua de mar).

Nixies

Las nixies son una de las razas de hadas de agua dulce más antiguas que existen. Su hábitat son las orillas de los ríos. Son semitransparentes y tienen una belleza extraña: su cabello es de un color verde precioso que contrasta con su piel blanquecina casi transparente. Pertenecen a la cultura y folclore inglés.

Korrigans

Son las hadas guardianas de las fuentes que antiguamente enseñaron a las magas, sacerdotisas y curanderas los poderes sanadores del agua de la fuente que cuidaban, que poseía propiedades milagrosas.

Pertenecen a la tradición celta inglesa, y en concreto a Cornualles, donde recibían este nombre tanto los gnomos de las fuentes como las hadas guardianas de manantiales y fuentes. Con la llegada del catolicismo se las difamó, y se divulgaron bulos sobre su capacidad acechadora y tentadora hacia los hombres, a los que encantaban para que se ahogaran. Y la gente supersticiosa empezó a desconfiar, a dejar de sentirlas como seres protectores de la naturaleza, y a evitar su presencia.

Sechies/selkies/selkien

Las sechies son las sirenas irlandesas que, según dicha tradición, se enamoraban de los hombres y llegaron a formar familias estables, tener hijos y vivir como mujeres humanas por amor.

Se trata de hadas acuáticas cuyo hábitat es el fondo de las profundidades marinas. La mayoría de ellas no suele relacionarse con los seres humanos, ya que su labor es la de velar por los animales marinos y equilibrar las corrientes profundas de agua.

Según las creencias antiguas de las islas de Orkney y Shetland, las selkies llevan como indumentaria pieles de foca cuando, en ocasiones, emergen a la superficie y desean nadar y pasar desapercibidas.

Algunas leyendas de estos lugares de Irlanda cuentan que, en determinadas fechas del año y algunas noches de luna llena, las selkies abandonan las profundidades marinas y se convierten en mujeres de una gran belleza.

Sequana

Es considerada una Diosa celta de agua. En tiempos antiguos se creía que era una reina hada de agua que protegía el nacimiento, el cauce y la desembocadura del río Sena (Francia). Se decía que vivía dentro del agua y que escuchaba las peticiones de las personas, a las que ayudaba a atravesar el río en alguno de sus tramos y las socorría en caso de peligro. En ocasiones se proyectaba acompañada de una pequeña barca con la que surcaba el río permaneciendo de pie en compañía de un pato, por lo que se consideró que el pato era su animal sagrado. Según la tradición celta, Sequana, o Secuana, tenía su propio santuario, donde las personas le llevaban ofrendas y realizaban peticiones como guardiana del río Sena. La estatua femenina que se puede visitar en el museo arqueológico de Dijon, por su indumentaria, se cree que es una representación de esta Diosa/hada guardiana: va ataviada con una túnica, permanece de pie sobre una pequeña barca con forma de pato y está coronada con una diadema de motivos silvestres.

Gwargeddannwn

El término gwargeddannwn era utilizado por los antiguos galeses para nombrar a las hadas de agua de la antigua cultura de Gales. Se consideraba que las gwargeddannwn eran las hadas protectoras de lagos y pequeños ríos de Gales en los tiempos anteriores a la llegada de los romanos y su Santa Iglesia Católica Apostólica Romana, que exterminó los lugares sagrados en Anglesey y aniquiló a los druidas y sus enseñanzas.

Al igual que la secuana francesa, también fue difamada para que los lugareños empezaran a temerla y se alejaran de las antiguas tradiciones pacíficas del matriarcado y las tradiciones paganas anteriores incluso a la cultura y las costumbres celtas.

En los primeros textos escritos, se nombra a las hadas de agua (mujeres mágicas que habitaban debajo o en interior de lagos y manantiales y que otorgaban el don sanador), y se las denomina gwragedd annwn, que en gaélico antiguo significa «hadas de las aguas de lagos y ríos», y eran guardianas de fuentes y manantiales de aguas medicinales, milagrosas, de sanación.

Otros nombres de las hadas de agua que se citan en los textos antiguos son los siguientes:

Arnemetia

Antigua hada guardiana de las aguas sanadoras (aguas termales) de Buxton, en Derbyshire (Inglaterra), su nombre significa «arboleda sagrada», y se cree que a ella acudían las personas que vivían en esta zona mucho antes de la llegada de las tribus celtas, y, más tarde, los romanos, quienes la consideraron, en ambos casos, una especie de divinidad dadora de curaciones y guardiana de las aguas sagradas de los numerosos manantiales de estas tierras inglesas, nombrándola en ocasiones como Diosa de los manantiales curativos.

Sulis

Sulis fue una mujer del otro mundo de los tiempos antiguos, un hada de agua poderosamente benevolente, guardiana de las aguas sanadoras de manantiales, ríos y fuentes de una extensa comarca cercana a la actual ciudad de Bristol (Inglaterra). El enclave recibió su nombre, Sulis o Sul, que los romanos sustituyeron por el de Bath («la ciudad o el enclave de los baños»), y construyeron las termas que pueden visitarse en la actualidad. Consideraron a Sulis como una especie de Diosa de leyenda adorada por los celtas y la asimilaron a su propio panteón con el nombre de Sulis Minerva. Pero Sulis es un hada del linaje de las hadas de agua mucho más antigua que la cultura celta, de los tiempos paganos del matriarcado.

Boand

Boand o Boann es descrita en los textos antiguos como una deidad precelta que habitaba en los ríos y manantiales, y que curaba las dolencias de las personas que acudían a ella o les salía al encuentro de manera mágica para ayudarlas. Y lo más probable es que también fuera una mujer del otro mundo, un hada de agua guardiana de las aguas sanadoras del río Boyne, en Leinster, Trinity Well, Condado de Kilder (Irlanda).

Coventina

Considerada una mujer mágica, un hada o una Diosa de las aguas de advocación en Galicia e Inglaterra. Se la ha representado en pinturas y relieves como una ninfa de agua dulce, y se la consideraba la guardiana de fuentes y manantiales, donde se le dejaban ofrendas para la buena suerte.

Magia de transferencia

La capacidad sanadora y recuperadora del agua y sus secretos fueron transmitidos por las hadas guardianas de agua a algunas personas para que este conocimiento nunca se perdiera. Antiguas curanderas, alquimistas, magos, magas, sacerdotisas y sacerdotes de la antigua Diosa recogieron este legado para que la magia de transferencia pudiera llegar hasta nuestros días, como veremos en el siguiente apartado.

Resumen del linaje de las hadas de agua

* Las hadas del linaje de agua son afines al elemento agua.
* Las hadas de agua conocen los secretos alquímicos del agua.
* Las hadas de agua se encargan del equilibrio del agua, de la vida del agua, además de cuidar de la fauna y la flora acuáticas.

* Las hadas de agua pueden ayudarnos a realizar magia de transferencia al agua.
* Las sirenas son las hadas de agua más conocidas, pero existen muchas más en su linaje.
* Las hadas de agua pueden metamorfosearse en focas o en mujeres misteriosas según las leyendas celtas, especialmente de Irlanda.
* A las hadas del linaje de agua les gusta ayudar a los seres humanos para aliviar el sufrimiento, sobre todo en los asuntos sentimentales.
* Fueron los griegos y, más tarde, los prejuicios y las supersticiones religiosas, los que afirmaron que las hadas de agua eran peligrosas y perturbadoras.
* Antiguamente, las hadas de agua velaban por los marineros y pescadores; incluso existen relatos de rescates milagrosos.
* En tu altar para las hadas de agua, puedes incluir los objetos marinos que desees.
* El caldero es un símbolo ancestral de las hadas de agua, ya que simboliza el sustento de la vida y la solidaridad.
* Las hadas de agua son especialistas en ayudar a revitalizarnos, a recuperarnos física y anímicamente, a comprender nuestras emociones, cambios y fluctuaciones, y a preparar y potenciar elixires de vida.
* Según la tradición mágica, las hadas de agua pueden otorgar cuatro deseos.
* Las hadas del linaje de agua son instructoras de los secretos del agua.
* Puedes utilizar el contacto directo del agua para entrar en conexión con las hadas de agua en tu práctica meditativa.
* El animal simbólico de las hadas de agua es el caballito de mar.
* En todos los lugares de la naturaleza donde se encuentra el agua en su hábitat libre y natural como fuentes, manantiales, pozos, ríos, etc., es fácil sentir la presencia de las hadas de agua, e incluso verlas.

* La magia de transferencia es el ritual sagrado ancestral que consiste en transferir poder energético sanador y resolutivo al agua con el fin de convertirla en remedio, medicina natural sencilla y poderosa.

* Las hadas del linaje de agua siempre han sido generosas y solidarias en las relaciones con las personas.

Magia de transferencia

*L*a magia de transferencia es el ritual sagrado ancestral que consiste en transferir poder energético sanador y resolutivo al agua con el fin de convertirla en remedio, medicina natural sencilla y poderosa.

El legado de las hadas. Este método de sanación natural, al igual que otros muchos, nos lo enseñaron los seres mágicos, sobre todo las hadas en los tiempos en los que se relacionaban con los humanos. Las mujeres que mostraban interés por ayudar a sus semejantes se interesaron por los remedios sanadores de las plantas, hoy en día llamadas plantas medicinales, la auténtica farmacopea de la vida con la que nos gratifica la esplendorosa naturaleza. Aprendimos a conocer sus secretos, sus cualidades y aplicaciones para las dolencias que podrían padecer las personas, y así fue como nació el oficio de curandero, aquel que servía al prójimo utilizando las propiedades reparadoras y sanadoras de las plantas, de las que las hadas eran (y son) sus guardianas.

Celebrar la vida. De ellas aprendimos también la capacidad y el derecho a celebrar la vida, a cantar, a danzar, a regalar, a prosperar y a relacionarnos con los demás por medio de celebraciones. Aprendimos cantos y palabras poderosos. Aprendimos a relacionarnos de otra manera, de un modo mágico, con los elementos a través de rituales, ceremonias y palabras y cantos de poder. Aprendimos que el agua es la mejor medicina, capaz de reparar cualquier disfunción que pueda presentar la salud, tanto del cuerpo como del estado de ánimo, imbuyéndola con el poder del amor. Eso es la magia de transferencia: pedirle al agua y grabar en ella una información concreta, sencilla y poderosa para que se convierta en el remedio medicinal que necesitamos, transfiriéndole nuestra intención con el pensamiento, con el sentimiento y con la acción. Este ritual de transferir poder reparador y medicinal al agua nos lo enseñaron ellas, las hadas del linaje de agua, expertas en el poder alquímico de este elemento.

El poder alquímico del agua. La magia de transferencia se puede realizar tanto para ayudar a solucionar problemas como molestias físicas personales por decisión propia para uno mismo y bajo la exclusiva responsabilidad de uno mismo, así como para eliminar trabas, apegos, añoranzas, miedos, dudas, etc., igualmente personales y por propia decisión, ya que, aunque no tiene efectos secundarios, una actitud supersticiosa, con dudas o temores, interferirá tanto en el proceso de elaboración como en los resultados (no tendrá ningún efecto), motivo por el cual es preferible no empezar a elaborar medicinas para otras personas. Es una sugerencia personal, ya que, por supuesto, la responsabilidad y la decisión de llevarla a la práctica (así como cualquier otra cosa contenida en este libro), recaen en quien intente tratar a personas.

El poder de la intención. El secreto y la eficacia de la magia de transferencia se centran en el poder de la intención. La magia de transferencia se puede practicar para obtener diferentes remedios en función de lo que pretendamos, según la intención que tengamos, ya que podemos realizar dicha transferencia para potenciar o abrir el camino de la suerte, del amor, de la protección o de la salud.

Método alquímico ancestral. La magia de transferencia es un método sencillo, poderoso, natural y eficaz que se ha empleado desde tiempos remotos, en los que no existían los fármacos, tan sólo la naturaleza, las personas con el don de sanación y la magia del cambio, la magia de revertir los inconvenientes, las situaciones de desamparo, los sucesos imprevistos que dañaban la salud, y también la confianza en los remedios que los curanderos naturales aplicaban. Unos remedios eficaces que jamás debieron ser olvidados o considerados superstición. Hemos tenido que esperar décadas, o a veces siglos, para volver a tener la evidencia de la ciencia y sus experimentos de laboratorio, y poder ver, literalmente, gracias a las fotografías de la consciencia del agua, el poder que tiene la intención del pensamiento, el sentimiento y la emoción al transferirlos al agua.

Evidentemente, necesitarás preparación, ya que lo que vas a realizar es magia blanca, alquimia. De manera que lo mejor es empezar por elaborar un remedio sencillo para comprobar en uno mismo su efectividad antes de realizar transferencias al agua más especializadas.

Condiciones para practicar magia de transferencia

La finalidad de practicar magia de transferencia y elaborar remedios o medicinas resolutivas e inocuas transfiriendo la información que desees al agua es restablecer el equilibrio o la carencia de una cuestión determinada.

Inocuidad. Es importante tener en cuenta que si se analizara el agua informada después de realizar la transferencia deseada, sólo se reflejaría agua, ya que la energía imbuida, evidentemente, no se muestra. Sólo Masaru Emoto ha podido demostrar que la intención de un pensamiento, palabra o emoción impregna al agua, hasta el punto de mostrar en una fotografía estructuras armónicas o desarmónicas, según la intención transmitida.

Agua informada. Esta agua informada, o medicina de agua informada a la que se le ha trasferido una intención, nos ayuda a actualizar las mejores opciones del porvenir, para lo cual es necesario tener equilibrio en el presente, en el momento de realizar esta transferencia. Así, antes de empezar, hay que tener en cuenta las siguientes cuestiones:

* Elije un momento del día en el que tengas tiempo y estés tranquilo.
* Prepara tu altar con los objetos que consideres necesarios.

Necesitarás lo siguiente:

* Un recipiente con agua, preferentemente nuevo y de cristal transparente o de porcelana blanco. No hace falta que sea demasiado grande, ya que el agua informada que vas a preparar será, en sí misma, un concentrado, un elixir de vida que más tarde podrás ingerir de manera dosificada. Bastará con que utilices un recipiente, al que añadirás unos 50 mililitros de agua (aproximadamente la mitad del contenido de un vaso de agua común).
* Un frasquito nuevo de color marrón o azul oscuro con un cuentagotas (para realizar la dosificación al finalizar, como explicaré a continuación en la parte práctica).
* Un pequeño embudo o probeta de vidrio (servirá para verter el agua en el frasco o botella donde la guardarás).
* Puedes utilizar música de relajación o la que desees.
* Vístete de blanco o de colores pastel para estar en una sintonía de neutralidad y relax.
* Ten delante de ti, escrita, la petición que vas a transferir al agua.
* Cuando esté todo preparado, con tu varita o con tus dedos, realiza el círculo mágico a tu alrededor, que abarcará el espacio donde vas a hacer la transferencia. (Tardarás más

tiempo en preparar todo el proceso que el proceso en sí mismo, que es rápido, poderoso y sencillo).

Preparación previa. Para realizar la magia de transferencia se necesita una preparación previa. Con la práctica, ya no será necesario dedicar tiempo a cada uno de los pasos que se proponen, ya que, como todo ritual, requiere, sobre todo al principio, un protocolo de atención minucioso y ordenado hasta que cada paso se pueda realizar de manera fluida una vez esté interiorizado como algo natural y sencillo.

Ejercicios de centrado cielo/tierra

Paso 1
Ejercicio para centrar la energía del pensamiento en equilibrio
Este primer paso es muy importante para realizar la magia de transferencia; además, puedes practicarlo en cada ocasión que lo desees para centrar tu energía a la hora de meditar, visualizar o canalizar. Es un ejercicio conocido en las prácticas de yoga y otro tipo de actividades meditativas por su capacidad para equilibrar y enfocar la mente, el pensamiento, en el ahora. Lo recomiendo porque resulta muy práctico antes de comenzar la magia de transferencia. Es muy sencillo, y, con la práctica, se puede realizar en unos segundos.

1. Con los ojos abiertos o cerrados (recomiendo tenerlos cerrados para aguzar tu sensibilidad, confianza e intuición), lleva la yema de tus dedos índices hacia ambos lados de la cabeza, rozando con las puntas de cada uno el límite superior de cada oreja, y presiona suavemente con la punta de ambos dedos tu cabeza.
2. Ahora imagínate una línea (dorada o luminosa, brillante) que vaya desde la punta del dedo que tienes apoyado en la cabeza hasta el otro dedo, en línea recta, como un haz de

luz instantáneo. Este sencillo ejercicio de visualización permite centrar los pensamientos y que las ideas dejen de ir y venir.

3. A continuación, coloca la punta de los dedos índices del siguiente modo: uno sobre el centro del entrecejo, y el otro en la parte posterior de la cabeza a la misma altura. Haz una leve presión a la vez que imaginas que se forma una línea, igualmente dorada o luminosa brillante, y que va de un dedo al otro. Esta línea imaginaria, del mismo modo que la anterior, tiene como propósito centrar el pensamiento en el ahora, sin que las ideas o el parloteo interno del cerebro te distraigan.

4. Ahora imagínate que desde el límite de tu centro/contorno áurico en lo alto de tu cabeza hay una esfera dorada, muy luminosa, del tamaño de una pelota de tenis.

5. Imagínate que haces descender esa esfera dorada como un pequeño sol que ilumina el centro donde se cruzan las dos líneas que has trazado antes, justo en el centro, en la intersección o punto de unión de las dos líneas en el interior de tu cabeza.

6. Esta esfera dorada aportará luz dorada a la zona de tu cerebro, lo cual, a nivel energético, centrará tu pensamiento con tu sentimiento y te preparará para la transferencia que vas a realizar al agua con tu intención de manera neutral, sin interferencias de pensamientos o ideas limitadoras.

7. Ahora que ya sabes cómo se hace, puedes abrir los ojos si los tenías cerrados, ya que con los ojos cerrados la capacidad de visualizar es más intensa. Con la práctica, estas dos líneas las realizarás en segundos de una manera fácil y sencilla.

Paso 2
Conexión consciente con la energía de la Tierra

Esta preparación energética se realiza después de la anterior. Es como si te conectaras primero al cielo y después a la Tierra. La conexión con la Tierra nos proporciona, entre otras cosas, poder estar arraigados al presente dándole poder al propósito que vamos a realizar. Ya sabes que existen diversas técnicas de anclaje. Si sueles emplear una, úsala. De lo contrario, propongo una. Puedes permanecer, al igual que con el paso anterior, de pie o sentado.

1. Cierra los ojos y visualiza que desde la zona del sacro sale un haz de luz luminoso que va descendiendo más allá del suelo, hasta anclarse en el centro brillante y luminoso de la Tierra.
2. Realiza tres respiraciones profundas y, al exhalar, envía serenamente hacia la Tierra, con todo tu sentimiento, toda posible energía de estrés que pudiera haber en alguna o varias partes de tu cuerpo a través del haz luminoso: allí se reciclará.

Ya puedes abrir los ojos con la absoluta confianza de estar enraizado a la Tierra. Después de realizar estos ejercicios de centrado, limpieza y anclaje al presente, ya estás energéticamente preparado, para practicar la magia de transferencia al agua para convertirla en un remedio medicinal.

Paso 3
Petición a las hadas de agua
Ahora es el momento, frente al altar o el lugar donde vayas a realizar la magia de transferencia, de invocar, con tus propias palabras, la ayuda de las hadas de agua para que te ayuden a practicar la transferencia al agua. Esta petición puede ser muy extensa o muy sencilla. Lo importante es realizarla desde el sentimiento, desde el corazón, con el fin de que las palabras al solicitar ayuda puedan fluir de manera natural.

Puede ser algo tan sencillo como: «Hermanas hadas del agua, vosotras que conocéis los secretos y el poder regenerador, reparador y sanador del agua, ayudadme a realizar lo que ahora me propongo con la magia de transferencia que me dispongo a practicar para... (finalidad el motivo por el que te dispones a realizar magia de transferencia)».

Sitúate de pie frente al altar o lugar donde vayas a realizar la magia de transferencia, preferiblemente con los ojos cerrados, con el recipiente que contiene el agua orientado hacia el norte (porque desde esta dirección nos ayudan nuestros guías más elevados en la luz, así como todas las entidades de luz).

Orienta las palmas de las manos hacia el agua. Siente la postura del cuerpo relajada y la mente tranquila, vacía de pensamientos, de manera que dentro de tu cerebro sólo se encuentre la luz dorada, y que, a la vez, estés arraigado a la Tierra. Estás en un estado neutral, con paz, tanto interior como exterior.

Paso 4
Invocación para abrir la memoria del agua

(Nota: para realizar la transferencia al agua, sugiero que grabes la invocación para que puedas escucharla muchas veces hasta que puedas sentirla en lugar de leerla en voz alta o mentalmente, ya que vas a informar al agua de tu intención, por lo que la lectura no sirve de nada: la transferencia se hace desde la intención del sentimiento, desde el corazón, no desde la mente racional, es decir, tiene que fluir de tu persona, de tu propio poder, del poder de la intención, la atención y la acción).

Pronuncia las siguientes palabras en voz alta:

Bendita seas, agua.
Bendita seas en mi vida.
Y bendito sea tu poder para registrar en ti la energía de mis pensamientos, sentimientos e intenciones.

Te amo, agua, y a través de mis manos te transfiero mi amor.

Aquí, en este sagrado lugar (frente a tu altar), hacia ti transfiero mi intención para que te conviertas en mi elixir de vida y sanación ahora.

Te pido que te conviertas en la medicina que necesito ahora en perfecto equilibrio y armonía.

¡Por la paz, por mi paz, por amor a la Tierra y a todos los seres que en ella evolucionamos!

(Y ahora, con tus propias palabras, transfiere al agua para que en ella quede grabado el poder sanador que quieres transferir, ya que ésa será la medicina, el agua milagrosa, el elixir de sanación en el que se va a convertir. Recuerda que en todo momento, hasta que termines la transferencia, las palmas de tus manos tienen que estar orientadas hacia el agua del recipiente que la contiene).

ÚLTIMO PASO
Para terminar:

Agradezco a las hadas del linaje de agua y a todos mis guías más elevados en la luz que me han ayudado a transferir el poder sanador a esta agua para que así se convierta en agua bendita, en agua de sanación, en medicina resolutiva para... (el motivo de tu transferencia al agua).

Agradezco vuestra ayuda <u>ahora</u>: <u>está hecho</u>.
Que así sea ahora.

La energía del agradecimiento es la mejor para finalizar un ritual, con independencia del que sea, ya que es la ceremonia de cierre para finalizar el proceso que se ha llevado a cabo.

Conservación: después de transferir al agua tu intención, su vibración ha cambiado; ha grabado de manera natural el poder de tu información, por eso ahora es agua informada.

Esta vibración necesita conservarse energéticamente para que no se debilite y siga permaneciendo inalterable. Para ello, tienes que medirla con la ayuda de un medidor, preferentemente de vidrio, aunque también puedes emplear un recipiente, como, por ejemplo, un pequeño vaso de cristal, y añadirle la misma cantidad de conservante alcohólico, que puede ser hidromiel, whisky o brandy de calidad. Cuando sugiero que sea de calidad, me refiero a que debe ser lo más ecológico posible, Los que son de calidad se han dejado envejecer en barriles añejos y no suelen contener conservantes, colorantes ni ningún elemento químico en su composición.

El frasco de vidrio donde reservarás el agua informada con el conservante alcohólico debe ser de color azul oscuro, verde o marrón, para evitar que la luz deteriore el contenido. Debe tener un tapón de rosca y lo debes conservar en un lugar donde la temperatura sea estable, por ejemplo, en el fondo de un armario alejado de cualquier fuente de calor.

Si no toleras el alcohol, como conservante puedes emplear vinagre de manzana o alcoholato de miel, que es un alcohol natural fruto de la fermentación de la miel y que tiene una graduación muy suave y diferente a la de las bebidas alcohólicas como el whisky o el brandy.

Ingesta y diluciones: puedes tomar agua informada directamente, como tu intuición te sugiera; añadirla al agua del baño; agregarla a un zumo o a otras bebidas. Sin embargo, siguiendo el ejemplo y los excelentes resultados de la homeopatía, de los elixires minerales, de las flores de Bach o de otras técnicas de terapia vibracionales, lo importante no es la cantidad, ya que ni siquiera es necesario tomarla directamente, puesto que la potencia adquiere más efectividad con la dilución, por lo que puedes diluirla en un frasquito de vidrio con cuentagotas de la siguiente manera: un 70 % de agua (preferiblemente mineral, no del grifo), y un 30 % de agua informada.

La ingesta ideal es de cuatro gotas sublinguales cuatro veces al día para lograr establecer una frecuencia de vibración efectiva para comprobar los cambios deseados a los pocos días de la ingesta. Evidentemente, no existe una norma en cuanto a la cantidad de tomas diarias; el mínimo para que se establezca en ti y en tu propósito de resultado óptimo para conseguir un biorritmo armónico es de cuatro gotas debajo de la lengua cuatro veces al día, pero puedes repetir esta ingesta tantas veces al día como lo desees, ya que este preparado no tiene efectos secundarios por no tratarse de ningún medicamento químico y por la inocuidad de su composición, que no contiene sin ningún aditivo.

Debes tomar esta agua informada tanto tiempo como te indique tu intuición, por lo general, hasta que consigas los resultados deseados, lo que oscila entre tres y doce meses, ya que todo proceso de cambio, al tratarse de agua de transferencia, es alquímico, y necesita un margen de efectividad medido en tiempo efectivo para arraigarse en el día a día, en el carácter o en las circunstancias personales.

A tener en cuenta: el agua de transferencia debe prepararla uno mismo, excepto en ciertas ocasiones y circunstancias, en las que, a título personal, decidas elaborarla para otra persona.

Por último, el agua de transferencia no tiene ninguna contraindicación, pero es mi responsabilidad advertirte que es decisión, y, por tanto, responsabilidad exclusivamente tuya el uso que hagas de esa información, por lo que si tienes alguna duda, no lleves a cabo este proceso.

Linaje de las hadas de fuego

Características de las hadas del linaje de fuego

Las hadas del linaje de fuego son, al igual que el resto de las hadas, guardianas energéticas de la evolución del reino vegetal. En cuanto a su vínculo con los seres vegetales, ellas son las inspiradoras del fuego de la vida: el fuego solar, la energía dorada atómica vital para la vida de las plantas y sus especies y variedades, para los árboles, para las flores y sus frutos, para la continuidad de la vida a través de las semillas.

Las hadas de fuego son hadas especializadas en las leyes de la energía de la vida vegetal, ya que, a través de la energía del sol, evoluciona el reino vegetal.

Las hadas de fuego pertenecen a un linaje de hadas muy antiguo, a uno de los linajes de mujeres del otro mundo que llegaron al planeta Tierra para ayudar al espíritu de Gaia en un tiempo en que la Tierra todavía no era habitable, el Sol no brillaba en el cielo con todo el esplendor con el que lo conocemos en la actualidad, y la vida animal y humana todavía no había emergido de las aguas vitales oceánicas, y los primeros vegetales, que darían paso a la posibilidad de la vida en la superficie terrestre gracias a la formación de una atmósfera respirable (son los vegetales, y en concreto los árboles, los que realizan el proceso o el ciclo del oxígeno) y el cometido originario de las hadas, especialmente de las Hadas de Fuego, fue el de equilibrar, armonizar los elementos tierra, agua, aire, fuego y éter, y disipar la oscuridad, ayudando a que la Tierra pudiera asentarse de manera equilibrada en su órbita alrededor del sol.

Este antiguo linaje también se conoció como el linaje de las hadas guerreras, mujeres mágicas de leyenda que inspiraron grandes hazañas y que incluso fueron consideradas Diosas portentosas por las primeras civilizaciones humanas debido a su belleza y a sus poderes.

Las hadas del linaje de fuego fueron (y siguen siendo) defensoras del planeta Tierra. Su servicio por amor incondicional al espíritu femenino de Gaia (Pachamama, Ur, Madre Tierra, Urantia) las llevó a defender la luz ante las fuerzas oscuras que, en los albores del planeta, pretendían apoderarse de los recursos, la belleza y la riqueza (sobre todo mineral) de la Tierra.

De estos tiempos no hay registros escritos, ni de la ciencia ni de las tradiciones ni de las religiones ni de la historia: son tiempos en los que no existían aún ni los seres humanos ni la vida tal y como la conoce la historia ni la ciencia.

Pero tu corazón y el mío sí recuerdan, y en los anales akásicos de la evolución terrestre, todo está registrado. Y la petición de ayuda, la llamada de la consciencia de Gaia, la Tierra, llegó hasta los confines del multiverso, desde donde la más evolucionada consciencia femenina respondió: Maeve. La llamada Diosa-hada envió a todas las mujeres del otro mundo, a quienes denominamos hadas, y, entre ellas, las hadas de fuego (las guardianas de la vida) fueron las primeras en acudir en su ayuda evolutiva. Fueron ellas, las hadas, junto con los ángeles y otras entidades de luz, quienes apoyaron el proyecto del espíritu de Gaia, y se especializaron en la orquestación de los átomos que forman lo que conocemos como plantas, el reino vegetal, anterior al humano.

Las hadas de todos los linajes, así como su legado, su influencia y su valiente contribución a la vida en nuestro mundo, quedaron relegados a un plano inocente para que pudieran permanecer en la memoria humana: los cuentos, las leyendas, las tradiciones y el folclore de algunos pueblos. Porque con las «cosas de niños y de mujeres románticas», nadie correría peligro de pagar con su vida su vínculo, amor y creencia hacia ellas, quedando a salvo del dominio supersticioso de lo que no se comprende y se teme propio del patriarcado radical.

Pero la Diosa jamás no aniquilarse ni olvidarse, y ellas, sobre todo las hadas del linaje de fuego, fueron sus fieles guardianas y aguerridas defensoras. De ellas aprendimos muchas cosas que nuestro corazón atesora como secretos sagrados. Y es tiempo de recordar: enciende una vela.

Puesto que el linaje de las hadas de fuego (las ancestrales hadas guerreras) es antiguo, sabio y poderoso, cuando los tiempos de oscuridad dejaron de asolar al planeta, se convirtieron, en su mayoría, en hadas de prosperidad del linaje de tierra y en hadas madrinas: son las más expertas, ya que, de alguna o de muchas maneras, alumbraron los primeros pasos de la humanidad. Conocen todo el esfuerzo evolutivo, los retos y la superación de límites que los seres humanos hemos conseguido para conquistar la tercera dimensión de conciencia, la vida material, hasta convertirnos en seres pensantes, sintientes y de libre albedrío.

Tener como hada madrina a una antigua hada guerrera del linaje de las hadas de fuego es una bendición, y es muy probable que se deba a que tu vida no ha sido fácil. Ella te ayudará a superar todas tus *guerras personales*, incluida, por supuesto, la que seguramente mantienes o has mantenido a lo largo de tu vida contigo mismo en alguno o en muchos sentidos.

Toda la información que aparece en este apartado sobre las hadas del linaje de fuego es muy valiosa, pero especialmente si esto último te resuena, sugiero que leas una y otra vez el apartado de las hadas guerreras hasta que tu corazón se abra por completo y le haga recordar a tu mente.

Las hadas de fuego son mujeres del otro mundo valientes, que se caracterizan porque les gusta ayudar, cuidar, consolar e inspirar soluciones y consuelo a los seres humanos, sobre todo a las personas que están pasando por un momento o un proceso de vida que resulta doloroso, triste, aparentemente injusto o limitador.

Las hadas del linaje de fuego se caracterizan, sobre todo, por ser expertas en que fortalezcas o repares tu dignidad.

Otras cualidades por las que se caracterizan son las siguientes:

* Son inspiradoras de soluciones.
* Son sanadoras de heridas del corazón.
* Ayudan en procesos de duelo, desapego y desengaños sentimentales.
* Ayudan siempre que enciendes una vela de propósito, sea cual sea el propósito por el cual tu intuición te ha inspirado a encender la vela.
* Permiten recuperar la pasión, la sensualidad y la sexualidad a las personas, especialmente a las mujeres, que, por el motivo que sea, la hayan perdido o han olvidado la pasión o la capacidad de gozar con su cuerpo y con la sensualidad y sexualidad.

Aspecto

Todas las hadas, con independencia de su linaje, pueden proyectarse y dejarse ver si lo desean. Algunas de ellas pueden materializarse y adoptar la apariencia de una mujer sin sus alas de hada, pero conservando una mirada magnética, una sonrisa serena y un aspecto bellísimo, casi etéreo.

Y cuando un hada de fuego se proyecta a sí misma y adquiere forma humana, o cuando maneja las leyes de la energía para vibrar y resonar en la tercera dimensión, adopta una apariencia de mujer bellísima, de ojos profundos, brillantes y mirada penetrante cuyo cuerpo es delgado, estilizado y con unos movimientos sutilmente ondulantes (como las llamas de una vela), cuyos gestos de manos y pies son armoniosos y muy femeninos. Su cabello suele ser cobrizo, castaño o profundamente pelirrojo.

Las hadas de fuego siempre han sido descritas como mujeres enigmáticas, de una gran belleza. En los tiempos antiguos del matriarcado, las hadas de fuego, en ocasiones, se unían a los hombres (por amor) y formaban familias. Sus hijos e hijas eran pelirrojos y tenían numerosas pecas, también de color anaranjado. Es posible que, como las hadas no tienen hierro en su sangre, al unirse a un hombre, los hijos, genéticamente, heredaran esta característica (mucho hierro en la piel y en el cabello) por influencia de la melanina, que, algunas veces, da color tanto a la piel como al cabello. (Es curioso observar que en los enclaves donde la tradición de las hadas fue más extensa en el tiempo como, por ejemplo, en Escocia, Irlanda, Gales, y en algunos lugares de Inglaterra, abundan más que en ningún otro lugar los pelirrojos).

Lo que les gusta a las hadas de fuego

A todas las hadas les encantan los rituales, los altares, las danzas, la armonía, la alegría, la música, la feminidad, la risa, las celebraciones, el placer, las formas estéticas y bellas, la creatividad, la sensualidad y la pasión, sobre todo a las hadas del linaje de fuego, puesto que es su elemento afín, el fuego de vida. Son hadas apasionadas y generosas a las que les gusta ayudar.

Su forma de ayudarnos (incluso sin pedirles ayuda específicamente en muchas ocasiones) consiste en inspirarnos estrategias para salir de nuestros laberintos personales, ya sean de salud, de relaciones o de realización profesional.

Desde el inicio de los tiempos se han mostrado alegres y solidarias con las mujeres, y, en el pasado, cuando el velo entre su realidad sutil y la material humana era tenue y seguro, se mostraban sensuales con los hombres, ya que frente a los elfos (con los que suelen emparejarse), eran más apasionados, y los preferían por encontrarlos más naturales y fogosos, menos sofisticados. Eran relaciones que casi nunca tenían un final feliz, puesto que para una mujer-hada lo más valioso que posee es su dignidad y su libertad, y cuando un hombre se mostraba posesivo o injusto, ellas no eran felices y preferían regresar a su mundo feérico. Además, las hadas no envejecen.

Por otra parte, las hadas de fuego no soportan la cobardía, las quejas ni la indolencia. La estupidez las aleja, al igual que el victimismo, la hipocresía, la deslealtad, la mentira o la doble intención.

Algo que ninguna hada de ningún linaje puede comprender es que un hombre sea motivo de competencia entre dos mujeres, ni que una mujer pueda arrebatar, con artimañas desleales, al hombre de otra mujer. En sus relaciones, jamás interferían si éste estaba comprometido con otra mujer. Para un hada resulta incomprensible que un hombre considere de su propiedad a su esposa o pareja. Y tampoco aceptan el maltrato, ya sea éste físico o psicológico. No comprenden la infidelidad, ni masculina ni femenina, porque para las hadas, el amor es sinónimo de honor.

Las hadas de fuego se alejan de personas soberbias o arrogantes. Les horrorizan otras cosas, como el juicio, la crítica y la condena entre mujeres.

Las hadas, sobre todo las del linaje de fuego, tienen un carácter noble, y no comprenden la injusticia ni la traición. No entienden cómo pueden existir seres humanos capaces de destruir y dañar la naturaleza a través de incendios provocados. Detestan a los pirómanos, al mal uso del fuego, la falta de respeto al fuego; los incendios forestales no las dañan directamente, puesto que ellas son y están en otro nivel de realidad paralelo al material, pero les conmueve y entristece sentir la extinción de árboles y animalillos silvestres provocados por el fuego intencionado en parajes naturales.

Animal asociado a las hadas de fuego

Como hemos visto en cada uno de los linajes de las hadas, están vinculadas con algunos animales, tanto conocidos como imaginarios, por pertenecer a las realidades imaginarias. Aunque estos animales fantásticos son reales en su nivel de realidad, pues, como ya sabemos, no se puede imaginar nada que no exista o haya existido. Incluso cuando a las hadas y a los demás seres del otro mundo se los relaciona o define acompañados de animales reales, su aspecto no es el que conocemos; por ejemplo, los perros o los lobos que los acompañan son más grandes que los de la realidad humana; los caballos son mucho más veloces y, por lo general, pueden volar; los cuervos pueden hablar y adivinar, al igual que los petirrojos y otros pajarillos asociados a las hadas. También son comunes los animales fantásticos como los unicornios, los dragones, y, sobre todo en el caso de las hadas de fuego, el ave fénix.

Ave fénix: hubo un tiempo histórico en el que se afirmaba que la existencia del ave fénix era real. Esta ave fue descrita tanto por poetas como por los escritores clásicos griegos. Se afirmaba que, como ave mágica, vivía quinientos años y que nunca moría porque resurgía de sus propias cenizas. Este tipo de datos se encuentran en relatos poéticos en India, Egipto y algunas zonas de Asia e incluso de África, pero fueron los egipcios quienes más consideraron que se trataba de un ave prodigiosa de origen solar y divino, un ser de fuego que auguraba cambios favorables, insuflaba valor y coraje, ayudaba en los propósitos nobles y velaba por las causas verdaderas.

Su aspecto era majestuoso como el de un águila, pero sus plumas eran de oro y de algunos colores del arcoíris. El Ave Fénix representaba (y sigue representando) la inmortalidad, el renacimiento, la eterna juventud y la superación ante cualquier adver-

sidad. Se creía que pertenecía a una estirpe del sol y que en la Tierra existía siempre una encarnada físicamente que vivía quinientos años y volvía a renacer de sus propias cenizas.

Se lo relacionaba con la mirra y el sándalo, con el Sol y con la resistencia ante cualquier situación adversa. Como animal fantástico y mitológico, el ave fénix representa el poder regenerador del sol, su aspecto poderoso y mágico.

Como animal totémico, el ave fénix es uno de los más poderosos guías espirituales, lo mismo que el dragón, el unicornio o el lobo mágico, animales todos ellos de compañía de las hadas, con sus cualidades, sus especialidades, sus atributos y sus poderes mágicos.

Como símbolo del poder de las hadas de fuego, puedes disponer sobre tu altar una imagen o dibujo del ave fénix que sea de tu agrado.

Perro Blanco: antiguamente, cuando era natural ver y estar en contacto con las hadas, se decía que las hadas de fuego tenían como animales de compañía a perros mágicos de gran tamaño y de color blanco.

Dragón: los dragones son seres mágicos del otro mundo que no existen ni han existido en la realidad de los seres humanos. Tan sólo en contadas ocasiones han podido ser vistos durante breves instantes en situaciones y lugares muy especiales, y, posteriormente, la fantasía, la imaginación y la asociación de fenómenos

de luz en el cielo han sido suficientes para que se hayan inventado historias heroicas, extraordinarias apariciones e intervenciones deslumbrantes, de manera que se ha confundido cometas, estrellas fugaces y bolas de fuego que surcaban el cielo con dragones que expulsaban fuego por sus fauces, salvaban a princesas en apuros y desafiaban a héroes principescos que se buscaban a sí mismos y al dragón al que tenían que enfrentarse, vencerlo y heredar su reino para casarse con su amada y vivir felices para siempre. Se trata de cuentos, leyendas e historias fantásticas desbordadas contadas por adultos, en su mayoría, para impresionar a niños y niñas crédulos. La verdad es que en todos los confines de la Tierra, en todas las culturas y pueblos de todas las razas en la Tierra se cuentan este tipo de cuentos y leyendas sobre dragones. Y ya sabemos que toda leyenda encierra cierta verdad.

Los dragones son guardianes del bien, del camino correcto, que velan por los corazones fuertes y valientes, que viven en su propio mundo, en el que rigen sus leyes, y sirven a la Madre Tierra a su manera, en una realidad cercana a la humana pero por completo diferente, porque pertenecen al otro mundo, el de las hadas y los seres mágicos.

Altar para las hadas de fuego

El elemento fuego anima nuestro organismo, nuestro corazón y nuestro cerebro: somos seres pensantes y sintientes de sangre caliente. Y las hadas de fuego son las más antiguas, expertas, eficaces y numerosas de todas, por lo que siempre están en todas partes. Invocarlas es sencillo; será suficiente con tan sólo desearlo, sintiendo el vínculo y dedicándoles un sencillo y poderoso altar donde estén presentes sus símbolos, incluida la llama de una vela.

Pero si deseas preparar un altar específicamente para dedicárselo a las hadas del linaje de fuego, además de una o varias velas, a continuación muestro algunos símbolos y su significado, que puedes incluir a la hora de crear un altar para las hadas del linaje de fuego, sobre todo cuando tu propósito sea pedirles ayuda.

 El Sol: como símbolo, el Sol es el máximo exponente del fuego como dador de vida, y, por tanto, ya sea en una fotografía o en una figura, aportará mayor sintonía a tu altar de conexión con las hadas de fuego.

Incluso puedes incluir una pequeña moneda con la imagen grabada del sol, como, por ejemplo, la moneda de Perú, el peso peruano. Estas monedas se llaman soles porque en una de sus caras se encuentra grabado el símbolo del sol.

La antigua costumbre, vigente en nuestros días, de dejar monedas en lugares como fuentes y pequeños estanques, tal y como vimos en las hadas de agua (Diosa celta Sulis de las aguas termales en la zona de Bath, en el sur de Inglaterra, cuyo nombre quiere decir «Diosa del poder curativo del sol»), empezó en la época celta mucho antes de que se inventaran las monedas como medio de transacción comercial de compra-venta. El «invento» de las monedas partió del hecho de realizar pequeños círculos planos de piedra, barro o metal como amuleto solar: representaba la fuerza de vida del sol y se utilizaban para atraer la prosperidad, para realizar ofrendas y, sobre todo, como amuleto para recibir la fuerza del Sol y estar en armonía con su poder.

Este tipo de pequeños círculos realizados con barro, con madera, y, posteriormente, con metales, se ofrecía a los seres del otro mundo relacionados con el Sol y su poder sanador, revitalizador y protector. Con el paso del tiempo se fueron perfeccionando y se grababan efigies de gobernantes, ya sea hombres o mujeres; dioses o Diosas; símbolos representativos de la comunidad; etc., y así hasta nuestros días. «Llevar al sol en el bolsillo» es el auténtico significado simbólico que relaciona la prosperidad con las monedas emblemáticas tanto de suerte, como de protección, salud y prosperidad. Y también con las medallas o colgantes esféricos protectores.

Antiguamente estos pequeños discos en forma de moneda se enterraban con los muertos para que el Sol los acompañara en su tránsito hacia el otro mundo. Por este motivo, en casi todas las culturas se han encontrado monedas en las tumbas, incluso mucho antes de que se utilizaran como dinero en los intercambios comerciales o como moneda de pago.

El círculo: el símbolo de la circunferencia, tan sencillo, tan conocido y cotidiano, es uno de los más antiguos y poderosos. El círculo representa en sí mismo la esfera solar, su aureola brillante, que puede apreciarse en los días luminosos, y como ya sabemos, para realizar un trabajo de meditación o de conexión, es conveniente delimitar el propio espacio sagrado de trabajo trazando un círculo imaginario con los dedos, con la varita mágica o con la intención misma de delimitar dicho espacio, tanto en casa como en la naturaleza. Los magos, los alquimistas y las sacerdotisas de la Diosa siempre se han referido a él como el círculo mágico de protección.

Cada vez que trazamos un círculo mágico estamos invitando y haciendo partícipes a las hadas de fuego y su poder protector para que nos aporten su ayuda inspiradora en el ritual, ceremonia o meditación que nos disponemos a realizar.

Como símbolo sagrado, el círculo resuena y nos aporta poder personal. El poder personal es nuestra propia capacidad natural para desempeñar, de manera creativa, nuestra vida en general, y superar los posibles obstáculos, retos o limitaciones del día a día en particular. En este sentido, nuestro poder personal a la hora de realizar rituales de conexión, petición o agradecimiento a las hadas en general y a las hadas de fuego en particular, es nuestra capacidad creativa en el sentido de crear nuestra propia realidad para lograr nuestras metas, proyectos y merecida felicidad con equilibrio y armonía.

Un aro o algo circular, como, por ejemplo, un anillo colocado sobre tu altar para las hadas representará tu intención de reconocimiento hacia ellas.

La estrella de cinco puntas: la estrella de cinco vértices es uno de los símbolos más antiguos de la humanidad, y su significado es muy amplio:

* Representa al ser humano, si contamos como vértice la cabeza, los brazos y las piernas extendidos.
* Representa a la entidad de luz que anima y vela por la vida del planeta Tierra, Gaia.
* Representa a la orden solar del arcángel Miguel y a los ángeles azules de la protección.
* Representa el triunfo y la victoria de la luz ante la oscuridad.
* Representa las estrellas del firmamento y su luz.
* Representa el fuego espiritual y, por tanto, es afín a las hadas de fuego.

Puedes colocar sobre el altar un objeto en forma de estrella de cinco puntas del material, tamaño o color que prefieras, o puedes tener a mano una estrella pintada o dibujada de manera artesanal, con tus propias manos, por ejemplo, de cerámica o de tela.

En qué pueden ayudarnos las hadas de fuego

La ayuda que podemos solicitar a las hadas del linaje de fuego está relacionada sobre todo con nuestro crecimiento y evolución personal, en especial si tu inquietud principal es la de conocerte, valorarte y sanar cuestiones de tu vida que consideras que has de sanar a través de la comprensión, el perdón, la liberación y/o la transmutación, ya que toda experiencia acontecida en el pasado o en el presente será válida y contribuirá a que seamos mejores personas, con mayor valor y sabiduría, y, sobre todo, con un sentido equilibradamente poderoso del significado de la paz, tanto interior como exterior. Algunos de estos asuntos, procesos o conflictos (guerras) personales en los que la ayuda de las hadas de fuego será especialmente efectiva son:

* En nuestras guerras personales, sobre todo las que mantenemos con nosotros mismos: ante todo recuerdos dolorosos, sentimientos de culpa, arrepentimientos, experiencias de las que nos arrepentimos, sucesos complejos que nos avergüenza haber protagonizado y con sentimiento de inadecuación, inseguridades personales infundadas y otros lastres personales de los que nos gustaría desprendernos para que nuestra vida, nuestro día a día, fuera más armonioso y sencillamente feliz.

* En los problemas (guerras) que tenemos con otras personas, fruto de las relaciones poco armoniosas o muy conflictivas del día a día, sobre todo como resultado de interactuar con egos propios y ajenos. Porque todo el mundo tiene, en mayor o menor medida, problemas de relación, a no ser que se viva de manera aislada y no exista ninguna relación con otra persona. Los problemas interpersonales, por desgracia, están a la orden del día, y nos ayudan a conocernos mejor; rechazarlos o pensar que le caemos bien a todo el mundo o que todo el mundo nos quiere y valora es una falacia, un autoengaño y un síntoma de inmadurez o soberbia espiritual disfrazada de humildad. En este sentido, cito las palabras de una escritora, Susan Budapest, a la que admiro profundamente: «Los conflictos también tienen otro nombre: vida. Si carecéis de conflictos y no tenéis problemas con nadie, es porque no debéis hacer gran cosa. Incluso es posible que ni siquiera estéis vivos».

* En todos aquellos casos que definimos como mal de amores, especialmente cuando nos empeñamos en que una relación que no funciona lo haga. Específicamente en aquellas relaciones que no son de amor, sino de aprendizaje, porque en lugar de sumar, nos resta alegría, salud, sonrisas, etc.

* En aquellas experiencias sentimentales en las que no superamos la ruptura.

* Cuando añoramos los buenos momentos en una relación conflictiva, aun sabiendo que los malos superaban con cre-

ces los buenos, pero seguimos aferrados a los recuerdos incluso sabiendo que nos hacemos daño y nos autoengañamos.

* En todos los problemas de salud en los que la energía vital (el fuego interno) se ha debilitado por el motivo que sea.
* Cuando necesitamos inspiración para llevar a cabo un proyecto personal o de trabajo.

Deseos

Las hadas del linaje de fuego están constantemente ayudándonos a que nuestros deseos se hagan realidad con facilidad y alegría. Son las que más pueden ayudarnos con tan sólo encender una vela, ya que aunque hayamos convertido este acto en algo rutinario, no lo es; encender una vela es llamar a los seres mágicos relacionados con el fuego. Siempre se enciende una vela con un propósito determinado, excepto las que se emplean como ornamento o acompañan de manera estética una velada. Me refiero al hecho de que si encendemos una vela como petición o agradecimiento, ellas, las hadas de fuego, por afinidad, sienten el propósito, y si, además, eres una persona sensible y respetuosa, y sientes un vínculo especial con la realidad feérica, ellas también lo sienten. Y acuden.

Pero según la tradición antigua de las hadas en los tiempos en los que los seres humanos les pedían deseos y esperaban, de manera natural, que se materializaran ante sus ojos en algún momento, podían ayudar a que se cumplieran de uno a nueve deseos concretos a lo largo de la vida de la persona que las invocaba.

Se les puede pedir ayuda para que se cumplan deseos relacionados con:

* Metas y proyectos personales y profesionales: les encantan las personas apasionadas que son capaces de ilusionarse por hacer que sus sueños se conviertan en realidad, y trabajan para conseguirlos con buen ánimo, alegría, y pensamientos positivos. Ese tipo de personas apasionadas son

sus preferidas y las ayudan especialmente a que sus deseos se hagan realidad.

* Amor: las hadas de fuego ayudan a que se cumplan deseos relacionados con el amor, la sexualidad (el deseo sexual), la pasión y para que se fortalezca o reviva la llama del amor.

Ritual de petición / meditación / conexión

La llama del fuego posee un efecto hipnótico cuando observamos el crepitar de una madera en una chimenea o sencillamente la llama de una vela: parece que el movimiento de la llama nos habla en un idioma desconocido para la mente racional. Parece que su movimiento ondulante crece o decrece de manera alternativa, y resulta fascinante. Y ésta es precisamente una sencilla, poderosa y eficaz manera de establecer contacto con las hadas de fuego.

Los pasos que hay que seguir son sencillos:

* Prepara el altar dedicado a las hadas de fuego.
* Acompáñate de una música especial, por ejemplo, el *Bolero de Ravel*, o la *Danza del fuego* de Manuel de Falla.
* Enciende una vela blanca o del color que desees.
* Siéntate cómodamente frente a la vela. Tus ojos deben estar a la altura de la llama.
* Observa el movimiento de la llama.
* Cierra y abre los parpados alternativamente hasta que puedas ver o imaginar con nitidez la llama de la vela en tu visión interna.
* Imagínate que la llama de la vela aumenta de tamaño hasta convertirse en un templo luminoso. Imagínate en este templo luminoso de fuego cálido que no quema, sino todo lo contrario: es agradable y acogedor, y en su puerta te espera un hada de fuego que te invita que pases.
* Confía, entra en este templo luminoso y brillante. Las hadas de fuego te mostraran sus secretos.

En ocasiones, sobre todo cuando tengas la suficiente práctica, te resultará fácil percibir a las hadas de fuego con los ojos abiertos, con la visión periférica, es decir, mirando a la llama con la mirada desenfocada, y ver sus siluetas en movimiento, ver cómo aparecen y desaparecen.

En cuanto al color y cualidades de las velas, puedes elegir la que desees.

A continuación incluyo un resumen al respecto.

Velas

Aunque existen libros especializados sobre las cualidades, los usos y las aplicaciones de las velas, considero importante incluir esta información por estar relacionada con las hadas del linaje de fuego, por lo que vamos a ver algunas de sus definiciones y características con el objetivo de que puedas elegir la vela del color apropiado para una mayor eficacia en cada ocasión.

Los cuatro elementos. Una sencilla vela representa en sí misma a los cuatro elementos: tierra y agua por su cuerpo físico (la cera y el pabilo); fuego, porque al encenderla, el fuego está presente; aire, porque el fuego encendido representa que hay atmósfera y puede arder de manera natural desprendiendo su humo característico.

Alianza. Encender una vela significa que se tiene un propósito (deseo, petición o agradecimiento) y que se desea establecer una alianza con el elemento fuego, que representa la vida, la fuerza y la consciencia.

Las velas son instrumentos mágicos que han de tratarse con respeto y cuidado; se debe tener un propósito para encenderlas y estar presentes mientras esté encendida. (No se debe encender una vela si vamos a ausentarnos de casa, no sólo por el riesgo de accidente, sino también porque contradice al fin deseado: se tiene que estar presente, consciente, con la alianza-petición establecida. Es como si invitas a un amigo o a una amiga a tu hogar y te marchas... no tiene sentido).

Las velas que elijamos tienen que ser de excelente calidad, elaboradas con cera de abeja, y no deben contener residuos tóxicos. Deben adquirirse en lugares especializados de confianza.

La llama de la vela

La llama de la vela, en ocasiones, muestra unas respuestas claras; para ello, es importante practicar y observar su movimiento con atención y detenimiento. Por supuesto, las hadas de fuego pueden ser quienes nos ayuden a través del movimiento de la vela, motivo por el que, cuanto más sepamos sobre el significado de dicho movimiento, más posibilidades tendremos de ir aprendiendo el lenguaje de las velas con el que las hadas de fuego pueden enviarnos sus mensajes o indicaciones puntuales.

Pasos que se deben seguir:

* Prepara tu altar con todos los objetos personales que desees.
* La luz ambiental debe ser tenue (incluso es recomendable no encender la luz, sino tan sólo contar con la luz de las velas).
* Realiza el círculo mágico de protección.
* Enciende las velas del altar (son las que se sitúan a la derecha e izquierda del altar). Las velas del altar generan en sí mismas un escudo de protección energética, sobre todo cuando se realiza una meditación o una ceremonia con velas.
* A continuación, enciende la vela del propósito (con independencia de que tengas la intención de practicar observando el movimiento de la vela o establecer una conexión con las hadas de fuego).
* Realiza la petición a las hadas de fuego (es conveniente tener por escrito tanto la petición como las posibles preguntas que vayamos a realizar).
* Mantén los ojos cerrados al realizar la pregunta para que la mente se centre en la conexión.
* A continuación, se observará el movimiento de la vela con los ojos abiertos. Incluso es conveniente, hasta que adquieras la suficiente práctica, que tomes notas de lo que te resulte interesante y esclarecedor.

Significado de los movimientos: el lenguaje de las velas

Dependiendo del movimiento de la llama, el significado puede ser diferente, sobre todo si tu intención es obtener una respuesta concreta:

* Cuando la llama se desplaza hacia la izquierda, la respuesta es NO (no es el momento adecuado, no es conveniente, no es positivo, no es la solución, etc.).

* Cuando la llama se desplaza a la derecha, la respuesta es SÍ (si es conveniente, si es positivo, si es el momento, si es adecuado, si es para bien, etc.).

* Cuando la llama hace zigzag, indica precaución: se ha de tener atención, observación, consciencia, reflexión, no hay que confiar en las apariencias, no hay que precipitarse, hay que meditar y valorar los pros y los contras, incluso puede estar indicar que debes tener en cuenta el consejo de personas que te quieren o que tienen experiencia en el tema objeto de la consulta. También puede aconsejar que seas prudente y no cometas indiscreciones: que no debes hablar por hablar, sobre todo si el motivo de la pregunta está relacionado con otras personas.

* Cuando la llama oscila o se mueve de manera inquieta, intermitente, indica que no es el momento de tomar determinaciones ni decisiones. Puede haber cuestiones por aclarar, dudas, cosas inesperadas, no hay nada concreto, de momento no hay resultados. En definitiva, conviene esperar. Indica sobre todo que hay que tener paciencia.

* Cuando la llama intensifica su brillo, luminosidad natural o aureola, señala que hay que tener mucha precaución, que pueden aparecer disgustos derivados de la confianza en quien no la merece, ya sea una persona o una circunstancia que no depende de uno mismo.

* Cuando la llama se alarga, crece, indica muy buena suerte, prosperidad, un resultado positivo, buenos augurios, alegría, amor, ayuda y, en general, buena suerte.

* Cuando la llama aumenta y disminuye de manera alternativa, señala discusiones o pequeños disgustos, contradicciones, altibajos o problemas de poca importancia que se irán solucionando.

* Cuando la llama crepita, hay que tener en cuenta que, dependiendo de la humedad, la calidad de la vela e incluso del pabilo, es bastante normal que se produzca la crepitación, es decir, que en ocasiones haga pequeños ruiditos, pero si se

repite o aparece como una llamada de atención, hay que estar atentos a su significado mágico: desequilibrio, contrariedades, disgustos, fraudes, posibles traiciones o desilusiones y dificultades, en especial de manera inesperada, lo que indica que las apariencias pueden ser confusas.

* Cuando la llama salta (chispas), indica que algo falla (desilusiones, errores propios o ajenos).

* Cuando la llama muestra con claridad una aureola luminosa, indica una respuesta muy positiva, muy favorable.

* Cuando la llama desprende humo de repente, especialmente después de realizar una pregunta, de exponer una cuestión, quiere decir que no es momento de obtener una respuesta. La vela (y su hada de fuego) no quiere responder, no es momento de obtener una respuesta o bien la pregunta o la cuestión es inadecuada, confusa o poco clara.

* Cuando la llama se apaga de repente (sin que se deba a un suspiro o a una corriente de aire inesperada o fortuita), significa mucha precaución, inconvenientes o negatividad. La respuesta es un no rotundo.

* Cuando la llama muestra colorines diminutos o extraños de manera repentina, indica algo positivo, alegría, apertura, beneficios, recuperación, suerte inesperada o cambios para mejor. Es un buen augurio, felicidad, respuesta positiva.

Las lágrimas de las velas

En ocasiones, cuando la vela está encendida, desprende una gotita de cera que va descendiendo a lo largo de todo su cuerpo. Este hecho también tiene un significado concreto en la magia de las velas, sobre todo si profundizamos en el aprendizaje de comunicación con las hadas de fuego. Evidentemente, que la vela, de pronto, muestre una lágrima, se relaciona con el mismo momento de la pregunta:

* Cuando una o más lágrimas o gotitas de vela **descienden a la derecha,** representa algo positivo.

* Cuando una o más lágrimas **descienden a la izquierda,** representa algo negativo.
* **Cada cambio de dirección** representa dudas, temores, tardanza y pequeños obstáculos que habrá que tener en cuenta.
* Cuando las lágrimas **se van acumulando** y varias de ellas forman una más grande, significa situación estresante, presión, exceso de responsabilidades, necesidad de detenerse, de descansar, de distanciarse de la cuestión para ir resolviendo poco a poco todas las cuestiones relacionadas con el tema principal o la pregunta que hemos realizado.
* Cuando las lágrimas **se hacen** más pequeñas o desaparecen, indica que es un buen momento para descansar, relajarse, despreocuparse, confiar en que las cosas se solucionan y aportan felicidad y alegría.
* Cuando las lágrimas **se detienen** en el cuerpo de la vela y permiten que se acumulen otras lágrimas, indica que los problemas se solucionan y que todo saldrá bien.
* Cuando las lágrimas **descienden con lentitud** o se detienen y, a continuación, continúan significa buen augurio, algo positivo, resolución y que todo saldrá bien.
* Cuando las lágrimas **descienden** rápido**,** la respuesta es muy positiva. No hay de qué preocuparse, habrá resultados positivos que se manifestarán pronto.
* Cuando de repente **aparecen manchas oscuras** que caen por el cuerpo de la vela, significa un mal augurio, traición, precaución o malas intenciones que rodean el tema o la cuestión. Es un aviso importante a nivel preventivo, sobre todo si la vela que utilizamos es de calidad, ya que las velas que no son ecológicas, además de no ser saludables, pueden mostrar este tipo de alteraciones debido a sus componentes.

El color de las velas

El color de la vela es importante, ya que cada uno tiene un significado distinto, por lo que debe elegirse para que esté en sintonía con lo que nos proponemos realizar (petición, meditación, agradecimiento, etc.). Por ejemplo, para meditar con las hadas de fuego, el color elegido será el rojo, el rosa, el anaranjado, el dorado o el amarillo por ser la gama cromática afín al fuego.

En cuanto a las velas blancas y negras, muchas personas acostumbran a incluir siempre en su altar una vela blanca para canalizar, expandir y arraigar la energía luminosa, protectora y positiva, y una vela negra para que derive y drene la posible energía negativa como precaución, limpieza y protección. Las velas de altar siempre son de color blanco y no se interpretan. Su papel es el de conservar el momento, la situación y el altar como foco de armonía, luz y poder energético.

A continuación, se comentan algunas características de los colores de las velas:

Significado de los colores de las velas:

* **Rojo:** simboliza todo lo relacionado con: el amor, la pasión, la fuerza, la vitalidad y la energía.
* **Rosa:** simboliza los asuntos relacionados con: el amor, la amistad, los ángeles, el magnetismo, el carisma, la simpatía, la armonía, la paz interior y exterior, los valores del corazón, los asuntos sentimentales, el consuelo y la esperanza.
* **Naranja:** simboliza las cosas relacionadas con: el equilibrio, la prosperidad, la abundancia, el desapego, la vitalidad, la alegría, la apertura y la flexibilidad.
* **Amarillo/dorado:** simboliza los asuntos relacionados con: la confianza, la memoria, el intelecto, la comunicación, la protección, la alegría, el aprendizaje y el estudio.
* **Verde:** simboliza los asuntos relacionados con: la salud, la fertilidad, la verdad, la prosperidad, la esperanza, la confianza y el bienestar.
* **Azul:** simboliza los temas relacionados con: la paciencia, la voluntad y la protección.

* **Violeta/purpura:** simboliza los asuntos relacionados con la magia blanca, los rituales, las ceremonias, el poder, la liberación y la transmutación.
* **Blanca:** simboliza los asuntos relacionados con: la neutralidad, la armonía, la luz, la purificación, la protección, la limpieza y la impecabilidad.
* **Negra:** simboliza los temas relacionados con: la protección, la purificación, la prevención y la limpieza.

Ungir la vela

Si quieres ritualizar la vela antes de utilizarla, a continuación se muestra un ritual que se denomina «ungir la vela».

Preparación de la vela: en primer lugar, la vela se unge con aceite del aroma afín al color/propósito necesario para el fin que se busca (por ejemplo, con aceite de rosas, de sándalo o de tu flor preferida). De esta manera, la vela se unge o se consagra con el fin de potenciar su propósito.

Lugares especiales para contactar con ellas

Al encender fuego. Los lugares idóneos para contactar más fácilmente con las hadas de fuego son aquellos en los que se enciende el fuego: allí donde prendemos una hoguera o encendemos un fuego ritual, tanto en la naturaleza como en lugares cerrados, siempre que sean sagrados, como, por ejemplo, lugares de poder en la naturaleza y la zona de tu hogar donde tienes el altar.

Zonas volcánicas. Enclaves donde ha habido volcanes. En la mayoría de zonas volcánicas inactivas, en la tierra sigue estando presente el fuego, lo mismo que en lugares donde el suelo es de lava fundida. Se trata de sitios que siguen resultando afines a las hadas de fuego, y donde es más sencillo sentirlas y contactar con ellas o visualizarlas.

Aguas calientes. Los enclaves donde hay aguas termales: en las entrañas de la tierra de estos lugares, el fuego permite que el agua, de manera natural, esté caliente. Son aguas ricas en minerales, que desde los albores de la humanidad han sido consideradas sanadoras, recuperadoras de la salud y la vitalidad. Se trata de sitios como los balnearios, los bosques o los espacios naturales cercanos a ellos, e incluso también de algunas de las estancias de estos lugares de salud.

Enclaves antiguos. Los lugares donde puede resultar más fácil contactar con las hadas de fuego son aquellos espacios de la naturaleza que antiguamente fueron (y siguen siendo) sus moradas: bosques, templos antiguos (ruinas) o sitios que para ti sean sagrados, sobre todo si hay velas, hogueras y se llevan a cabo rituales o celebraciones de iniciación en determinadas fechas del año. Se trata de enclaves celtas, antiguos círculos de piedras, claros de bosques o zonas que antiguamente eran volcánicas.

Destellos luminosos. En ocasiones, incluso podemos ver las hadas de fuego con los ojos abiertos o en alguna fotografía que haya captado un rayo de sol o destello solar, ya que, en las ondas de luz fotónicas, las hadas de fuego pueden viajar sobre cada haz de luz del sol, lo mismo que en algunos relámpagos cuando hay una tormenta eléctrica.

Pero, sobre todo, las hadas de fuego son visibles en la llama de una vela y en el fuego del hogar, siempre que se hayan encendido con consciencia y respeto por el elemento fuego.

Las diferentes hadas del linaje de fuego

Como ya se ha comentado, las hadas de fuego son, de todos los linajes, el más antiguo, ya que pertenecieron al linaje de las hadas guerreras.

Hadas guerreras

Las ancestrales y sabias hadas guerreras, cuando se manifiestan en estado meditativo o materializándose, poseen una apariencia impresionantemente bella y llamativa. Tienen el cabello de un intenso color rojo, que potencian con un pigmento que procede de un musgo especial, y lo adornan con ramitas semicirculares que imitan la fase de la luna creciente, o bien con plumas de cuervo sujetas entre sus cabellos.

En ocasiones han sido descritas ataviadas con instrumentos mágicos de su realidad, semejantes a arpas, flautas, o gaitas mágicas.

En los tiempos del matriarcado, se materializaban y era frecuente poder verlas danzando en los círculos de piedra para llenarse de fuerza y luz solar.

Algunas de estas mujeres del otro mundo que forjaron e inspiraron relatos de leyenda son:

Morrigan: Diosa cuervo de la guerra de la cultura celta.

Scathach: hada reina guerrera con poderes mágicos de Irlanda y Escocia.

Aife: hada reina de la guerra de la isla de Alba (Escocia), hermana de Scathach.

Andraste: Diosa de la Victoria, también llamada la Invencible o la Indestructible. Diosa hada con poderes mágicos para la guerra de la antigua Britania (Inglaterra).

Catwbodua: Diosa hada guerrera, defensora de las sacerdotisas de las islas de Iona y Môn (Irlanda y Escocia) ante las legiones invasoras romanas. Sus servidores, los hombres cuervo, eran los hijos varones fruto de las violaciones perpetradas por los soldados romanos a las sacerdotisas supervivientes. Su nombre es un grito de guerra y defensa.

Los hombres cuervo eran humanos con poderes mágicos que defendían a las sacerdotisas de la Diosa; podían volar como cuervos y convertirse en feroces guerreros y entrar en batalla. Su cabello e indumentaria siempre eran negros.

Damas rojas

Son hadas de tamaño pequeño (aunque pueden proyectarse para adquirir mayor tamaño, si lo desean) que pertenecen al linaje de las hadas de fuego. En ocasiones, los videntes o las personas sensitivas las definen como las hadas que revolotean en lugares como centros médicos, comisarías, hospitales u otras zonas bulliciosas donde pueden prestar su mágica ayuda en situaciones de peligro, injusticia o amenaza.

Cuando son captadas por el objetivo de una cámara de fotos, aparecen como una sombra o un círculo difuso de tonalidad rojiza, ya que se desplazan a gran velocidad. Aunque tienen un tamaño menor y no son tan espectacularmente bellas como las demás hadas del linaje de fuego, son muy solidarias y graciosas porque suelen llevar un gorro cónico de colores vivos, como su indumentaria.

No les gusta dejarse ver, pero observan todo aquello que les llama la atención, y ayudan, cuidan y protegen; además, emiten sus vibraciones energéticas de cariño que, a nivel sensitivo, se puede observar como un halo o velo protector en forma de capa, que colocan sobre la persona a la que quieren proteger, sobre todo en aquellos casos u ocasiones en los que consideran, de manera libre y voluntaria, que una persona de buen corazón o intención está siendo tratada por otras personas de manera injusta y malévola.

Son hadas cariñosas que suelen sentir empatía y auxilian a personas honestas y sensibles que están soportando circunstancias dolorosas, limitadoras o de intenso sufrimiento, a las que también les colocan una capa cromática sutil y protectora. Esta capa energética, de una tonalidad roja etérea y brillante, posee cualidades energéticas de coraje.

Aunque su tamaño es inferior en comparación con el de las demás hadas de fuego, las hadas o damas rojas pueden, si lo desean, proyectarse a sí mismas y adoptar un tamaño mucho más grande y diferente, incluso bellísimo, como si fueran princesas de leyenda.

Algunas hadas rojas pueden ser, por propia voluntad, hadas madrinas, en cuyo caso ayudarán a su ahijada o ahijado, con independencia de si cree o no en la existencia de las hadas. Este vínculo de apadrinamiento puede establecerse en esta vida, o puede ser un vínculo muy antiguo adquirido en tiempos remotos, en cuyo caso, la persona, desde su más tierna infancia, tiene cerca de su campo energético (aura) la compañía mágica de un hada roja como hada madrina, que le ayudará en todas las ocasiones y circunstancias que requieran confianza y valentía, aunque dicha persona no tenga ni la más remota idea de su compañía y ayuda, e incluso no se haya planteado jamás la existencia de las hadas en su vida actual. Sin embargo, la persona a la que protege una dama roja irá tomando consciencia de ello a medida que vaya creciendo y teniendo vivencias un tanto arriesgadas. Es lo que se dice ser una persona con suerte, un tipo de individuo que, en circunstancias límite, siempre sale airoso como por arte de magia, algo que se debe a la magia de las hadas, ya que este tipo de vínculo jamás caduca ni se deteriora, y las hadas ayudarán a todas las personas que en algún momento evolutivo hayan establecido un vínculo o alianza con ellas. Este tipo de personas, si a lo largo de su vida, a cualquier edad, se sienten atraídas por la realidad de las hadas, comprenden, casi al instante, muchas cuestiones sin apenas necesidad de recibir información exterior.

Damas rosas

Las llamadas damas rosas son las hadas del linaje de fuego que más cuentos y leyendas han inspirado a escritores de cuentos, sobre todo de relatos románticos. En ocasiones se las ha llamado hadas del amor. Son las hadas del amor que rondan todas las cosas bellas, armoniosas y estéticas que representan a la Madre Tierra y a la magia natural. Es decir, están en todas partes, tanto en la naturaleza como en los enclaves donde vivimos las personas.

Cuando se manifiestan en nuestros sueños o proyectan su presencia, su aspecto es muy parecido al de angelinas sonrientes y amorosas, aunque sus alas son de hada, luminosas, transparentes y multicolores. Otra sensación que las acompaña (aunque estemos soñando o meditando) es su capacidad de desprender una fragancia a rosas muy agradable, relajante y tranquilizadora.

Las hadas o damas rosas son bellísimas, tienen el tamaño de una mujer, sus ojos por lo general son del color azul del cielo y van ataviadas con una indumentaria vaporosa y etérea, o, como mínimo, así han sido dibujadas y descritas en los cuentos más fantasiosos sobre hadas. Sus cabellos son dorados y, en ocasiones, están tocadas con un gorro cónico. Por supuesto, llevan una varita mágica.

Las hadas rosas transmiten confianza, ternura y amor. Son especialistas y defensoras del amor, la paz y la armonía entre las diferentes especies de la naturaleza, y también, cómo no, entre personas enamoradas.

Pero aunque son de naturaleza romántica, no podemos olvidar que pertenecen al linaje de fuego. En la etapa oscura del planeta Tierra, fueron aguerridas guerreras que combatieron a las fuerzas de la oscuridad, y esa valentía y coraje está presente en ellas, forma parte de su naturaleza valiente e intrépida. Después de que las sombras se disiparan, la mayoría de las hadas rosas se convirtieron amorosamente en hadas madrinas.

Suelen hacer que se cumplan los deseos de amor de las mujeres enamoradas, y si se las invoca especialmente, otorgan tres deseos, siempre y cuando quien los pida tenga clara la petición y su propósito, y, por supuesto, sienta que los merece, porque el hecho de pedir por pedir no da resultado.

Si se desea invocarlas dedicándoles un altar, se debe poner en él, tanto perfume de rosas como velas de color rosado, y, a ser posible, rosas naturales u otras flores de color rosado.

Schallores

En alguno de los linajes de hadas, como en el de las hadas de fuego, existen hadas que no se relacionan con los seres humanos. Es el caso de las schallores, también llamadas fairillilis, que son hadas de fuego guías que instruyen, protegen y velan por los espíritus elementales, alquímicos y del fuego, y que, de alguna manera mágica y equilibrada, controlan a los seres de fuego, unos seres mágicos difícilmente imaginables para nuestra mente humana racional, pero reales en su nivel de realidad paralela a la nuestra.

También se las ha llamado salamandras, aunque éstas, como se verá, son diferentes. Las schallores poseen un movimiento muy rápido y se confunden con las llamas del fuego de una hoguera. Quizá por este motivo, por su movimiento ondulante, intenso y sumamente rápido, algunos especialistas en los elementales de los elementos afirman que son lo que se conoce como salamandras. Representan, al igual que las salamandras, la creatividad, la pasión y la inspiración. Y, de manera idéntica a las salamandras, no suelen relacionarse con humanos como otras hadas de fuego.

Las schallores no son hadas madrinas ni se proyectan a sí mismas para poder ser visualizadas como otras hadas; son hadas que están directamente relacionadas con el fuego y su movimiento continuo, con su significado oculto, espiritual y energético, y siempre pueden inspirarnos, pero no como guías, sino como ayuda de propósito cuando necesitamos inspiración.

Salamandras

No son hadas. Son los espíritus o elementales del elemento fuego, descritos por el alquimista del siglo XVI Paracelso, quien afirmaba que cada elemento posee sus seres energéticos de consciencia que pueden tomar una forma parecida, tanto en cuanto a aspecto como en cuanto a movimiento, cualidades y características del elemento al que representan. Así, las llamadas salamandras serían las formas que pueden observarse cuando se mira con atención las llamas del fuego. Son literalmente la vitalidad del fuego, su ritmo, su movimiento, pero no son hadas.

Las salamandras pueden parecer ondulantes serpentinas, dragoncitos mágicos y también pueden mostrarse con formas parecidas a las humanas, como pequeños y grotescos hombrecillos o duendecillos que se desvanecen a la misma velocidad que se forman ante nuestra mirada al observar el movimiento cambiante de las llamas del fuego. Se pueden ver mejor y están más presentes en las llamas de un fuego (en la chimenea, por ejemplo) que en la llama de una vela.

Antiguamente, al encender un fuego ritual, se les pedía a las salamandras que despertaran el genio interior (el fuego interior creativo), el ingenio, es decir, la genialidad, los dones y atributos únicos de cada persona y que forman parte de sus talentos dormidos o necesitados de expresión. Éste es el antiguo motivo (vigente hasta hoy en día, aunque de manera intuitiva) por el que, al encender una vela antes de iniciar una labor creativa, como, por ejemplo, escribir, se estimula el talento creativo, como la inspiración.

También se las invoca para estimular la valentía, el coraje, la visión, la intuición, el deseo, la pasión, la sensualidad y la sexualidad, ya que son espíritus elementales de fuego que representan la pasión, la vida, la vitalidad y el estímulo.

Djinn

Los llamados Djinn, aunque son seres de otro nivel de realidad relacionado con la tercera dimensión, no son hadas propiamente dichas. No tienen alas y no pertenecen a la tradición celta ni pagana del matriarcado.

Son unos seres energéticos relacionados con el fuego y con la tradición oriental que incluso son citados en el Corán. Pueden ser masculinos o femeninos, y son conocidos como genios. Pueden materializarse entre vapores energéticos, el fuego o las llamas. En ocasiones se los ha denominado genios de la lámpara, y han protagonizado leyendas, relatos y cuentos como el *Aladino* *y la l*ámpara *maravillosa*. No son hadas ni pertenecen al linaje de las Hadas, pero son reales. Su tiempo es de otros tiempos, de tiempos muy remotos. Se decía que eran seres de fuego que existieron antes de que aparecieran los seres humanos. Apenas se sabe nada de ellos en Occidente. No pertenecen a ninguna tradición europea, celta, precelta ni pagana. Lo poco que se sabe de ellos es gracias a relatos de mitos y leyendas orientales. Gracias a estos relatos anónimos o historias transmitidas de abuelos a nietos, se sabe que poseen el poder del polimorfismo y que pueden adoptar formas de gatos, perros e incluso serpientes, y en algunas leyendas se los nombra como guardianes de lugares sagrados.

Si alguien se los encuentra o se manifiestan por sorpresa ante una persona (al frotar una lámpara o un objeto antiguo), se dice que otorgan deseos, en concreto, tres deseos instantáneos, lo cual ha inspirado numerosos cuentos y relatos cuya base es la de la confianza en la vida y en las leyes del universo en el sentido de que nunca se sabe cuándo la suerte puede alcanzarnos y ayudarnos a que tres de nuestros sueños se hagan realidad. Quizá sólo se trate de relatos moralizadores para educar a niños y adolescentes en estos valores y en saber distinguir lo que realmente es valioso en la vida frente a lo que es efímero o quimérico, como todos los deseos materiales o egoístas.

Lo cierto es que, cuando empiezan a sucedernos situaciones, circunstancias o hechos concretos que implican suerte, en lugar de abrir los brazos (la confianza y el merecimiento) esperando recibir más y mejor, solemos desconfiar y pensar que no podemos tener tanta suerte y que pronto pasará algo negativo... Y así es: somos nosotros mismos quienes solemos interrumpir la frecuencia de la buena suerte al centrarnos en la suspicacia o en la incredulidad, y nos salimos de la frecuencia afortunada.

Es importante prestar atención a estas mini o grandes rachas de fortuna cuando la vida nos sonríe, cuando tenemos buena estrella. Por ejemplo, cuando nos despertamos sonriendo porque nos encontramos en una etapa de nuestras vidas en la que no tenemos problemas, en la que todo parece fluir de maravilla, sin ninguna duda, se debe a que en ese preciso momento nuestro genio interior está despierto (nuestro fuego creativo) y podemos atraer variantes de suerte a nuestra vida de manera natural, con continuidad y merecimiento, en lugar de pensar que como todo va bien, pronto sucederá algo que será negativo o acabará con la buena racha.

Cuando decimos de alguien o de uno mismo que tiene mal genio, nos referimos a que el fuego interior es negativo, es mala onda, es iracundo o tiene arrebatos de enfado. La tradición oriental antigua afirmaba que a los djinn les repele el hierro; curiosamente, a las hadas también. Es un metal demasiado denso para estos seres etéreos.

Las religiones patriarcales, sobre todo la católica, los relacionaron con los demonios para que las personas dejaran de tenerlos presentes, para que los olvidaran. Recordemos que existe infinidad de cuentecitos siniestros en los que el fuego y los diablillos o el siniestro demonio van unidos. Pero el fuego contiene la vida, no la tentación ni la desgracia. Es cierto que al fuego y a los seres que lo representan se les debe tener respeto, pues todos sabemos que el fuego quema, y su mal uso puede llegar a resultar devastador.

Resumen del linaje de las hadas de fuego

* Las hadas del linaje de fuego son las inspiradoras del fuego de vida del reino vegetal.
* Las hadas de fuego pertenecen al linaje de hadas más antiguo: el de las hadas guerreras.
* Las hadas guerreras son defensoras de la vida del planeta Tierra.
* Las hadas de fuego, antiguas hadas guerreras, llegaron desde los confines del multiverso para ayudar en su propósito evolutivo al espíritu de Gaia, la Tierra.

* Las hadas de fuego, al igual que las hadas de tierra, pueden ser, si así lo desean, hadas madrinas.
* Si tu vida no ha sido fácil y estás leyendo este libro porque sientes un vínculo especial con las hadas, lo más probable es que tengas un hada madrina del linaje de las hadas de fuego.
* Las hadas de fuego son hadas solidarias, valientes y generosas a las que les gusta ayudarnos a través de la inspiración de nuevas ideas, soluciones, nuevos caminos y oportunidades de suerte.
* Las hadas del linaje de fuego son expertas en los temas sentimentales y en ayudarnos a comprender y a salir de nuestros laberintos personales mediante estrategias inspiradoras sencillas y efectivas.
* En los tiempos pasados, las hadas de fuego se emparejaron con hombres, ya que los encontraban mucho más interesantes y apasionados que a los elfos.
* Las hadas de fuego detestan la cobardía, la queja, la indolencia, la estupidez, el victimismo, la hipocresía, la deslealtad, la mentira, la doble intención, la soberbia, la arrogancia, la injusticia y la traición. No comprenden el mal uso del fuego y el daño provocado a la naturaleza (pirómanos) con los incendios intencionados.
* Cuando encendemos una vela, entramos en afinidad con las hadas del linaje de fuego.
* Los animales de compañía representativos de las hadas de fuego son: el ave fénix, los dragones, el lobo y el perro blanco mágico.
* Las hadas de fuego pueden ayudarnos en nuestros procesos de crecimiento personal; nos permiten comprender nuestros conflictos o guerras, tanto internas como externas, sobre todo en la sanación de experiencias sentimentales dolorosas. Y los problemas de salud por falta de vitalidad. Y, sobre todo, pueden ayudarnos en los momentos o etapas en los que necesitamos inspiración.

* Practica con frecuencia la meditación sugerida con el fuego de la vela para estar en conexión con las hadas de fuego.
* Cada color de la vela que elijas tiene un significado afín en cuanto a equivalencias y atributos energéticos.
* Las velas son instrumentos mágicos prácticos y efectivos dependiendo de tu propósito.
* La forma y el movimiento de la llama de las velas son, en sí mismos, una forma de lenguaje comunicativo, «el lenguaje de las velas».
* Los lugares de fuego, como volcanes, zonas termales, balnearios, etc., son enclaves afines a las hadas de fuego.
* Las hadas del linaje de fuego (así como la mayoría de las hadas) se mueven, viajan y se trasladan con los rayos invisibles de la luz del sol, las ondas fotónicas y, en ocasiones, los relámpagos.
* Las hadas guerreras son las ancestrales hadas de fuego.
* Las llamadas hadas o damas rojas y damas rosas pertenecen al linaje de las hadas de fuego.
* Las fairillilis o schallores pertenecen al linaje de las hadas de fuego.
* Las salamandras son seres elementales del fuego y no hadas.
* Los djin son seres relacionados con el fuego que pertenecen a la tradición mágica oriental.
* Encender una vela antes de realizar una tarea creativa estimula nuestro genio interior, el ingenio, la genialidad.

Linaje de las hadas de éter

Características de las hadas del linaje de éter

Para conocer las características de las hadas del linaje de éter es imprescindible conocer las características del elemento que representan y que es su hábitat: el elemento éter.

El éter es el quinto elemento. Es el elemento de la cohesión; el que cohesiona a los demás elementos y a la vida misma, motivo por el cual en ocasiones se dice que el éter es la energía de amor que todo lo une y relaciona.

El éter es, en sí mismo, la alquimia de la vida. Pura magia de existencia. Quizá por este motivo, las hadas del linaje de éter son las más etéreas de todas: el éter es su elemento.

El éter es la sustancia que insufla la vida. Es la sustancia dorada pránica, materia y espíritu. El éter está constituido por los corpúsculos luminosos, eléctricos, que aportan alma y sustancia viva a todo lo que existe y evoluciona.

Está formado por los corpúsculos de energía vital invisibles del sol que dinamizan la vida, toda la existencia. Todo lo que pulsa está insuflado por el éter, en especial las plantas, ya que son éstas las que convierten la luz solar en la energía vital que les sirve de alimento: la clorofila. Éste es el proceso de vida evolutiva que vincula al elemento éter con las hadas del linaje de éter.

El éter impregna también a todos los demás elementos, ya que sin sustancia vital nada existiría. Esta sustancia pránica, de energía vital, impregna el aire que respiramos, nos llena de energía, nos renueva. Las hadas del linaje de aire están intrínsecamente ligadas (en cuanto a cometido evolutivo) a las del linaje de éter. La diferencia es que las hadas de éter son más etéreas. Y ésta es la característica principal de las hadas de éter: la capacidad de revitalizarnos, de aportarnos energía de renovación con la sustancia vital del sol, con su fuerza, con su luz, con su amor.

Aspecto

El aspecto de las hadas de éter es el más mágico, majestuoso, sofisticado, femenino y especial que los humanos pueden llegar a imaginar. Su presencia, aunque solamente sea a través del estado meditativo, resulta impactante por el poder y la dulzura de su belleza. Su voz, perceptible de manera mágica con el sentimiento, desde el corazón, es pura luz de sanación, de consuelo y amor.

Las hadas del linaje de éter pueden adoptar una apariencia minúscula o de dimensiones extraordinarias. Su aspecto magnífico y fastuoso ha inspirado, como protagonistas puntuales dadoras de fuerza, valor y confianza, a héroes de cuentos, relatos y leyendas que se han llevado al cine, como, por ejemplo, la saga de Tolkien *El Señor de los Anillos*.

Se caracterizan por proyectarse (sólo en contadas ocasiones) con un aspecto que jamás puede olvidarse: flotando en el aire como por arte de magia, con una luminosidad etérica característica y con unas dimensiones imponentes.

Lo que les gusta a las hadas de éter

Para las hadas de éter no existen secretos: ellas saben y sienten la verdad, la autenticidad de los sentimientos y de los corazones nobles de cada persona en cada situación. Y este tipo de sentimientos y comportamientos valientes, nobles y sinceros les atraen y conmueven tanto que desde su realidad etérica pueden socorrer y ayudar en circunstancias en las que ni siquiera es necesario ni invocarlas ni pedirles ayuda o conocer su existencia;

sencillamente ayudan de una manera tan anónima y mágica que parecen milagros. Son capaces de revertir situaciones y circunstancias en apariencia imposibles.

Las hadas del linaje de éter se sienten atraídas por el viento, por el aire que transporta aromas y sonidos, y, en especial, por este último cuando está relacionado con el canto. El canto y entonar melodías es un arte que las hadas de los linajes de aire y éter enseñaron a los humanos, especialmente a las mujeres y a las niñas, así como a los hombres que creían en ellas. Nos enseñaron melodías que precisaban usar de manera sencilla y poderosa la voz, el instrumento musical que los humanos tenemos en nuestro cuerpo: las cuerdas vocales, para que fuéramos capaces de entonar determinados cantos y palabras poderosos para sanar, celebrar y elevar la frecuencia vibratoria del propio cuerpo o del de otra persona que pudiera necesitar equilibrio y armonía. De ellas aprendimos los cantos que más tarde se llamaron *solfeggio*, entonaciones musicales que, tanto cantadas como instrumentadas, poseían (y poseen) la capacidad de equilibrar la longitud de onda a nivel celular, de revitalizar el tono de cada uno de nuestros centros vitales o *chakras*, e incluso de reparar el entramado bioenergético físico humano llamado aura.

Incluso hubo un tiempo en el que los coros, las reuniones de personas que cantaban en grupo, por lo general en la naturaleza, elevaban la frecuencia de todas las personas que estaban presentes; sanaban el cuerpo, la mente y el sentimiento de quien pudiera haber perdido su propio tono vital, su propio equilibrio. Pero más tarde, las religiones patriarcales, contrarias a todo lo relacionado con épocas pretéritas matriarcales, prohibieron este tipo de prácticas aludiendo que si una persona estaba enferma de cuerpo, mente o alma, tenía que soportarlo con humildada, ya que era un designio divino: Dios Padre, desde el cielo, así lo había querido, y había que conformarse y aceptar con resignación. Y rezar.

Pero la oscuridad jamás podrá ocultar la luz y lo luminoso. Como tu voz o la mía aunque no sepamos cantar, pues con tan sólo intentarlo, con permitir que el canto proceda del corazón, al cantar, las hadas acuden porque se sienten atraídas. Como se suele decir, «quien canta sus males espanta». Y es un hecho que, al cantar, nuestro oxígeno se renueva y todas las células del organismo se sienten y resuenan en la energía de la alegría, y elevan su frecuencia, sobre todo si se trata de cantos alegres o sanadoramente intencionados, como los mantras o los cantos vocálicos.

El poder del canto

Cantar a solas o en grupo, de manera profesional o como aficionado siempre es, o debería ser, un acto alegre. Los cantos forman parte de nuestras vidas como humanos. Socialmente sabemos que los cantos son importantes para iniciar una ceremonia, una meditación, un ritual, una acción de agradecimiento, una conmemoración, una celebración o un evento especial, ya sea personal o de grupo. Pero ¿por qué cantar una invocación, una petición, un mantra o una ofrenda, por ejemplo, prepara la mente y el corazón para que la energía del grupo se unifique, se armonice y se enfoque en un mismo propósito? Por supuesto, en otras ocasiones, también es capaz de preparar la mente, e incluso el cuerpo, y elevar su vibración al meditar, y, en ocasiones, como en determinados cantos chamánicos, permite entrar en trance y acceder a un estado de conciencia alterado.

Cantar un mantra ayuda a que la mente se calme, lo que hace posible que se pueda meditar con mayor efectividad y con un resultado mejor tanto para el cuerpo como para la mente. Susurrar el *big-mantra* Om ayuda a que tanto el cuerpo como la mente vibren en la misma sintonía. Y lo mismo ocurre mientras se susurran las vocales o los mantras de los *chakras*. Al ir elevando y unificando el canto, se consigue que la energía vital circule en armonía desde la base de la columna hasta la coronilla para dinamizar los *chakras*.

Estos son sólo ejemplos de la efectividad del canto, tanto devocional oriental como otros cantos más o menos conocidos.

Asimismo, es sabido que cuando se canta en grupo, la energía ambiental se vuelve poderosa, alegre y vital. La persona que dirige a un grupo que canta, como, por ejemplo un coro, se encarga de que haya armonía para que la energía se eleve, y con el gesto indica el final para que todas las personas vuelvan a respirar con normalidad.

Los cantos de las hadas

En los tiempos del matriarcado, cuando las mujeres humanas se relacionaban de manera natural con las mujeres luminosas, las hadas, ambas compartían enseñanzas y aprendían sus secretos. Uno de estos secretos era precisamente el del poder, las cualidades y los beneficios del canto. Las hadas y las mujeres oficiaban juntas ceremonias con el poder del canto, y con sus voces entonaban melodías capaces de generar estructuras materiales y mágicas para que la Diosa, la madre divina, se proyectara y las instruyera con forma casi humana (las entidades luminosas, de una vibración elevada, pertenecientes a otras bandas de frecuencia o dimensiones, cuando se proyectaban en la realidad material, seguían teniendo un halo luminoso, etéreo y mágico).

Algunos de estos cantos, muy desvirtuados, han conseguido transmitirse de madres a hijas o de abuelas a nietas, pero aunque conservan gran parte de la ternura y la belleza melodiosa, carecen del antiguo poder mágico capaz de conseguir que el éter, a través del canto, materializara a las hadas reinas o a deidades femeninas de los antiguos cultos paganos de la Diosa, mujeres etéreas y mágicas de otras dimensiones. Ahora, en nuestros días, este tipo de relatos parecen sacados de la imaginación o de la fantasía, pero en su día fueron reales, tal y como se puede comprobar en los registros sagrados del akasha.

Con estos cantos, que siempre comenzaban como un murmullo e iban adquiriendo fuerza armónica, se ordenaban los átomos del fuego, la tierra, el aire, el agua y el éter, lo que propiciaba la manifestación de templos impresionantemente sencillos y poderosos, cuya sustancia primordial era el éter, de ahí que se los denominara, y todavía hoy se los denomine, templos etéricos. Los templos etéricos, palacios de cristal o fortalezas de las hadas eran construcciones auténticamente mágicas: templos majestuosos, edificaciones increíbles que aparecían y podían desaparecer al instante, o que perduraban con el paso del tiempo, y después de cientos o miles de años desaparecían de la noche a la mañana sin dejar huella. Las leyendas dicen que es por arte de magia, y según las religiones patriarcales se trataba de construcciones diabólicas. Pero se trataba de algo real, de un conocimiento que se perdió cuando se eclipsó la era del matriarcado.

Se sabe que las antiguas Diosas, ahora llamadas paganas y celtas, se aparecían a las sacerdotisas en los templos para inspirarlas, ayudarlas e instruirlas en el poder y conocimiento de la energía de los elementos y de la vida misma, tanto de este planeta como de todos los cielos y de las realidades paralelas. Apenas nadie recuerda nada. No hay nada escrito, ni científico ni histórico, a excepción de lo que se encuentra en el corazón de algunas personas y en los registros akásicos, donde queda registrado todo lo importante. Lo que sigue vigente en las culturas de los confines del planeta Tierra es la importancia del canto. Al cantar, tanto el viento como el aire, el éter y la energía pránica que entra y sale de los pulmones están unificados y propician el hecho de que se genere armonía.

Conozcamos, pues, los secretos del viento y su energía vital, el éter. En la magia blanca antigua se sabía que los cuatro vientos podían abrir un portal, un enclave de acceso al otro mundo, al mundo etérico. Y los cuatro vientos están relacionados con las cuatro direcciones y con los cuatro elementos de la materia. Y, por supuesto, todos los vientos pertenecen al elemento aire, aire lleno de vida, de sustancia pránica, el éter.

Del mismo modo que en el apartado de las hadas de fuego hemos visto la importancia de las velas y su significado, en las hadas de éter es importante que reforcemos nuestros conocimientos sobre el hermano viento, ya que es él quien está vinculado al éter y a su poder revelador y sanador. Conocer los secretos del viento repercutirá en nuestro vínculo con las hadas, en especial con las del linaje de éter.

Si sientes un vínculo especial con el viento y el éter, cuando traces el círculo mágico en tus meditaciones y rituales, desearás incluir su invocación si ya has adquirido práctica en tu comunicación con las hadas. Quizá ya sepas el nombre de cada uno de los cuatro vientos, pero a continuación incluyo sus nombres y sus características.

El beneficio energético que se obtiene al nombrar los cuatro vientos consiste en generar una resonancia especialmente protectora de las cuatro direcciones. En este sentido, desde tiempos antiguos, a las cuatro direcciones se las denomina las atalayas. Fueron los antiguos griegos quienes nombraron los cuatro vientos.

Los 4 vientos

Las características de los cuatro vientos y su energía pránica y etérica que se describen a continuación corresponden al hemisferio europeo, el hemisferio norte. He incluido estos datos para destacar la importancia que antiguamente se daba a determinadas divinidades. Es evidente que las características de las deidades que aparecen a continuación (representadas con alas, pero que no son ángeles) no tienen nada que ver con sus caracteres y gustos personales en exceso humanizados, ya que a los filósofos y poetas griegos les gustaba otorgarles gustos y pasiones que reflejaban sus propios gustos y su propia decadencia y excesos. Es difícil entender lo que se encuentra en la mente y en el corazón de un dios con superpoderes.

La finalidad de invocarlos es que, de manera natural, las realidades del corazón estén unidas, que sean cercanas y resulten familiares de manera natural, porque, al fin y al cabo, la realidad de las hadas y de los seres del otro mundo mágico es como nuestra familia, seres con los que compartimos el amor por este planeta. Su evolución energética y sus características no se describen para que nos identifiquemos con ellos sino para que nos sirvan como fuente de inspiración por sus cualidades relacionadas con los ciclos de la naturaleza. Y justo éste es el sentido de invocarlos o de contar con su ayuda.

Viento del este: elemento aire. Nombre: Euro.

EURO

También se llama viento de oriente y viento de levante (porque es donde aparece el Sol). En ocasiones se lo relaciona con Eos (también llamada Aurora), una deidad femenina con la que amanecía el día, permitiendo que el Sol, como astro rey, iluminara e inundara con su luz la vida sobre la Tierra cada mañana.

Estos señores del viento abren las puertas al amanecer y protegen el círculo mágico personal si se les invoca. El viento del este, de levante o Euro se asocia a las hadas de aire y, además, junto con las hadas de agua, las sílfides, aporta equilibrio emocional, armonía y concentración en la meditación ritual o petición que se vaya a realizar, tanto personal como en grupo.

Cuando nos dispongamos a meditar, podemos contar con su ayuda si los invocamos después de trazar el círculo mágico.

Se le puede invocar en temas relacionados con:

* Necesidad de enfoque.
* Una situación determinada en la que se tenga prisa.
* Necesidad de claridad para un examen o una entrevista de trabajo.
* Conciencia de que se tienen pensamientos e ideas limitadores.

* Inicio de un proyecto personal o de trabajo.
* Situaciones, momentos o etapas en las que se necesita confianza.
* Conciencia de que las situaciones nos limitan.

Viento del sur: elemento fuego. Nombre: Notus.

Es la antigua deidad que rige el viento del sur, también llamado siroco. Asociado a las hadas de fuego y a las salamandras, es un viento caliente y con tormentas para equilibrar la temperatura ambiental y que exista equilibrio. Se considera que es inspirador y renovador. Para los griegos y romanos era una deidad hijo de Eolo (dios del viento) y de Aurora.

Al trazar el círculo mágico en tus meditaciones o rituales (sobre todo en la naturaleza) se le puede invocar para que conserve la dirección del sur y aporte inspiración. Es el dios del mediodía, y aporta luz y fuerza para seguir con el resto de la jornada.

Se le puede invocar en temas relacionados con:

* Necesidad de inspiración, alegría y entusiasmo.
* Momentos o etapas de abatimiento.
* Sentimiento de que hemos perdido la pasión tanto en el amor como en el trabajo o profesión.
* Fortalecimiento de la valentía.
* Necesidad de ayuda extra para salir de situaciones de obstrucción, limitadoras y pesimistas.
* Siempre que exista necesidad de sentirnos libres, sobre todo de ideas o pensamientos negativos.

Viento del **oeste:** elemento **agua.** Nombre: **Céfiro.**

CÉFIRO

Céfiro rige la dirección y el viento del oeste y del elemento agua, y está asociado a las hadas de agua, las ondinas. Es la deidad del viento más benévolo, el del atardecer. Se representa siempre con flores por estar relacionado con la primavera y el renacimiento bello de la naturaleza. Y también con el amor.

Se enamoraba de Diosas, de humanas y de jóvenes apuestos, tal y como relatan los escritores clásicos griegos sobre el amor que sentía por Jacinto, a quien mató sin querer en un ataque de celos cuando éste estaba con Apolo (a quien también le gustaban tanto las chicas como los chicos, tanto divinos como humanos) y, arrepentido por causarle la muerte accidentalmente, creó en su honor la flor que lleva su nombre, el jacinto, una de las pocas flores con un nombre masculino.

Este viento amable y cálido simboliza el descanso; la siesta; la belleza de las flores y la primavera; la lluvia estival cálida, renovadora y refrescante; el viento suave como una brisa que acaricia; la tranquilidad y la reflexión.

Al trazar el círculo mágico se le puede invocar para que conserve la dirección del oeste.

Se le puede invocar en temas relacionados con:

* Necesidad de paz interior y exterior.
* Sentimiento de encontrarnos desbordados y tenemos necesidad de llorar y desahogarnos.
* Sentimiento de que las emociones nos desbordan y precisamos recuperar nuestro equilibrio.

* Necesidad del consuelo y la belleza de las flores.
* Ocasiones en las que nos sentimos bien, agradecidos por la vida y el bienestar.

Viento del norte: elemento tierra. Nombre: Bóreas.

Bóreas es la deidad que conserva el viento y la dirección del norte, y está relacionado con el elemento tierra, las hadas de tierra y los elementales de tierra.

Bóreas era un dios temido por su carácter fuerte, valiente y práctico al que se le invocaba para salir victorioso de desafíos y problemas. Era temido porque traía el viento gélido del norte, del invierno.

Su nombre significa «devorador» en cuanto que acaba con la mala racha o los problemas que tenían fácil solución. Así, devora, elimina las falsas expectativas o ilusiones estúpidas e inalcanzables: nos ayuda a mantener los pies en el suelo. No hay por qué temerle.

Se le puede invocar en temas relacionados con:

* Necesidad de tener, mantener o poner orden en nuestras vidas: nuestro hogar, trabajo, relaciones o alguna cuestión personal.
* Importancia de mantener los pies en el suelo, ser y mantener la firmeza.
* Necesidad de organización y enraizamiento.
* Cuando, por la razón que sea, existe un alejamiento del enfoque o meta propuesta y sentimos que nos desviamos o que nos andamos por las ramas.

* Necesidad de seguridad, protección, calidad de tiempo y de vida de manera merecida.
* Mantenimiento del sentido común y comprensión de lo que es importante y de lo que no lo es.
* Sentimiento de que merecemos que la suerte esté de nuestra parte porque nos hemos entregado y esforzado a conciencia, pero sentimos que el resultado es escaso.
* Necesidad de certeza, confianza y seguridad en nosotros mismos.

Como sabemos, todos los seres mágicos del otro mundo tienen cierta afinidad entre ellos. Y, se los nombre como se los nombre, cada viento posee características y cualidades propias, y es afín con uno u otro linaje de hadas. Mi sugerencia es que los tengas en cuenta sobre todo en tus prácticas, meditaciones y conexiones cuando las realices en la naturaleza.

✱✱✱

A continuación, proseguimos con las hadas del linaje de éter.

Constancia y compromiso. Al igual, o de forma similar a las hadas del resto de linajes, las hadas de éter sienten rechazo cuando se es inconstante o no existe compromiso por parte de la persona que las invoca o les pide ayuda para algún asunto personal concreto. Para ellas es determinante que exista un compromiso, una continuidad responsable tanto con uno mismo como con los demás y, por supuesto, con ellas, con su ayuda.

Las hadas de éter conceden una gran importancia a las palabras, tanto al hablar como al cantar, por lo que sienten un intenso rechazo hacia las palabras malsonantes o groseras, así como hacia los gritos, los sonidos estridentes, las canciones de letras obscenas y los sonidos, las palabras, las entonaciones o las canciones con letras ridículas.

Belleza y armonía. Al igual que las demás hadas, poseen un gusto exquisito y adoran los ambientes armoniosos, estéticos y bellos, así como las estancias y los espacios bien iluminados y livianos, donde la energía vital se renueva constantemente. Deben dominar los aromas y las fragancias naturales. Detestan los ambientes y las decoraciones artificiales, con atmósferas cargadas, así como los espacios cerrados, donde domine la luz artificial y que carezcan de aire puro, o que estén decorados con naturaleza muerta (plantas de plástico, animalitos disecados o embalsamados, ambientadores químicos, etc.).

Todas estas preferencias de las hadas del linaje de éter nos dan una idea de los objetos que podemos utilizar cuando queramos dedicarles un altar.

Animal asociado a las hadas de éter

Cuervo

El cuervo es uno de los animales más mágicos que existen. Para los celtas simboliza la magia blanca. Muestra los recursos de tu corazón para que te comprometas con tu poder personal.

Cuando el Sol ilumina las negras y brillantes plumas del cuervo, éstas adquieren unos reflejos azules únicos. Y su cola, de manera elegante, tiene forma de rombo.

Un cuervo puede aprender a hablar cualquier idioma, tanto humano como mágico, y se comunica con todo cuanto le rodea: con otros animales, árboles, plantas y hadas, y, por supuesto, con todos los demás seres del otro mundo mágico.

El cuervo puede aprender a bailar y a realizar pasos de baile. De hecho, tiene su propia danza del cortejo para conquistar a la hembra cuervo que elija, con la que se une de por vida. Es un padre excelente y alimenta y educa a sus crías hasta que pueden ser independientes y abandonan el nido.

Si lo desea, el cuervo puede volar de una manera tan elegante como un águila. El cuervo es enigmático, elegante, curioso, inteligente, leal, ocurrente y creativo. Le gusta jugar, hacer bromas y construir cosas que él mismo inventa de forma práctica o para divertirse.

Como es negro, el cuervo se ha considerado erróneamente un ave de mal augurio. Sin embargo, para las sacerdotisas de la Diosa y para los druidas y druidesas, son sagrados, al igual que para las hadas de todos los linajes.

En realidad, la presencia de un cuervo como mensajero del otro mundo siempre trae advertencias para tomar decisiones correctas. En la vida de los humanos, cuando un cuervo aparece en su camino, ya lleva en sí mismo un mensaje relacionado con un cambio, con algo a lo que se tiene que prestar atención, tomar decisiones o determinaciones y, confiando, pasar a la acción.

Saber comunicarse con un cuervo, tenerlo como animal tótem de compañía (elegirlo o que te elija) es una gran suerte, pues siempre dice la verdad sin dañar la esperanza; muestra lo que debe cambiar en la conciencia, en el comportamiento o en la acción. Incluso en el caso de advertencias o noticias poco alentadoras, debemos tener presente que no es el cuervo quien las crea, sino sólo el emisario que las porta; no es el responsable.

En estos y otros casos, sólo hay que prestar atención; la vida nos está hablando, y es la parte mágica de la vida la que utiliza a los cuervos como mensajeros.

La ayuda del cuervo es la de la libertad; es un maestro que enseña a que cada persona piense por sí misma, sin apegos ni dependencias. Quizá por este motivo sea considerado, como animal mágico, un abrecaminos. Un *abrecaminos* es un facilitador del destino: parte de la magia del cuervo consiste en facilitar los hilos de realidades más favorables. En el sentido de magia práctica, blanca y verdadera, el cuervo es un visionario, ve lo que todavía no se ha mostrado.

Altar para las hadas de éter

Éstas son algunas sugerencias para tenerlas en cuenta a la hora de dedicar un altar a las hadas de éter:

* Velas doradas, blancas y plateadas.
* Minerales dorados y transparentes, como el cuarzo transparente o el cuarzo citrino. El ópalo blanco con inclusiones doradas.
* Los objetos dorados.
* Las figuras o fotografías que representan a sus símbolos y animales afines (cuervos, urracas, lechuzas, etc.).
* Música de mantras o de sonidos de la escala *Solfeggio*, cantos de coros de niños o adultos que cantan como los mismos ángeles.

En qué cosas pueden ayudarnos las hadas de éter

Podemos invocar la ayuda de las hadas del linaje de éter siempre que lo deseemos. Y en especial en aquellos casos, momentos, circunstancias o etapas personales en las que necesitemos:

* Revitalizarnos energéticamente.
* Recuperar o fortalecer la salud tanto física como anímica.
* Aprender a cuidar de nuestras plantas si es un tema del que queremos aprender o profundizar, sobre todo en sus procesos alquímicos.
* Recuperar o fortalecer nuestra alegría natural.

* Ayudarnos a lograr nuestros deseos, metas y proyectos.
* Recuperarnos de una traición, desengaño o desilusión que no logramos olvidar y que nos sigue doliendo en nuestro corazón.
* Sanar las heridas sentimentales y carencias afectivas de nuestro corazón.
* Cuando queramos profundizar en el poder del canto, de las palabras de poder y de sus cualidades sanadoras.

Deseos

Las hadas de éter pueden ayudarnos a cumplir tantos deseos como queramos, siempre y cuando vean que nos esforzamos, sentimos que los merecemos y les pedimos ayuda con total sinceridad y confianza. Es importante tener en cuenta que aunque las hadas del linaje de éter no piden nada a cambio de ayudarnos, cuando se trata de un deseo personal y concreto, sí que piden que haya un compromiso: el compromiso más que con ellas es contigo mismo en el sentido de que te comprometes a algo relacionado con la continuidad de lo que pretendes, quieres o deseas conseguir, cambiar, mejorar para ti, para tu vida y para tu mayor bien. Por lo que será significativamente importante que, cuando expongas tu petición, añadas: «... y para ello me comprometo a...». Y, por supuesto, tienes que mantenerte firme en tu compromiso. Y estar atento a las señales de cambio que, paso a paso, te llevarán a conseguir el propósito que anhelas con la ayuda de las hadas del linaje de éter.

Ritual de petición / meditación / conexión

El siguiente ejercicio energético se centra en fortalecer o recuperar tanto la salud física como anímica. Es sencillo y poderosamente eficaz, sobre todo si lo practicas con regularidad hasta que obtengas los resultados deseados, es decir, hasta que sientas que tu energía vital está en óptimas condiciones. Es conveniente practicarlo tres veces al día hasta que encuentres mejoría, y que sigas realizándolo de manera más espaciada durante cierto período de tiempo, por ejemplo, durante unas cuantas semanas dos veces al día, después una vez a la semana, y así hasta practicarlo una vez al mes o cuando tu intuición te diga, como continuidad de mantenimiento.

El resultado será excelente siempre y cuando adquiramos el compromiso y la responsabilidad con nosotros mismos.

Pasos previos de preparación:

* Antes de empezar, realiza un altar dedicado a las hadas del linaje de éter, donde colocarás velas blancas o doradas, flores blancas, incienso de jazmín u otra flor blanca, alguna imagen o dibujo de hadas, así como símbolos o figuritas de los animales afines a su linaje.
* Será conveniente que ya tengas preparada por escrito o mentalmente la petición de ayuda por la que invocas a las hadas etéreas.
* También puedes elegir una música especialmente relajante para la ocasión.
* Vístete sobre todo con indumentaria blanca, prepara el altar y ten a mano tu varita mágica.
* A continuación, traza el círculo mágico de protección la varita mágica.
* Puedes permanecer de pie o sentarte en una posición cómoda.

Ejercicio de respiración pránica. El ejercicio siguiente es de respiración pránica, respiración consciente. Esta respiración debe realizarse por la nariz, tal y como se describe a continuación. La nariz asimila el *prana*, las partículas etéricas del aire, con mucha más facilidad que cuando respiramos de manera consciente o inconsciente por la boca. Al respirar de manera consciente por la nariz, la intención y propósito de asimilación del *prana*, de la energía vital, es mucho más efectivo tanto a nivel físico como a nivel energético para la vitalidad de los centros vitales o *chakras* y, en general, para todos los órganos del organismo y su proceso de oxigenación y vitalidad.

La respiración debe realizarse de manera alternativa por las dos fosas nasales. El beneficio añadido de este ejercicio es que, además, se equilibra la polaridad; de esta manera se llevan a cabo la respiración lunar, o femenina (por el canal energético llamado ida, definido por la medicina tradicional oriental, que activará y revitalizará los meridianos energéticos femeninos), y la respiración solar, o masculina (por el canal píngala, que activará y revitalizará los meridianos energéticos masculinos), logrando un equilibrio vital entre ambos canales de la energía (meridianos energéticos), junto con en el canal medio, el Susuma.

Otra ventaja más de esta respiración es el beneficio que se obtiene de la función de nuestro cerebro, que estimula de manera muy positiva a ambos hemisferios cerebrales, lo cual revitalizará tanto las funciones intelectuales como la memoria, la lucidez, los reflejos, el discernimiento y el estado de alerta, así como la intuición, la capacidad de visualizar, la videncia, la creatividad, la imaginación, etc.

La fosa nasal izquierda es lunar, femenina. La fosa nasal derecha es solar, masculina.

Pasos a seguir:

* Con el dedo pulgar, presiona la fosa nasal derecha para poder respirar tan sólo por la fosa nasal izquierda.
* Toma aire poco a poco, de manera consciente, por la fosa nasal izquierda.
* Tapa con tus pulgares los dos orificios nasales.
* Reten el aire y cuenta hasta 10.

* Expulsa el aire por la misma fosa nasal izquierda.
* Repite 4 veces.
* Cambia ahora de fosa nasal.
* Sigue los mismos pasos que con la fosa nasal derecha.

Para terminar, realiza 4 respiraciones completas de la siguiente manera:

* Tapa una fosa nasal con el pulgar.
* Inhala aire por la otra fosa.
* Retén el aire mientras tapas la fosa nasal por la que has inhalado y suelta el aire por la otra.

Es sencillo, no te llevará más de cinco minutos, y los resultados son milagrosos.

Recuerda que para que resulte efectivo y que obtengas resultados rápidos y resolutivos, tienes que repetirlo 3 veces al día: mañana, tarde y noche antes de acostarte durante una larga temporada para luego ir espaciando este ejercicio y practicarlo como mantenimiento una vez a la semana, al mes o lo que tu intuición te sugiera, pero cuando lo realices para una mejoría determinada, tienes que ser constante. La constancia se irá arraigando en tu persona con la práctica y, sobre todo, al comprobar que te sientes mucho mejor, con más energía y vitalidad, lo cual constituye un incentivo adicional para que seas constante.

Lugares especiales para contactar con ellas

Podemos contactar con las hadas del linaje de éter sobre todo a través de la meditación. Para facilitar la conexión con las hadas de éter, sugiero que cuando medites tengas entre tus manos un cuarzo cristalino mediano o grande que hayas elegido para tal fin.

Consciencia cristalina. La consciencia cristalina de los cuarzos es afín al elemento éter, y, con la práctica, te resultará fácil comprobar que su interior es, en sí mismo, un templo especial donde se ven formaciones naturales que se asemejan a nebulosas.

Debe tratarse de un cuarzo que para ti sea especial, de un tamaño mediano o grande, para que su campo de resonancia sea poderoso, y en cuyo interior aparezca una especie de nebulosa natural, parecida a la que se muestra en la ilustración.

Cabe recordar que el cerebro, sobre todo al meditar con los ojos cerrados, despliega su potencial multidensional, y que, de manera sencilla, puedes imaginar que te encuentras en su interior.

En el interior del cuarzo. Con los ojos cerrados, puedes sentir fácilmente cómo estableces una conexión en forma de haz luminoso desde tu corazón hasta el interior del cuarzo, y, como si de un camino luminoso se tratara, imagina que te sirve para acceder a su interior. Te resultará más fácil si, para tal fin, te acompañas de una música especial para meditar. En el interior de un cuarzo no hay gravedad; puedes flotar y permitir que la visualización creativa te vaya guiando, sobre todo si utilizas una música especial de meditación; así descubrirás que el interior de tu cuarzo es uno de los lugares energéticos especiales para conectar y contactar con las hadas del linaje de éter.

Cómo contactar con las hadas etéreas

La forma de entrar en contacto con las hadas del linaje de éter es, principalmente, a través de su visualización en estado de meditación, tanto en casa como en la naturaleza. Otro lugar especial para entrar en contacto con ellas son los parajes naturales en los que el *prana*, la energía vital, la luz y la atmosfera son potentes, como, por ejemplo, las cimas de montañas, colinas, cumbres, etc.

Si te encuentras en la naturaleza, frente a un paisaje que para ti resulte especial, sólo tendrás que elegir un lugar donde sentarte cómodamente y seguir más o menos las mismas pautas que se sugieren a continuación cuando realices esta conexión/visualización en la comodidad de tu hogar el día y en el momento que desees. Se trata de que te decantes por un momento de tranquilidad para ti, sin prisas ni presiones, para poder elaborar tu altar (si lo deseas), y, sobre todo, que selecciones uno de tus cuarzos preferidos, que sostendrás entre tus manos o colocarás cerca de tu mirada.

A continuación, puedes rememorar, visualizar o imaginar un paisaje especialmente bello y tranquilo, durante día, al amanecer o al atardecer, y que sientas cómo la luz del sol envía un haz muy luminoso y brillante, que, poco a poco, en tu visión interna, dará paso a la presencia de un hada del linaje de éter con su bellísima forma, rasgos amorosos y mirada serena.

Con la práctica, te resultará cada vez más fácil visualizarla, sentirla, escuchar sus mensajes, su ayuda, sus sugerencias y su compañía con el lenguaje de los sentimientos, e irás estableciendo un vínculo libre y recíproco de verdadera amistad y apoyo incondicional.

Las diferentes hadas del linaje de éter

El linaje de las hadas de éter está constituido por hadas muy especiales de diferentes tamaños y cualidades. Las más conocidas o especiales son las siguientes:

Unites

Las unites son hadas de éter. Su nombre significa literalmente «las que unen». Son hadas diminutas (apenas miden un centímetro de estatura) que se encargan de proporcionar vitalidad a las plantas. No suelen contactar con personas, pero sí pueden dejarse ver en algunas fotografías que hacemos en parajes naturales, jardines e incluso en las plantas de nuestro propio hogar, en los árboles que nos gustan, etc.

Hadas de luz

Las hadas de luz reciben también el nombre de hadas del amanecer o damas brillantes en las diferentes tradiciones que siguen teniendo en cuenta a los seres feéricos.

Las hadas de luz son brillantes, etéreas, muy femeninas y bellísimas, y han inspirado cuentos, leyendas y personajes mágicos en numerosos relatos míticos y películas de fantasía. Vibran a una velocidad lumínica muy intensa, motivo por el cual son difíciles de ver con los ojos abiertos, ya que, en la mayoría de las ocasiones, aunque las tengamos muy cerca, incluso delante de nosotros, las podemos confundir con destellos y reflejos de luz, o incluso de agua, porque los parajes donde suelen habitar son lugares de la naturaleza donde hay cascadas y saltos de agua, y ellas están al otro lado. También habitan en las orillas y cuevas de zonas marinas donde la naturaleza sigue siendo salvaje, sin urbanizar, donde no hay contaminación y el entorno sigue siendo silvestre, limpio y puro.

Antiguamente, las hadas brillantes celebraban con los seres humanos las fechas en honor a la madre naturaleza (lo que conocemos como solsticios y equinoccios), momentos en los que, como portales mágicos energéticos, aprovechaban para atravesar para compartir y celebrar, junto a las personas, los rituales y ceremonias propios de los cambios de estación, alentando, alegrando y aportando felicidad y esperanza a las personas.

Cuando las realidades se separaron, cuando el matriarcado llegó a su fin, las hadas de luz siguieron ayudando a las personas (junto a las hadas del linaje de agua), marcando lugares especialmente energéticos de la naturaleza donde el agua fluye de la tierra con un poder especial por contener poderes sanadores y milagrosos. Los pocos humanos que las veían solían ser niños, niñas, pastores, leñadores, campesinos... y las definían como una aparición de la Virgen María, ya que su aspecto tan luminoso, su belleza etérea, sus voces armoniosas y su contorno brillante, como una aureola celestial, les otorgaban una luminosidad única.

Pero los tiempos fueron cambiando, y en las mentes de la mayoría de las personas, las religiones sustituyeron la visión y comunicación con las hadas por las apariciones marianas, permitidas por la Iglesia como algo milagroso, extraordinario y portentoso, y, poco a poco, se fueron catalogando como las manifestaciones de la Madre de Dios. Dichos lugares fueron y son enclaves considerados milagrosos, al igual que sus manantiales o fuentes naturales de agua. Era la manera en que las hadas brillantes del linaje de las hadas de éter seguían ayudando a que las personas pudieran librarse de enfermedades físicas y anímicas.

Su apariencia, cuando se proyectan en nuestra realidad, es bellísima, muy luminosa y muy femenina, y, al pertenecer al elemento éter, suelen mostrar un halo brillante de puntitos de luz que parecen pequeñas estrellas o esferitas flotando alrededor de su cabeza. Su indumentaria parece de seda viva, etérea, y, en sus manos, portan flores sanadoras, asimismo etéreas.

Son hadas etéricas, especializadas en consolar y reconfortar. Nos ayudan a que nuestros deseos y sueños puedan hacerse realidad sin necesidad de pedirles ayuda, quizá porque sienten la verdad de nuestros corazones, pero pierden el interés en el momento en que nos desenfocamos, en que no creemos que merecemos lo que deseamos, o dudamos de que podamos conseguirlo. Las hadas no son mujeres humanas y no piensan ni actúan como las mujeres humanas; es como si vivieran permanentemente en un eterno ahora. No pueden comprender que no mantengamos con firmeza la continuidad de aquello que anhelamos, ya que para ellas, tal y como se ha comentado en diversas ocasiones, las leyes del funcionamiento de la energía no tienen secretos. Si nosotros mismos perdemos el enfoque, ellas casi de inmediato pierden el interés por ayudarnos. Nuestras realidades son diferentes. Para ellas, la vida es un juego sin secretos, y para nosotros, los humanos, en nuestra realidad, todo se rige por la ley de causa y efecto.

Si perdemos el interés por lograr lo que deseamos, sencillamente pasamos a otra variante de posibilidades de aprendizaje y de oportunidades, a otro efecto diferente de nuestra propia realidad por no confiar, dar por hecho que no lo merecemos, que no lo vamos a lograr, que es muy difícil o que no somos afortunados. En resumen, el proceso de causa-efecto. Quizá por este motivo, las hadas de luz piden algo a cambio de ayudar a conseguir un deseo: piden un compromiso (como se ha comentado), una especie de promesa o voto, algo parecido a lo que hacen los devotos católicos con sus votos o sus promesas a sus Vírgenes marianas para que les ayuden a lograr lo que desean o anhelan.

Se las puede invocar a través de una petición dedicándoles un altar. El altar deberá ser muy femenino y tendrá que predominar el color blanco: velas blancas, flores blancas, incienso de jazmín, por ejemplo, o de otro aroma de flores blancas que desees. En el altar también deben estar presentes tus cuarzos personales, sobre los maestros cristalinos. Y, como siempre, recuerdo la importancia de tener ya redactada la petición o motivo por el que quieres contactar con ellas, solicitar su ayuda.

Hadas reinas

Las hadas reinas también se han llamado hadas mágicas y damas blancas. En el pasado, las personas que vivían en parajes rurales, cuando veían a un hada ataviada de un modo majestuoso, con su porte impresionante, tan bello, estético, sobrenatural, femenino y extraordinario, tan diferente a su sencilla indumentaria, la denominaban damas como forma de definir su apariencia extraordinaria y mágica.

Las hadas reina se distinguen del resto de hadas por ir, por lo general, vestidas con etéreos y vaporosos vestidos, capas blancas, joyas élficas en su cabeza a modo de diademas o coronas con piedras brillantes de colores, anillos, broches y hebillas o cinturones de oro o plata, y sus largos y maravillosos cabellos adornados con pequeñas flores o joyas diminutas. Su porte es inolvidable, la auténtica representación de la belleza sublime y femenina.

La mayoría de hadas pertenecen a linajes muy antiguos. Las hadas reinas fueron de las primeras en llegar a la Tierra con el resto de hadas con el cometido de comandar a las demás hadas. Las hadas reina han aparecido en cuentos, leyendas, folclore y películas de fantasía. La más representativa de la belleza, apariencia y poderes mágicos de las hadas etéreas del antiguo linaje de las hadas reinas es Galadriel, el hada de *El Señor de los Anillos*. Tolkien supo plasmar con exactitud sus dones, su forma, su poder mágico y, sobre todo, su aspecto. Se trata de hadas majestuosas, bellísimas, de un tamaño enorme, y que van ataviadas con adornos élficos mágicos. Además, pueden proyectarse en mitad de la nada flotando en el aire con toda su belleza etérica.

Las hadas reina son hadas protectoras, expertas en recursos para poder ayudar a salir de situaciones atascadas, complicadas y difíciles. Su hábitat es la naturaleza pura, sin edificaciones; los lugares de bosques frondosos, manantiales, montañas y valles no habitados de cielos despejados, donde la atmósfera es rica en *prana* vital, y donde el Sol, las plantas silvestres y los pájaros lo inundan todo. También son importantes para ellas las montañas de gran altura cuyos picos conservan la nieve de manera perenne. Se trata de lugares de paz y tranquilidad.

Las hadas reina suelen vestir siempre de blanco. Su aura es muy brillante y sus ojos son de un azul claro transparente. Su cabello largo y abundante suele ser blanco, blanco dorado o blanco con reflejos azulados y plateados. En su estado normal cuando se proyectan, pueden llegar a medir dos metros de altura, y en ocasiones mucho más. Son de las pocas hadas que, cuando hablan o cantan, suelen hacerlo con un idioma muy antiguo, ininteligible e indescifrable; sin embargo, la mente humana puede entenderlo cuando escucha desde el corazón, casi con seguridad porque se trata de un lenguaje del corazón, y el corazón recuerda lo que la mente ha olvidado.

Las hadas reinas suelen ayudar exclusivamente a las mujeres, pero se conocen relatos antiguos en los que se cuenta cómo han también ayudado, para socorrerlos en situaciones de peligro, y tras habérseles aparecido, a caminantes, exploradores, pastores o viajeros de corazón impecable. Las hadas reina ayudan de manera mágica, sobre todo, a cualquier mujer que, desde el plan de su alma, ha traído un don especial, una misión que debe realizar con un talento único, para que pueda ser plasmado en la realidad, para exteriorizarlo, para que se den las sincronicidades idóneas y que pueda realizar con éxito los pasos a seguir de su alma humana, apartando o suavizando obstáculos, inspirando, motivando y facilitando los hechos y circunstancias. Su ayuda es incondicional y no piden nada a cambio, ya que todo proyecto creativo, inspirador, positivo, con esfuerzo verdadero y persistencia que cualquier mujer tenga la voluntad, las ganas, el interés y la ilusión real de conseguir con todas sus fuerzas llama su atención, su sintonía, y ellas son especialistas en causalidades que propiciarán que se lleve a la práctica, que se concrete lo que se desea, cuando el deseo parte del corazón.

Tampoco se trata de hadas madrinas; son demasiado libres y su elemento es el éter. De hecho, las hadas reinas son las instructoras principales de las hadas madrinas. Pero también es cierto que las hadas reina son las más mágicas de todas, las que entran en sintonía cuando una mujer necesita ayuda verdadera para salir de situaciones injustas y laberínticas, y en estas ocasiones sucede algo inesperado que aporta la solución, y entonces desaparecen la carga, el pesar, las dificultades y los obstáculos. Los problemas empiezan a solucionarse y las personas o las situaciones tóxicas se alejan. Es como si de repente las nubes oscuras y las piedras del camino desaparecieran para dejar paso a cielos, caminos y senderos más fáciles y merecidos.

En otras ocasiones, las hadas reina se manifiestan a través de los sueños, ya se recuerden o no al despertar. Ese preciso día, tal vez desde la mañana, o a lo largo del día, somos conscientes de que algo ha cambiado: la actitud y la confianza de que todo va a salir bien es pura certeza, y en realidad es así. Por lo general, la razón, la lógica y la mente no recuerdan estos encuentros, pero desde la realidad etérica, el hada reina, la dama blanca, el hada brillante, el hada del linaje de éter ha movido los hilos de realidad necesarios para que las circunstancias personales cambien; es como si hubiéramos despertado de un sueño amnésico para vivir con más autenticidad, o incluso como si hubiéramos accedido a otro nivel de realidad diferente dentro del mismo entorno pero distinto, sutilmente cambiado.

En otras ocasiones, la hada reina, que ha podido sentirte, puede entrar en contacto contigo a través del estado meditativo; en una meditación/visualización, pueden manifestarse momentáneamente para entregarte, de manera exclusiva y personalizada, un símbolo, un mensaje, un objeto mágico que debes tener en cuenta, etc. Estos símbolos son como llaves de ayuda para conseguir nuestras metas.

Otras veces puede que este encuentro tenga lugar en los sueños y que, al despertar, recuerdes que has soñado con una entidad femenina que te ha entregado un símbolo que resulta especialmente significativo para ti; incluso es posible que recuerdes muy bien que se trataba de un hada bellísima y femenina. Es importante que, en cuanto despiertes, tomes nota de todo lo que recuerdes que esté relacionado con el símbolo, que lo dibujes, etc.

Linaje antiguo de las hadas reinas

Estas fastuosas hadas pertenecen a uno de los linajes de hadas más antiguos que existen. Y antiguamente, en la época del matriarcado, se solían manifestar con frecuencia y aparecían flotando en medio de la nada, sobre todo en parajes naturales, para

inspirar soluciones, otorgar dones, reforzar la confianza, alertar de situaciones de peligro y evitar tormentas y desastres naturales. Asimismo, ofrecían su ayuda preventiva ante situaciones inesperadas en su afán y propósito de ayuda a gente de buen corazón e intención, pero con la llegada del patriarcado y de las supersticiones, se eclipsaron, y sólo siguieron manifestándose o comunicándose de manera ocasional por medio de los sueños.

Ellas prometieron regresar en la era de la luz cuando los corazones y las mentes de los seres humanos volvieran a recordar y a recuperar el vínculo con los linajes de las hadas. Y, por supuesto, jamás dejaron de estar presentes en las visualizaciones de las personas que seguían creyendo en ellas y solicitando su ayuda especial. Y, en contadas ocasiones, pueden proyectarse si así lo requiere una situación especial.

Encuentros mágicos

Al igual que las demás hadas del linaje de éter, las hadas reina pueden utilizar su capacidad mágica de metamorfosis temporal y manifestarse a los humanos; en muy contadas ocasiones pueden adoptar la forma física de ancianas benevolentes que salen a nuestro encuentro para indicarnos algo, preguntarnos alguna cosa, saludarnos y seguir su camino... pero, cuando nos damos la vuelta e intentamos contactar con ellas visualmente, han desaparecido, ya no está. Estos encuentros no se producen por casualidad; al pasar cerca de nosotros, su energía etérica toca y aporta información muy importante a nuestra aura, a nuestros *chakras*, y nuestra vida cambia, se transforma a partir de ese momento, aunque jamás lo vinculamos a ellas porque ha sido un encuentro mágico, nada que la mente pueda comprender. Puede que a lo largo de vida, desde la infancia, hayamos tenido este tipo de encuentros en más de una ocasión, pero que no podamos recordarlo, o bien tan sólo lo recordemos vagamente. Este tipo de encuentros no necesitan comprensión, ni siquiera información, tan sólo la presencia, la proximidad de un hada reina cerca de nosotros, de nuestra aura. Incluso puede que pase desapercibida físicamente, o que, cuando nos demos cuenta, miremos y no veamos a nadie.

Resumen del linaje de las hadas de éter

* Las hadas del linaje de éter son afines a las cualidades del elemento éter, el quinto elemento.
* El elemento éter representa el amor y la cohesión.
* El éter es la alquimia de la vida.
* El elemento éter es, en sí mismo, materia y espíritu.
* El éter está constituido por los corpúsculos invisibles de energía vital solar, los electrones.
* Las hadas del linaje de éter son especialistas en procesos de revitalización.
* La apariencia de las hadas de éter es la más extraordinaria y bella de todas las hadas.
* Las hadas del linaje de éter se sienten atraídas hacia los sentimientos nobles de las personas.
* Las hadas del linaje de éter, junto con las del linaje de aire, son especialistas en el poder del canto y del viento y sus secretos.
* Los cuatro vientos son afines a las cualidades de las hadas de algunos linajes:
  * Viento del este: elemento aire; nombre: Euro; hadas afines: linaje de hadas de aire y de agua.
  * Viento del sur: elemento fuego; nombre: Notus; hadas afines: hadas de fuego.
  * Viento del oeste: elemento agua; nombre: Céfiro; hadas afines: hadas de agua.
  * Viento del norte: elemento tierra; nombre: Bóreas; hadas afines: hadas de tierra.
* Las hadas del linaje de éter conceden gran importancia al compromiso, tanto el que se establece con uno mismo como con ellas.

* Las hadas de éter sienten rechazo por los sonidos estridentes, la música, las melodías, los cantos o las palabras groseras o malsonantes, sin belleza.
* En el altar dedicado a las hadas del linaje de éter tendremos en cuenta los objetos y los minerales dorados y transparentes como los cuarzos cristalinos.
* Las hadas de éter pueden ayudarnos a fortalecer nuestra salud, nuestra alegría, nuestros proyectos, y a sobreponernos a un desengaño sentimental.
* Recuerda practicar de vez en cuando la respiración pránica. Te ayudará a que tu energía vital se mantenga en óptimas condiciones.
* Los cuarzos transparentes, cristalinos, de tamaño mediano o grande facilitan la conexión y visualización con las hadas del linaje de éter.
* Las unites son hadas del linaje de las hadas de éter de tamaño minúsculo que no se relacionan con humanos, sino, sobre todo, con las plantas y los árboles.
* Las hadas de luz, hadas del amanecer o damas brillantes pertenecen al linaje de las hadas de éter, y se caracterizan por su belleza y extraordinario poder mágico.
* Las hadas del linaje de éter, especialmente las hadas de luz, son especialistas en consolar, reconfortar y señalar enclaves de sanación donde existe un gran poder energético sanador.
* Las hadas del linaje de éter, en general, ayudan sin necesidad de invocarlas o de pedirles ayuda o solicitarles deseos.
* Las hadas reina pertenecen al elemento éter y son las hadas de apariencia más extraordinaria de todas las hadas por su tamaño, belleza y poder mágico. Su tamaño es grande, a partir de dos metros, y si se proyectan, flotan. Van ataviadas con preciosos ropajes y joyas élficas. Se expresan en un lenguaje muy antiguo, ya extinto, que sólo puede comprender el corazón. Son hadas protectoras que habitan en parajes de la naturaleza que no suelen ser frecuentados por los humanos. Su ayuda es incondicional y no piden nada a cambio.

* Las hadas reina fueron instructoras de las hadas madrinas.
* Las hadas reina pueden manifestarse a través de los sueños.
* Las hadas reina pueden proyectarse y metamorfosearse en forma de una mujer, ya sea joven, madura o anciana, para abrir oportunidades positivas de cambio.
* Es importante practicar de vez en cuando la meditación/conexión con las hadas reinas utilizando un cuarzo cristal de roca, sobre todo un cuarzo maestro.

Linaje de las hadas del arcoíris

Características de las hadas del linaje del arcoíris

Además de las hadas vinculadas a los elementos, existen las hadas vinculadas a la vibración de los colores. Las llamadas hadas del linaje del arcoíris pueden ser afines a cualquier elemento, pero su especialidad está relacionada con las cualidades de los colores del arcoíris, los colores de la luz.

Las hadas que establecieron el linaje de las hadas del arcoíris existen desde los tiempos en los que el Sol empezó a vislumbrarse, y la luz, después de las tormentas, se manifestaba en el cielo formando un arco luminoso semicircular multicolor, que, a los primeros seres humanos que poblaban los confines de la Tierra, les aportaba esperanza, alegría y optimismo.

Ellas, las hadas del color, las hadas del linaje del arcoíris, aportaron luz y maravilla al cielo para que fuera visto desde la tierra, y ayudaron a crear los factores necesarios en los elementos para que cada amanecer y cada atardecer fuera único y especial, como ellas mismas lo son: pura luz, color y belleza, que son sus características principales.

Las hadas del linaje del arcoíris existen desde los albores de la humanidad en la Tierra. Se especializaron en el desarrollo y la evolución de las especies vegetales con flores de sus colores, y con frutos y semillas con sus cualidades sanadoras. No olvidemos que la naturaleza es la auténtica farmacia de remedios naturales para cualquier tipo de dolencia por su capacidad de aportar los nutrientes necesarios para mantener y fortalecer nuestro bienestar tanto físico como anímico, ya que contienen el poder restaurador del proceso celular de nuestro metabolismo interno.

Aspecto

Las alas de las hadas del arcoíris son las que albergan más colores de todos los linajes de hadas, además de ser bellísimas. De hecho, su aspecto es tan especial como lo son los atardeceres o los amaneceres y las flores más bellas. Y cuando se proyectan en nuestra realidad para que podamos verlas, o cuando las visualizamos en estados de meditación, pueden manifestarse con una indumentaria floral muy original y femenina de muchos y variados colores. Éste es el motivo por el que se las denomina hadas del arcoíris. Fueron las hadas especializadas en la alquimia del color de las flores quienes crearon el séptimo y último linaje, el de las hadas de las flores, tal y como veremos en el siguiente y último apartado.

Las hadas del arcoíris pertenecen a un linaje muy vinculado a los seres humanos, especialmente a las mujeres, quizá porque éstas adoran las flores, sus formas, sus colores y sus fragancias. Y desde siempre se han proyectado y materializado con mucha más frecuencia que las hadas de los demás linajes; son de las pocas hadas que suelen materializarse a menudo y pasar desapercibidas en nuestra realidad humana. En cuanto a su aspecto, de entre todas las hadas de todos los linajes, es el más familiar, sin dejar de ser mágico y extraordinario. Esta cualidad de proyectarse adoptando una apariencia totalmente humana es empleada como si fuera un disfraz para pasar desapercibidas y poder ayudar de una manera más efectiva y práctica, cuando y donde menos se espera, pero su ayuda, momentánea y en apariencia fortuita, es de vital importancia para hacer coincidir encuentros, momentos o circunstancias especiales para que logremos nuestros propósitos. De alguna manera, las hadas del arcoíris son hadas de la esperanza que nos ayudan a que tengamos suerte, a que la fortuna nos salga al encuentro. Es evidente que se trata de encuentros que no vuelven a repetirse, ya que no volvemos a verlas nunca más, como mínimo con el mismo aspecto, que puede ser el de una niña, una joven, una mujer madura o una anciana que resuelve una duda, que atiende en un lugar, que ayuda en algún trámite, que da una indicación o sugerencia, que llama la atención para que miremos algo en concreto o que pregunta por alguna cuestión en apariencia sin importancia, pero que nos hace caer en la cuenta de algo importante que tiene que ver con un propósito que deseamos conseguir.

Sea como sea, su ayuda siempre es puntual y especial, como un *hada en acción*, aunque jamás (o en muy pocas ocasiones) se es consciente de que en realidad nos ha ayudado una mujer del otro mundo, un hada del linaje del arcoíris. Se trata de ayudas mágicas que siempre impulsarán a conseguir sueños, que aportan felicidad y facilidad y, aunque son de vital importancia, pasan por completo desapercibidas. De alguna manera, las hadas del arcoíris ayudan a que la luz ilumine las vidas para que la alegría y la felicidad del corazón puedan, a su vez, expresarse. En ocasiones se han denominado hadas de la alegría o hadas de la suerte. Son una bendición.

Lo que les gusta a las hadas del arcoíris

Como se puede imaginar, a las hadas del linaje del arcoíris lo que más les gusta es el arcoíris. Incluso existe la creencia de que, después de una tormenta o de la lluvia de verano, cuando en el cielo surgía el arcoíris, eran ellas quienes hacían que permaneciera indeleble en el cielo durante un buen rato para que todos los seres humanos de los alrededores pudieran maravillarse con el espectáculo tan especial del semicírculo multicolor en el cielo, y también para que sonrieran, confiaran y despidieran las tormentas o las lágrimas de sus vidas.

A estas hadas les fascina todo lo que en la naturaleza posee multitud de colores de manera bella, original y armónica: sobre todo los pajarillos pequeños y de colorines, en especial los colibrís y los petirrojos.

Las hadas del linaje del arcoíris suelen estar cerca de las personas de corazón alegre, las que tienen una predisposición optimista, las que siempre sonríen y transmiten a su entorno bienestar y confianza, así como las que poseen un carácter y una naturaleza optimista y positiva. Adoran los ambientes en los que reina la alegría, especialmente aquellos donde se produce una celebración y en los que abunda la dicha, las risas, la felicidad, el buen humor, y una atmósfera sincera y acogedora.

Las hadas del arcoíris aman todo lo que tenga vida y color, como las plantas en el hogar con flores o los adornos florales. Y, por añadidura, adoran a las personas a las que les gustan las plantas y las cuidan.

Asimismo, sienten predilección por los jardines cuidados, donde las plantas, los árboles y las flores muestran el amor y la belleza de los cuidados que les prodigan las personas para que otros puedan disfrutar de la belleza y colorido del reino vegetal.

Tanto las hadas del linaje del arcoíris como las del linaje de las flores se sienten atraídas por las mujeres que se adornan con flores en el pelo, quizá como una reminiscencia de los tiempos en los que era habitual que tanto las hadas como las mujeres se adornaran el cabello con pequeñas flores silvestres para danzar en grupo, cantar y celebrar la vida a través de cantos y danzas alegres.

Los niños y los bebes, así como su risa, su alegría, su inocencia y su bondad natural, son rasgos que adoran las hadas en general y las hadas del linaje del arcoíris en particular.

Valores como la solidaridad, la bondad, la empatía, la risa, la sonrisa y la alegría sincera son rasgos humanos que les gustan a las hadas y que atraen el favor y la suerte de las hadas del linaje del arcoíris.

La actitud positiva ante cualquier circunstancia inesperada es un acto cuya resonancia atrae de manera natural a las hadas del arcoíris, al ser una resonancia energética de elevada vibración por la que se sienten atraídas por afinidad, y se sienten en sintonía para que dicha energía se mantenga, fortaleciéndola y estimulándola.

Las personas, especialmente las mujeres, que realizan cosas bellas de artesanía con sus manos, sobre todo si la decoran o pintan utilizando colores alegres, y, además, disfrutan con ello y les aporta felicidad, atraen de manera especial a las hadas del arcoíris, quienes, a través de la intuición, implementarán la creatividad y, por supuesto, la suerte.

La autenticidad del movimiento hippy y su significado, en su día, atrajo sobre todo a las hadas del linaje del arcoíris: paz, amor, alegría, colores, flores y una actitud solidaria y empática. Por el contrario, las hadas del arcoíris se alejan de las personas desconfiadas, pesimistas, amargadas, que no sienten ilusión ni pasión, o que son egoístas e insolidarias. Se alejan de ambientes sórdidos, malolientes, sin color ni alegría. No comprenden el desprecio a las flores, a las plantas, a los jardines y a la naturaleza. Tampoco entienden la mentira, el engaño, la doble intención ni los comportamientos de las personas que actúan o fomentan las injusticias, que provocan a sus semejantes momentos de tristeza, que perjudican y roban la alegría, y, como no resuenan con estas personas, hechos y circunstancias, sencillamente se alejan, no sienten afinidad.

Animal asociado a las hadas del arcoíris
En general, las aves, y sobre todo los pájaros de plumas multicolores como el colibrí o el petirrojo, son los animales predilectos de las alegres hadas del arcoíris.

Colibrí
El colibrí es un pájaro de pequeñas dimensiones cuyas alas pueden girar en todas direcciones a gran velocidad (ochenta aleteos por segundo), como si flotara en el aire, hacia arriba, hacia abajo e incluso hacia atrás, y de manera constante y armónica realiza con sus alas el símbolo del infinito. Su plumaje, tan vivaz y colorido, le proporciona un aspecto mágico. Se alimenta del néctar de las flores. Su naturaleza es sumamente alegre y resistente a pesar de su pequeño tamaño.

Para algunas culturas, el colibrí representa la resurrección; el frío de la noche parece afectarle hasta morir y, sin embargo, en cuanto amanece, resurge vivaz y alegre. Además, es muy persistente; si no hay flores para alimentarse, es capaz de volar hasta tres mil kilómetros en su busca.

Mensajero de la alegría. Ver un colibrí tiene el significado de abrir el corazón; como mensajero de alegría el mensaje está relacionado con dejar atrás todo lo que esté impidiendo que nuestro corazón se abra de nuevo al amor y a la alegría de la vida que puede traernos en todo momento el presente.

Su sola presencia, repentina en la mayoría de ocasiones, refuerza su connotación mágica, porque parece irreal, tan pequeño, tan colorido, tan mágico, como indicándonos que la vida cotidiana también es mágica.

Para la cultura mexicana el colibrí es sagrado; simboliza el mensajero del amor, de la felicidad, de la alegría y de la buena suerte y la libertad. Al igual que los cuervos o los cisnes, los colibrís se unen por amor a una sola pareja a lo largo de su vida; alimentan a sus crías juntos hasta que pueden emprender sus propios caminos.

Petirrojo

Este gracioso y pequeño pájaro de mirada alegre y plumaje anaranjado en su pecho también es uno de los preferidos de las hadas del arcoíris, e incluso, en ocasiones, seres del otro mundo como los elfos pueden utilizar la magia de metamorfosis para revolotear a nuestro alrededor pasando totalmente desapercibidos.

Ternura. El petirrojo simboliza la ternura y la alegría, y, en este sentido, se asocia con el mensaje de permanecer atentos al presente, valorar todos los logros que hemos ido consiguiendo con nuestras vivencias y dar importancia al hecho de poner límites; el petirrojo es dulce y tierno, pero también es un gran defensor de su espacio, sobre todo cuando sus crías se encuentran en el nido.

El petirrojo suele aparecer de manera repentina cuando estamos en espacios abiertos de la naturaleza y nos disponemos a realizar una ceremonia, un ritual o una meditación, como si fuera un mensajero de los seres del otro mundo que nos indica su apoyo, su bendición.

Altar para las hadas del arcoíris

El altar idóneo para las hadas del arcoíris es, idealmente, más que físico energético: la alegría del corazón, sobre todo en un espacio de naturaleza bello y armónico donde sientas que tu corazón, la energía de tu pecho, se expande, respiras a pleno pulmón y sonríes con todo tu ser. Entonces, ellas, las hadas del linaje del arcoíris, te sentirán, se acercarán, te escucharán y, de alguna manera especial, sentirás su presencia. Pero si quieres dedicarles un altar en tu hogar para meditar, para entrar en sintonía con ellas, lo ideal es que incluyas una vela multicolor de los colores del arcoíris, así como minerales de muchos colores, como, por ejemplo, una fluorita multicolor o una turmalina de varios colores, alguna foto o figurita de colibrí o de pajaritos de colores, y flores, sobre todo alguna planta con flores de tu color o colores preferidos, y también una fotografía, dibujo o figurita del arcoíris.

En qué pueden ayudarnos las hadas del arcoíris

La especialidad de las hadas del linaje del arcoíris es la alegría. Su ayuda está relacionada con la magia de sincronicidad para que podamos conseguir todo aquello que nos proporciona alegría con el deseo sincero de nuestro corazón e intención, sobre todo cuando sólo tenemos el impulso, pero nos faltan recursos para saber cómo conseguirlo, ya que lo importante es que el deseo sea firme, impecable, y que nos enfoquemos con el propósito de salvar todos los posibles obstáculos para conseguirlo.

Su ayuda se encuentra en esas pequeñas casualidades/causalidades que nos facilitan el camino para conseguir lo que nos aportará alegría y felicidad en nuestras vidas tanto personales como profesionales. Nos ayudan cuando somos conscientes de nuestros talentos y dones personales pero no encontramos la manera de expresarlos y caemos en un estado de impotencia, tristeza o melancolía por falta de oportunidades, sentimos que nuestro esfuerzo no obtiene los resultados esperados a pesar de sentir con total sinceridad que nos esforzamos con ánimo e ilusión. En estos casos, su ayuda energética nos impulsa para que elevemos nuestra vibración, nuestro estado de ánimo, pasando a la acción con un impulso y una confianza renovados, incrementando nuestra creatividad y originalidad.

Deseos

Las hadas del linaje del arcoíris no necesitan que las invoquemos para pedirles deseos: son las hadas que más sintonía sienten y que están más atentas para ayudarnos a que nuestros sueños, cuando son reales, factibles y armoniosos, además de sinceros, se cumplan. Es más, en la mayoría de ocasiones en las que alcanzamos nuestros sueños, ellas han intervenido propiciando las circunstancias idóneas para que se dieran dichos logros con facilidad y felicidad, sobre todo si sientes que eres una persona afortunada, que recibes ayudas extra de otros planos luminosos de armonía. Esto es así porque las hadas están mucho más cerca de nuestra realidad humana de lo que la mente racional, la lógica o la razón puede pensar, sobre todo cuando tu naturaleza es afín a sus valores, a su magia, a su existencia, cuando sientes cierta empatía por ellas, o, directamente, tu corazón siempre ha sentido que son reales, o ha sentido un vínculo o sintonía por ellas.

Ritual de petición / meditación / conexión

Al igual que las hadas de éter, las hadas del linaje del arcoíris nos rodean constantemente y saben «leer» en nuestro corazón: cuando una persona, sobre todo una mujer, decide ponerle alas a su corazón, confiar, estar en la acción e ir tras sus sueños con originalidad, dirección de propósito y esfuerzo alegre y confiado, ellas siempre acuden, ayudan, mueven los hilos necesarios para que la alegría y la confianza guíe nuestros pasos, para que conozcamos a las personas adecuadas y estemos atentos a las oportunidades que la vida nos brindará para que consigamos nuestro objetivo con éxito y satisfacción.

Por todos estos motivos, más que un ritual de petición o una meditación especial para entrar en contacto con las hadas del linaje del arcoíris, mi sugerencia es que elijas un momento del día para dedicártelo a ti mismo, sentarte unos minutos relajado frente a tu altar personal, encender una vela multicolor, cerrar los ojos y hablarles desde tu corazón, permitiendo que sea tu sentimiento quien se exprese al exponerles tus sueños de uno en uno, por orden de importancia, así como tus ilusiones, agradeciéndoles su ayuda mágica y confiando en que te han escuchado desde su nivel de realidad. Quizá durante el tiempo que permanezcas con los ojos cerrados y tu mente enfocada en lo que para tu corazón es importante puedas sentirlas de muy cerca, e incluso es posible que llegues a visualizarlas a tu alrededor, sonriendo, tañendo cantos alegres de hadas. Ésa será su forma de transmitirte que tu petición ha sido escuchada y que confíes y sigas en la acción de tu propósito.

Lugares especiales para contactar con ellas

Cielo abierto. De vez en cuando, de manera eventual, sin haberlo pensado con anterioridad, disponemos de un tiempo mágico, especial, en el que podemos sentir la presencia y la energía de las hadas del arcoíris con mayor claridad: son esos momentos especiales de calma y paz después de una tormenta cuando sale el arcoíris: éstos son instantes idóneos para sentirlas y contactar con ellas.

Tu hogar. Un lugar perfecto para sentir a las hadas del linaje del arcoíris es tu propio hogar. Sobre todo si tu hogar, el lugar donde vives, es alegre, lo has decorado creando rincones especiales, con amor, con alegría, con colores cálidos y alegres, y te sientes feliz en ellos, tienes plantas, y objetos especiales que te representan a ti y a tu entusiasmo y alegría.

Flores. Otro lugar donde puedes sentir a las hadas del linaje del arcoíris es en espacios de la naturaleza donde haya flores naturales: lugares silvestres del campo o la montaña, en los jardines de las ciudades, en invernaderos, e incluso en las plantas de tu propio jardín.

También puedes invocarlas y contactar con ellas y, sobre todo, sentirlas, en cualquier parte del lugar donde vives o trabajas cuando necesitas que tu alegre corazón se exprese y puedas superar las posibles resistencias a que la alegría guíe tus proyectos personales y profesionales.

Otro lugar igualmente especial para sentirlas, contactar con ellas y recibir su ayuda energética es en los hospitales y en todo lugar donde haya plantas o flores como regalo de las personas queridas que desean la mejoría de un familiar o ser querido que necesita recuperar la salud tanto física como anímica.

Las diferentes hadas del linaje del arcoíris

Las hadas del linaje del arcoíris se han descrito con otros nombres o se hace referencia a ellas en cuentos, leyendas, relatos y canciones antiguas de hadas. Éstos son algunos de los nombres o definiciones:

Hadas de la buena suerte

Desde hace siglos, las personas que habitaban las zonas campestres dispersas empezaron a llamar hadas de la buena suerte o damas de la suerte a las hadas que se proyectaban como mujeres corrientes para ayudar a los campesinos, los leñadores, las parturientas, los caminantes, los enamorados, los viajeros de caminos y de las rutas peligrosas. Las hadas, las mujeres del otro mundo, ayudaban a las bondadosas curanderas y las antiguas parteras. También socorrían a los niños y niñas que se perdían en el bosque, y ayudaban a las mujeres aquejadas con mal de amores, a las mujeres con grandes talentos y pocas posibilidades para expresarlos por vivir en tiempos de supervivencia, a las vaquerizas, a las mujeres guerreras, e incluso, en tiempos de contienda, a los soldados heridos. En todos estos casos y situaciones, su aspecto era el de unas mujeres de cualquier edad, con una enigmática mirada y una sincera sonrisa, que sugerían consejos, indicaciones, o directamente mostraban una actitud de colaboración en una tarea difícil. Después, con cualquier excusa, desaparecían sin más y no volvían a ser vistas, lo que llevaba a pensar que la Diosa o la madre divina de la naturaleza era quien socorría con el aspecto de una mujer humana de particular belleza y apariencia, puesto que las hadas, cuando se proyectan a sí mismas en la realidad humana, no llevan alas.

Su ayuda siempre implicaba un cambio en las circunstancias adversas, como si en medio del caos, de la oscuridad o de la falta de oportunidades, todo diera un giro y la suerte cambiara por completo después de un encuentro con ellas, por lo que se las llamó hadas o damas de la buena suerte, de la fortuna o de la buena estrella.

Hoy en día siguen prestando su ayuda incondicional e inesperada y siguen mostrando, al igual que en el pasado, una apariencia que puede ser la de una mujer común y corriente de cualquier edad y condición social: en ellas no hay nada que haga suponer que son hadas, tan sólo, quizá, un brillo inusual en su mirada y unos ademanes especialmente femeninos. Es más, nadie diría que se trata de hadas. Y, por lo general, no se las vuelve a ver nunca más. Por supuesto que ningún hada tiene afán de protagonismo, ni se presentan como hadas ni alardean de ser mujeres mágicas o especiales; por el contrario, su presencia es anónima, serena y pasa casi desapercibida. No les guía su ego porque no lo tienen; no son humanas, sólo sienten empatía por los seres humanos.

Hadas de la alegría

La alianza de los seres del otro mundo con los seres humanos era habitual y natural, como ya se ha comentado en los diferentes linajes. Fueron las antiguas hadas en esos tiempos remotos quienes enseñaron los cantos y danzas a los seres humanos cuando las personas empezaron a vivir en comunidades y compartían celebraciones en las que reinaban las risas, la alegría y la concordia. A estas hadas cantarinas, alegres y coloridas, cuyas alas eran (y son) especialmente multicolores, las personas las llamaban hadas de la alegría, pues su presencia en las celebraciones y fiestas era habitual, natural y alegre, y formaban parte de sus celebraciones, aportando siempre su toque mágico de alegría, optimismo y felicidad.

Hadas azules mariposa

Las hadas azules son hadas de la buena suerte cuya indumentaria y ornamentos son de color azul. Pertenecen al linaje de las hadas del arcoíris. Pueden adoptar la forma de una mujer humana bellísima, con una indumentaria y unos adornos muy mágicos y originales, o la de una mujer ataviada de una manera muy sencilla y normal. Su propósito, como el de las hadas del linaje del arcoíris, es el de asistir y ayudar a que las personas de corazón sincero logren lo que sus corazones anhelan.

Puede conceder deseos relacionados con algo importante que deseamos de todo corazón, algo que para uno mismo es significativo y especial, cuyo principal propósito es que cambie o mejore nuestras vidas, que se transforme, que se libere de nuestra mente, de nuestro corazón o de nuestras circunstancias personales para poder sentirnos con mayor libertad y dicha personal. Por ejemplo, puede ser despedir la tristeza, el recuerdo o la añoranza por la pérdida de un ser querido, una herida sentimental, un recuerdo doloroso que nos atormenta... En estos casos, el hada azul mariposa nos ayudará a comprender y despedir la aflicción restaurando la esperanza y la confianza en uno mismo y en la vida. Este tipo de hadas suelen ser las responsables de que veamos mariposas de manera inesperada en sitios nada habituales; así, de repente, aparece a nuestro alrededor una mariposa que revolotea unos instantes o hace un par de giros ante nuestra mirada y sigue su camino en el aire para desaparecer con rapidez. Ésta es una de las maneras preferidas de proyectarse de las hadas azul mariposa: metamorfosearse como maravillosas y coloridas mariposas de tonalidades azules que revolotean a nuestro alrededor, nos hacen sonreír y aportan alegría a nuestro corazón por su inesperada presencia y cercanía. En realidad, su momentáneo aleteo cercano es una sanación en sí mismo: entran en nuestro espacio áurico y equilibran o armonizan nuestros meridianos energéticos para que la energía vital fluya con mayor estabilidad o fuerza. Así, sin más, sin haber solicitado su ayuda ni pedirle ningún deseo. Esto ocurre porque existe una afinidad, un vínculo con las hadas. Quizá éste sea el motivo por el que desde siempre te has sentido atraído por las mariposas. Y seguramente también sea la razón por la que a las personas sensibles y enamoradas de la belleza de la naturaleza, el hecho de ver hadas les alegra el corazón. Ellas representan el cambio, la confianza, la capacidad de resistencia que indica que ya se ha dejado atrás la etapa de oruga y de crisálida. Y sonreímos por dentro y por fuera.

Hadas de la niebla o hadas grises

A continuación se va a tratar un linaje de hadas que, entre todos los linajes, son las menos conocidas. De hecho, son las más desconocidas: no existe ningún recuerdo de ellas ni en los cuentos, leyendas, películas de fantasía o en los relatos antiguos. Nada. Pero existir, existen. Puedo asegurarlo por propia y valiosa experiencia.

Pertenecen a un linaje antiguo, poderoso, de nobleza extraordinaria, guerrera y valiente. La aureola de leyenda que acompaña a las amazonas es herencia directa de este linaje ancestral de hadas. Su linaje es diferente, aunque pertenecen al linaje de todos los linajes y en su momento fueron quienes instruyeron a las hadas del linaje del arcoíris, pues cuando este linaje se involucró en el proceso evolutivo del planeta Tierra, cuando las nieblas grises se encontraban en proceso de disiparse para que el Sol pudiera llegar con todo su esplendor sobre la Tierra y dar paso a la vida vegetal, animal y humana, ellas, las poderosas hadas llamadas de la niebla, les abrieron al resto de las hadas caminos mágicos y enseñanzas sagradas y eficaces.

Hadas diferentes. Pero las hadas grises o hadas de la niebla son diferentes. Trataré de explicarlo.

Éstas son algunas de sus características principales:

* Las hadas grises o hadas de la niebla no tienen alas luminosas ni brillantes o multicolores.
* No visten de manera majestuosa, elegante ni femenina.
* No llevan bellos adornos.
* No conceden deseos, salvo en ocasiones muy contadas y excepcionales.
* No se proyectan en parajes naturales ni en ningún otro sitio.
* No son bellas, sino enigmáticas.
* No son hadas madrinas, nunca lo han sido.
* Es muy difícil (casi imposible) visualizarlas.
* No tienen ningún vínculo con los seres humanos. Ya no.

Pero yo las amo, y por eso hablo de ellas. Aunque hace siglos que se retiraron a su entorno anónimo, simbolizan la esperanza misma de la luz, de la paz, del arcoíris, el significado del arcoíris: la alianza de esperanza de la luz y su sabiduría, el triunfo y el poder frente a la oscuridad, la violencia, la ignorancia, la desigualdad, el abuso e injusticia hacia lo femenino y hacia la madre naturaleza.

Su nombre

Se las llama hadas grises o hadas de la niebla porque antiguamente habitaban o se reunían para realizar ceremonias en los círculos de piedras sagrados durante la noche o al amanecer, sobre todo en las noches de luna nueva, en lugares especiales donde la niebla era, y es, habitual y natural.

Las hadas grises o hadas de la niebla fueron las antiguas instructoras del poder de los círculos de piedra para las sacerdotisas de la Diosa en sus islas y enclaves sagrados. Se trata de tiempos remotos y ancestrales, de los que no ha quedado ningún recuerdo. Y desde aquellos tiempos también se las nombraba de esta manera, porque su indumentaria jamás fue multicolor, sino de tonalidades plateadas, grises, como el color de la niebla. Y sus ojos, otro de sus peculiares rasgos, tienen un gran tamaño y son muy negros y cristalinos, muy brillantes y luminosos.

Su propósito

El propósito de las llamadas Hadas de la Niebla, fue, al igual que el de todos los demás linajes de hadas, el de ayudar a los seres humanos para que las relaciones y la convivencia se desarrollase de forma pacífica y solidaria en las comunidades de la Diosa. Sin embargo, con el paso de las Eras, a medida que el patriarcado fue instaurándose, el vínculo con los llamados seres del Otro Mundo –y especialmente con las hadas– se debilitó: las sacerdotisas y sus enseñanzas junto con las personas que seguían creyendo tanto en ellas como en su beneficiosa influencia, empezaron a ser cuestionadas, perseguidas y amenazadas por la religión patriarcal emergente, quien consideró que estos seres etéreos eran dañinos y diabólicos.

Solamente algunas personas –mujeres principalmente– continuaron creyendo firmemente en ellas, y, durante algún tiempo siguieron reuniéndose en las noches de niebla, en los lugares de Europa en los que todavía permanecían activos los antiguos círculos de piedra como generadoresatractores de energía cósmica para la paz y la concordia, ya que el propósito de las Hadas de la Niebla, fue, es y será el de la paz y convivencia pacífica.

Desean la paz en el sentido de unión, de concordia entre todas las razas, todos los pueblos, todos los clanes y todas las clases sociales de los humanos, la fraternidad de todos los seres que viven, son y están cohabitando en las realidades de Gaia, la Tierra, para que sigamos nuestros senderos en unión, apoyo, honor, lealtad y ayuda mutua para continuar aprendiendo y evolucionando junto con los otros reinos materiales, el reino animal, el reino vegetal y el reino mineral.

Su trayectoria

Las hadas grises llegaron a luchar codo con codo con las mujeres humanas guerreras (ancestros de las mujeres escocesas, galesas, irlandesas, paganas, celtas, gallegas, astures, cántabras, aragonesas, vascas...) como auténticas amazonas.

La leyenda de las amazonas habla de ellas, aunque nadie las recuerde e incluso se niegue que alguna vez existieran. Se retiraron ante el devenir de los acontecimientos y la alianzas con fuerzas oscuras de parte del poder militar y religioso patriarcal. Quizá porque comprendieron que los seres humanos necesitábamos probarnos a nosotros mismos que somos libres incluso para negar nuestra propia libertad. Tal vez porque se dieron cuenta de que el juego de vida humano necesitaba pasar por la fase del poder abusivo patriarcal, poder que relegó a la mujer a roles indignos y humillantes, arrebatando el poder del matrilinaje, de las sociedades pacíficas, de la voz y voto de la mujer dentro de sus propias familias y clanes, arrebatándoles a sus hijos para que sirvieran a estados militares, luchando entre ellos, matando a los hijos de otras mujeres, dividiendo, anulando, fomentando el odio, las conquistas y el sometimiento y devastación de pueblos, culturas y herencias ancestrales sabias de paz y concordia. Aniquilando el poder y belleza de bosques y arboledas enteras que poblaban la totalidad de Europa para construir armas de guerra como barcos, buques (tan sólo para la construcción de un buque de guerra se empleaban 3700 robles). Y ellas, las poderosas y valientes hadas de la niebla, se sentían impotentes e incapaces de detener el asesinato de mujeres, niños y algunos hombres inocentes en nombre de la Inquisición (más de once millones de mujeres fueron asesinadas en hogueras durante varios siglos de oscuridad religiosa), que las acusaba de brujas diabólicas por defender las creencias en la antigua religión y cultura de la Diosa naturaleza, por ayudar al prójimo con hierbas, por curar dolencias mediante la imposición de sus amorosas manos, por afirmar que las hadas y otros seres luminosos existían o por el simple hecho de tener un gato negro como animal de compañía. Por todos estos motivos y muchos más igualmente injustos e ignorantes del patriarcado religioso, con impotencia y resignación, las hadas de la niebla, las hadas grises, se retiraron.

Pero siguen atentas a que despertemos y a que dejemos de dañar el lugar donde vivimos y que ellas aman con todo su ser: el planeta Tierra.

Su hábitat

Su hábitat es el subsuelo en otro nivel dimensional, las zonas profundas de la superficie terrestre tanto de la naturaleza como de las ciudades. Quizá alguna persona sensible haya podido sentirlas, notar su presencia en lugares como el metro, el sótano de algún edificio, en un aparcamiento subterráneo, en los llamados refugios en los tiempos de guerra, en alguna gruta o cueva tanto marina como de montaña, en algún túnel natural o artificial, o detrás de un espejo en total oscuridad iluminado con una vela (los espejos, más allá de utilizarlos en sentido estético durante breves y puntuales momentos, circunstancias y situaciones totalmente inocuas, son instrumentos mágicos; no son un juego, son portales con poder, y el poder no es ni bueno ni malo, sólo depende de cómo se utilice).

Motivación. No es mi intención que te sientas intimidado; lo que provoca miedo, duda o inquietud sólo se conoce si se desea saber más allá de la curiosidad, con información, valentía y motivación. Ésa es mi intención al proporcionar esta información. Esto quiere decir que, a menos que tengas un motivo de peso para querer contactar con ellas, no lo hagas: tienes a tu disposición todas las hadas de todos los demás linajes para recibir su ayuda. Si comparto esta información contigo es porque me siento con la responsabilidad de no ocultarla, porque ya te habrás dado cuenta de que este libro sobre las hadas no es para niños soñadores y románticos, es un libro práctico y veraz, de la verdad del corazón, pero lo que tú hagas con esta información es responsabilidad tuya y sólo tuya.

Y por este mismo motivo y para tu tranquilidad, ten en cuenta que:

* Las hadas de la niebla son las hadas que más respeto inspiran a todos los seres del otro mundo, seres mágicos de amor, verdad, concordia y magia blanca.
* Las hadas de la niebla son admiradas y temidas en todas las realidades por su sentido de la justicia: son en igual medida impecables e implacables.
* No se involucran con los seres humanos salvo en muy contadas y excepcionales ocasiones.
* Ellas viven debajo de nuestros pies: de alguna manera nos sienten perfectamente. Sea como sea, es difícil imaginar o pensar con la mente racional sobre ellas y su forma de ser y estar. Eso no quiere decir que les importemos. O que pretendan ayudarnos. Para ellas, la mayoría de los seres humanos son depredadores; seres ignorantes que destruyen su entorno y a sí mismos con alimentos y costumbres insanos.
* No son ni conocidas ni comprendidas, pero NO son violentas ni insensibles.
* Aman la verdad, la nobleza, la valentía, el honor y los valores de impecabilidad.
* Por mucho empeño que pusieras en contactar con ellas, si sólo te motivara la curiosidad o la idea romántica e idealizada de establecer contacto con ellas, no lo lograrías.

Linaje ancestral

Una representación de las hadas de la niebla a nivel humano podría ser la saga de Sena, la princesa guerrera cuyas hazañas se narraron y se llevaron al cine y a la televisión en formato de serie.

Aunque se considera un relato épico de fantasía y magia, de alguna manera contiene reminiscencias de lo que fueron los tiempos en los que la magia formaba parte de las costumbres de los seres humanos, pues en los tiempos del matriarcado fueron ellas, las hadas de la niebla, quienes entrenaron y formaron a las mujeres guerreras y a las sacerdotisas de la Diosa.

Su linaje es antiguo, valiente, decidido y poderoso, y siguen apreciando y apoyando, a su manera, y de forma totalmente anónima, el liderazgo femenino por causas justas, por muy difíciles o revolucionarias que sean si sirven para mejorar la vida, la naturaleza, el bien social humano, las intenciones y los proyectos de justicia y protección a la naturaleza.

Su aspecto

Antiguamente, su indumentaria era tal y como es la de las heroínas de los cómics: entre poderes mágicos con artilugios mágicos y con la apariencia de una heroína femenina, poderosa y sensual, ataviada sobriamente con ropas sobre todo oscuras, grises, plateadas; en resumen, del color de la luna y de la noche.

Deseos

En ocasiones muy excepcionales pueden llegar a ayudar a que se cumpla un deseo, uno y sólo uno, si se les invoca, y ha de ser por un asunto de excepcional valor, impecabilidad y necesidad real de quien lo pide, por lo general mujeres capaces de contactar con ellas en absoluta oscuridad delante de un espejo y con la luz de una vela. No piden nada a cambio: sólo la verdad.

Hechos y desatinos

Los siguientes datos son una muestra de algunos de los hechos y acontecimientos que motivaron a que las Hadas de la Niebla, del linaje de las hadas del Arcoíris, decidieran dejarán de relacionarse con las personas.

Fuente: Antón y Mina Adams, de su libro: *Brujas y magos*.

Con el auge de la Iglesia católica en Inglaterra y Europa, el vínculo entre los seres humanos y la Tierra empezó a desintegrarse. Se
reemplazaron las religiones telúricas paganas antiguas y celtas
por un sistema de creencias más patriarcal.

La Iglesia enseñó que las corrientes acuáticas, los árboles y
las piedras no tenían ninguna sabiduría propia, y que los animales no tenían alma y eran inferiores a los hombres.

Para lograr convertir a los paganos a la fe cristiana, la Iglesia
construyó sus centros de culto en los lugares sagrados paganos
e hizo coincidir la mayoría de sus festividades principales con
las celebraciones paganas; así, por ejemplo, la Navidad reem-
plazó a la festividad de Yule, que es el solsticio invernal pagano,
una celebración que señala el nacimiento del dios Sol, a quien
da a luz la Diosa Tierra.

En un intento posterior de consolidar su poder, la Iglesia lan-
zó un fuerte ataque contra las herejías. Los grupos o individuos
que no obedecían las enseñanzas de la Iglesia fueron señalados
como herejes y sentenciados a morir.

También durante los siglos XIII y XIV, se afirmó que las brujas
eran satánicas. No se tomó en consideración la diferencia entre
magia blanca y magia negra, y la magia natural, que hasta entonces se había considerado neutral, desde el siglo XV en adelante
fue considerada demoniaca.

En el año 1484, el papa Inocencio VIII proclamó una bula en
la que las brujas eran consideradas herejes y adoradoras del diablo. Este edicto y la publicación del *Malleus Maleficarum* hicie-
ron que la Inquisición se expandiera por toda Europa. Finalmente, en 1730, las persecuciones finalizaron con la llegada de la
era de la razón.

Durante los siglos XIII y XIV la práctica de la brujería fue
objeto de investigación por parte de numerosos teólogos. Tomas de Aquino, el famoso teólogo del siglo XIII, creía que las
brujas hacían pactos con el diablo, que les daba poder de volar
sobre sus escobas, provocar tormentas y cambiar a formas de
animales.

Era probable que se acusara a las brujas de cualquier daño, enfermedades o muerte que sufriesen los habitantes de un pueblo o sus animales, incluso se les acusaba de los desastres naturales. En Europa, las brujas acusadas de tales crímenes eran quemadas en la hoguera.

Las persecuciones contra la brujería fueron muy crueles en Europa y provocaron la muerte de decenas de miles de mujeres (millones), indigentes y vagabundos.

El *Malleus Maleficarum*, escrito por dos inquisidores alemanes, ofrecía las formas de identificar, torturar y matar a las brujas.

Por mi parte, sólo añadir que el auténtico significado de la palabra bruja es: «mujer empoderada, mujer de poder».

Veamos ahora cuestiones más luminosas.

Los colores de la luz

Diosa Iris, la Diosa del arcoíris

En todos los tiempos y en todas las culturas, e incluso en la mayoría de las religiones, el arcoíris ha simbolizado una alianza, una maravilla, algo prodigioso que surca el cielo después de una tormenta para recordarnos a los seres humanos que, por muy oscuro que esté el cielo, siempre habrá esperanza, que la luz se alzará en un arco para recordarnos los colores de la vida, de la maravilla de la vida.

Para los pueblos nórdicos, el arcoíris era el camino hacia el lugar donde habitan sus dioses, su paraíso, el Asgard. Para los griegos, el arcoíris es la Diosa Iris, hija de Electra (una oceánide, un hada del linaje de las hadas de agua) y Taumante (dios marino). En ocasiones se ha descrito, al igual que a Hermes (Mercurio), como una Diosa mensajera para los mismos dioses del Olimpo y para los seres humanos. Y, en algunos escritos, se la nombra como la esposa del dios del viento Céfiro, el viento del oeste.

A la Diosa Iris se la representa con alas, tal y como muestra la imagen. Clara alusión, intencionada o sutil, de que era una antigua hada reina de los tiempos del matriarcado.

El arcoíris está formado por los colores del espectro de la luz blanca, al igual que los colores de los *chakras*, y cuanto más sepamos sobre las cualidades de cada uno de sus atributos, usos y aplicaciones, más comprenderemos a las hadas del arcoíris y el poder sanador que tienen los colores para nuestra vitalidad tanto física como anímica.

Veamos algunas cualidades y características de los colores.

Características básicas de los colores y su relación con nuestra vida diaria

Saber elegir los colores con los que nos vestimos, decoramos nuestros espacios preferidos y seleccionamos nuestros minerales favoritos es rodearnos de manera consciente de la vibración cromática que más nos puede favorecer o más podemos necesitar en un momento puntual de nuestras circunstancias personales, que favorecerá nuestra salud física y repercutirá favorablemente en nuestro estado de ánimo.

Cuantas más cualidades, propiedades y atributos sepamos sobre cada color, mejor comprenderemos, con la práctica, el hecho de que las hadas, sus linajes, puedan aportarnos una valiosa información a través de sus colores emblemáticos al visualizarlas o al transmitirnos sugerencias para nuestro mayor bien.

1. Color luz

Todos los colores están contenidos en la luz blanca, o, lo que es lo mismo, al pasar la luz a través de un prisma, el haz de luz se descompone en los siete colores del arcoíris: rojo, naranja, amarillo, verde, azul, índigo y violeta.

 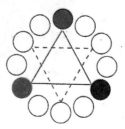

Los colores primarios de la luz son aditivos porque se suman las propiedades lumínicas hasta el punto de que si los mezclamos proporcionalmente, volvemos a obtener la luz blanca. Los colores primarios de la luz son: rojo, verde y azul.

2. Color materia-sustancia

Son los colores que podemos obtener a través de cosas materiales como tintes y pigmentos sobre telas, celofán, filtros, etc. Los colores primarios de la materia son sustractivos porque van restando el blanco, y, si se mezclan a partes iguales, dan como resultado el negro.

Los colores básicos sustractivos o materiales son: rojo, amarillo y azul. Son los llamados colores primarios. Los colores secundarios son el resultado de mezclar o combinar los tres primarios entre sí. Es decir:

Rojo + Amarillo = Naranja
Rojo + Azul = Violeta
Amarillo + Azul = Verde

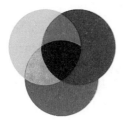 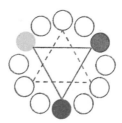

Además, cada color tiene su opuesto/complementario, lo cual nos resulta de ayuda a nivel práctico si queremos saber más sobre sus cualidades.

Las propiedades y cualidades de los colores materiales son importantes en cuanto a poder elegir y disponer de más información a la hora de escoger los colores de nuestra ropa, de nuestro hogar, de los minerales, de los alimentos y de todo lo que 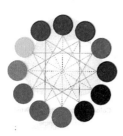 para ti sea importante, ya sea de uno u otro color. Por este motivo, a continuación se muestra un resumen de algunas de las cualidades cromáticas de los colores, que, a su vez, son los colores cuya vibración es la elegida por la mayoría de las hadas de todos los linajes.

Rojo: su cualidad energética y su resonancia cromática poseen una vibración revitalizadora, estimulante, alegre, poderosa, de vitalidad. El color rojo está relacionado con el primer *chakra*, con la sangre, con el hierro, con la fuerza de la vida, con la valentía y la pasión, con la sensualidad, la sexualidad, la resistencia física y la buena salud.

La resonancia del color rojo representa la energía para emprender acciones, iniciar proyectos y metas; en resumen, para pasar a la acción y realizar planes creativos, ya que no sólo crean los artistas, sino que todas las personas, en mayor o menor medida, somos creadores, aunque sólo sea de nuestra propia realidad diaria.

Rosa: el rosa es el color preferido por las hadas de todos los linajes. La vibración cromática que emite el color rosa es receptiva, sedante y relajante (cuanto más tenue sea el rosa, más relajante resultará su vibración).

El color rosa alivia la tensión y relaja el cuerpo físico y la mente. Su energía es tan armónica que por eso se le llama el color del amor, la amistad y la armonía. Aporta paz, tranquilidad, alegría y estabilidad.

Se relaciona con la capacidad de dar y, sobre todo, de atraer amor hacia su portador. Su significado espiritual es más profundo: el rosa es el arquetipo del amor absoluto. Sin la vibración del amor no existiría nada.

La vibración energética del color rosa está en relación con el *chakra* del corazón: sentimientos, amistad, ternura, creatividad y amor. El rosa simboliza el amor; la persona que está en contacto permanente con la vibración de la frecuencia rosada se va transformando en un ser cada vez más amoroso, y, lógicamente, atrae cada vez más amor a su vida, y sus relaciones son armónicas y equilibradas. Esto es así porque la vibración del rosa armoniza nuestra aura, nos aporta calma y serenidad. Por lo tanto, podemos recurrir al color rosa en todas las situaciones en las que nos encontremos desequilibrados, nerviosos, preocupados, ansiosos, decepcionados, tristes, deprimidos, etc.

La vibración rosada cura las heridas del corazón aunque sean muy antiguas, incluso si pertenecen a la infancia o a otras vidas.

El rosa es un color receptivo, es decir, que atrae lo afín a sí mismo, como el amor, la paz, la armonía y la belleza. Este color es increíblemente beneficioso para las afecciones cardiacas y para la presión arterial alta, con independencia de si se emplea en la ropa o como mineral personal (como, por ejemplo, el cuarzo rosa), o bien teniendo cerca flores rosadas, etc. Es muy beneficioso estar en contacto con el color rosa (por ejemplo en nuestra indumentaria) a la hora de meditar, ya que calma nuestro ritmo cerebral, aleja los pensamientos egoístas y nos centra de manera más relajada, tanto física como mentalmente.

Naranja: la gama cromática anaranjada nos ayudará a desbloquear la confianza, arraigo a la realidad, protección y limpieza áurica, vitalidad física, estabilidad de carácter, falta de entusiasmo y/o alegría, fobias, miedos, etc. El naranja representa el Sol del amanecer y del atardecer. Nos aporta alegría, entusiasmo, equilibrio emocional, bienestar, vitalidad y confianza en nosotros mismos. Su vibración es alegre, entusiasta y positiva.

Es un color proyectivo, fortalecedor; equilibra las emociones y el poder personal. El anaranjado es un color afín al *chakra* emocional, y este centro vital está muy relacionado con nuestras cualidades creativas, la sexualidad, la voluntad y el poder personal, ya que es sobre todo en esta zona donde suelen acumularse las energías de enganches, miedos, apegos, dependencias, toxicidad energética, inseguridades, fobias... y también de donde sacamos fuerza de voluntad.

Para todo lo descrito, nos será de gran ayuda la vibración anaranjada tanto en la indumentaria, como en los colores de nuestro hogar, los minerales de este color, etc.

Amarillo: el color amarillo es una reserva inagotable de energía solar. El sol es el máximo exponente de vida, de fuerza dinámica. La escala cromática de los colores amarillo-dorados aporta y desbloquea la conciencia personal del propio dios interior, de nuestro sol interno, de nuestro poder y fuerza interior.

El amarillo es un color afín al *chakra* del plexo solar, centro vital por donde a nivel energético se asimilan los rayos del sol, es el punto central de nuestro cuerpo físico por donde recibimos esta fuerza, el *prana* solar que mantiene la vitalidad de nuestro cuerpo físico y de nuestros cuerpos energéticos.

La vibración del color amarillo-dorado se puede aplicar allí donde aplicaríamos energía solar, los rayos de sol, donde exista una carencia de vitalidad. Esta vibración de color la utilizaremos para «arraigar» o desbloquear la capacidad material de prosperidad, tanto en el sentido de mejora en la calidad de vida como en la autoestima o en el aspecto de fortalecimiento físico, salud, vitalidad y energía interior.

Verde: el verde es la *vibración de la verdad* y, además, es el antídoto y color complementario del rojo. Al igual que en el reino vegetal, los colores verdes tienen una gran riqueza en la abundancia de tonalidades dentro de la escala cromática verdosa: es la mayor variedad de color que encontramos dentro de la naturaleza.

El verde posee la propiedad energética de «oxigenar» a nivel vibracional nuestro cuerpo físico, nuestros *chakras* y nuestro estado de ánimo. Aporta renovación, frescura, calma, paz, sosiego... y ayuda a centrarse de nuevo en la calma. Dadas sus propiedades calmantes, beneficia especialmente al funcionamiento del sistema nervioso, además de ser muy calmante y relajante.

Azul claro: el azul claro tiene la capacidad vibracional de aportarnos calma, serenidad y, sobre todo, paz. Su vibración nos recuerda al cielo o al mar en calma y transparente.

Es la vibración cromática adecuada para disipar temores, miedos, complejos y bloqueos mentales y sentimentales que impiden que nos expresemos y que sepamos poner en palabras lo que pensamos y lo que sentimos. El azul de tonalidades claras es afín al buen funcionamiento del *chakra* de la garganta. El *chakra* de la garganta es el puente intermedio entre la cabeza y el corazón, por eso nos sirve para saber poner en palabras los sentimientos y pensamientos.

La vibración del color azul, ya sea como mineral, indumentaria, cromoterapia, etc., será muy conveniente en casos de afección en la garganta, los oídos, los dientes, la lengua y la mandíbula, ya que ésta es el músculo de la rabia y la ira no expresada.

El azul claro es un equilibrador de las emociones; aporta serenidad, alegría y paz.

Azul turquesa: se le atribuyen propiedades energéticas afines a la alegría y al entusiasmo; por lo tanto, se ubica dentro de la vibración talismánica, es decir, de los que atraen la buena suerte.

Lo realmente válido (y se puede comprobar) es que el color turquesa incide sobre el campo áurico de la persona que lo lleva, ya sea como indumentaria o como mineral personal (por ejemplo, la turquesa), puesto que posee la facultad de anular la energía negativa generada por los propios pensamientos y sentimientos negativos.

Azul índigo: la vibración del color azul índigo fortalece el intelecto a la vez que expande la conciencia; es decir, aporta sabiduría y conecta las ideas arquetípicas propias del subconsciente llevándolas al consciente en forma de ideas abstractas más que concretas. En el subconsciente todos tenemos ideas geniales, creativas, maravillosas, pero de forma caótica y mezclada. En el subconsciente están los tesoros y las limitaciones de cada uno: los tesoros que son nuestras capacidades y dones como seres únicos y nuestras limitaciones como miedos, temores y recuerdos negativos.

La vibración azul índigo nos permite entrar para sanar todo aquello que nos resulta caótico o que no comprendemos.

La resonancia del color azul índigo se corresponde al *chakra* del entrecejo o tercer ojo. El *chakra* del entrecejo es y representa la facultad de la clarividencia, la clariaudiencia y la intuición.

Violeta: la vibración del color violeta sirve prácticamente para todo lo relacionado con la necesidad de liberar, comprender, sanar, transmutar... Es el color más alquímico de todos. Es una longitud de onda que, por sus características, se puede utilizar para la sanación física, emocional, sentimental, espiritual y mental, ya que su frecuencia vibratoria limpia y transmuta cualquier bloqueo o desequilibrio que tengamos en nuestros cuerpos, tanto el físico como los energéticos.

Es una vibración que induce a la superación y renovación; tiene la capacidad de elevar la mente a los estados más elevados de conciencia. Aporta paz interior, equilibrando entre sí los *chakras*.

Cromáticamente es una vibración que protege porque transmuta lo negativo.

Dorado: la frecuencia cromática dorada es análoga al *chakra* corona y al *chakra* energético denominado puerta del alma, situado a unos 15-20 centímetros por encima de la cabeza, al límite del contorno energético formado por el espacio ovoidal del aura.

El dorado es un color de sanación muy poderoso que podemos utilizar en nuestra indumentaria, en el hogar y, sobre todo, en minerales y metales como el oro.

Marrón: las tonalidades marrones favorecen el arraigo a la realidad material. Aportan sentido común, equilibran el sentido de la proporción, tanto de los problemas como de las soluciones adecuadas a éstos, y nos aportan arraigo, sentido de pertenencia al mundo material sin restar la vinculación personal «al cielo» o esferas espirituales superiores; es más, una de las principales cualidades de los colores marrones oscuros (como, por ejemplo, los minerales de esta gama como el cuarzo ahumado) es la tremenda efectividad en el proceso de limpieza energética y de energías negativas que pudieran interferir en el campo vibratorio personal.

Otra de sus cualidades es la de emitir una frecuencia de protección que nos aporta un invisible pero eficaz poder de protección frente a energías de baja frecuencia o negativa.

La escala cromática de los tonos marrones y marrones rojizos se corresponde al *chakra* ubicado en el límite del contorno áurico al nivel de los pies.

Colores cromáticos multicolores, transparentes, brillantes irisados, opalescentes
La resonancia energética de todas estas vibraciones cromáticas es de un potencial elevadísimo, con independencia de si las incorporamos en nuestra vida diaria a través de la indumentaria, los adornos en el hogar, los minerales personales, etc. Están especialmente indicados para personas que sienten que necesitan dormir mucho y pierden gran parte de su tiempo durmiendo.

A nivel energético, este tipo de tonalidades actúa a nivel áurico como reparador de posibles «fugas» energéticas.

Resumen del linaje de las hadas del arcoíris

* Las hadas del linaje del arcoíris están vinculadas a la vibración y resonancia energética de los colores. Son, de entre todos los linajes de hadas, las más coloridas.
* Las hadas del arcoíris fueron las precursoras del linaje de las hadas de las flores.
* Son hadas que pueden materializarse y adoptar la forma de mujeres humanas, jóvenes, maduras o ancianas para intervenir, a modo de ayuda, en determinadas circunstancias y situaciones puntuales.
* La ayuda de las hadas del linaje del arcoíris está relacionada con un hecho o circunstancia que favorecerá la consecución de nuestros sueños o deseos sinceros.
* A las hadas del arcoíris se las llamó hadas de la alegría, hadas de la suerte, damas de la suerte, damas de la fortuna y hadas de la buena estrella.
* Son hadas que aman los ambientes alegres y multicolores, decorados con flores y plantas sanas y cuidadas.

* Las hadas del linaje del arcoíris son inspiradoras de creatividad, especialmente en profesiones de artesanía para las que el color es relevante.
* Al igual que las hadas de los demás linajes, no comprenden el desprecio a las flores ni los ambientes sin color ni alegría, de los que se alejan al igual que de las personas egoístas o negativas.
* Las hadas del arcoíris adoran a las aves, y, en especial, a los pájaros de plumas multicolores como el colibrí y el petirrojo.
* Las hadas azules mariposa pueden metamorfosearse en forma de mariposa para armonizar nuestra energía revoloteando a nuestro alrededor durante unos breves instantes.
* Las hadas de la niebla viven en otro nivel de realidad del subsuelo material. Fueron hadas guerreras y no se relacionan ya con los seres humanos. Aman la verdad, la nobleza, la valentía, el honor y los valores de impecabilidad.
* El arcoíris simboliza la alianza de la luz y la esperanza para los seres humanos.
* Cada color que nos rodea posee su propia longitud de onda particular con sus propias cualidades beneficiosas.
* Conocer las cualidades de cada color nos ayuda a elegirlos con mayor consciencia y propósito tanto en nuestra indumentaria como en los objetos y ambientes de nuestros espacios personales.

Linaje de las hadas de las flores

Características de las hadas del linaje de las flores

Las hadas del linaje de las flores siempre se han caracterizado por ser dinámicas, alegres, vitales, y, desde siempre, han ayudado a los seres humanos aportando suerte, fortuna, alegría, bienestar y felicidad. Son como una bendición para el corazón.

Ellas llegaron más tarde que las hadas guerreras; no experimentaron la desolación ni la lucha con las fuerzas oscuras y siniestras de los albores de la formación, orden y equilibrio de los elementos en la superficie terrestre, ni todos los reajustes y adversidades que la Tierra, como planeta recién nacido, tuvo que estabilizar para lograr tanto su forma esférica como su órbita.

Su linaje es diferente, al igual que el de las hadas del arcoíris, relacionado con los soles del multiverso.

El cometido de las hadas de las flores se inició cuando los vegetales empezaron a generar flores; ése fue su vínculo y compromiso con el espíritu de Gaia, la Tierra: que la belleza, la diversidad de color, el aroma y las fragancias de las flores fueran variados y abundantes, y que algunas de las diferentes especies de flores fueran, además de bellas, medicinales, e incluso comestibles para los seres humanos.

Sus cualidades energéticas están relacionadas con la pura alquimia de belleza y sanación. Entre otras de sus numerosas cualidades, es que son las facilitadoras de los secretos alquímicos de la terapia y de la aromaterapia floral. Son hadas alegres y generosas a las que les encantan los seres humanos.

Aspecto

El aspecto de las hadas del linaje de las flores es variado: pueden ser diminutas, con unos movimientos rápidos e imperceptibles alrededor de flores silvestres en la naturaleza, y, por lo general, son de tamaño pequeño, además de alegres y juveniles. Son muy parecidas a la Campanilla de Walt Disney. Sin embargo, quien mejor captó el aspecto de las hadas de las flores fue la escritora inglesa de cuentos infantiles Cecily Mary Barker, que murió en 1973, cuya obra e ilustraciones de hadas siguen vigentes en las colecciones de hadas de porcelana que se venden hoy en día. Barker logró captar la gracia y la belleza de las hadas de las flores.

El aspecto de las hadas de las flores varía en función de las flores con las que estén vinculadas, con las que, en la mayoría de ocasiones, pueden mimetizarse.

Lo que les gusta a las hadas de las flores

Evidentemente, tal y como su nombre indica, las hadas del linaje de las flores adoran las flores, sobre todo las silvestres. Son las encargadas de la magia de la flor en cuanto a su color, aroma, belleza y variedad de formas tan diferentes, bellas y abundantes que existen en la naturaleza, y también de sus propiedades medicinales. Asimismo, les encantan los jardines floridos y los hogares en los que se dedica un espacio especial para las plantas en flor, y aunque sienten perfectamente la intención y los sentimientos de las personas, su vínculo suele estar relacionado con las flores de las plantas.

Animal asociado a las hadas de las flores

Las hadas de las flores aman a los pajarillos, a los insectos y a los animales silvestres, pero desde tiempos antiguos se las relaciona con la compañía del unicornio, un animal mágico especialmente vinculado a todas las hadas y emblemático animal de compañía de las alegres y vivaces hadas de las flores.

Unicornio

El unicornio es un animal mágico que se asocia a las hadas de todos los linajes, aunque su amor por las flores los vincula de manera muy estrecha con el linaje de las hadas de las flores.

Allí donde hay hadas hay unicornios. Su hogar no está en ninguna parte, pero existe en su nivel de realidad o dimensión, que es el mismo que el de las hadas por ser uno de los seres mágicos del otro mundo más poderoso y especial.

La realidad del unicornio es una realidad del corazón de la Tierra, y, a través del tiempo, sólo se les ha mostrado a los seres humanos de corazón puro y de intenciones impecables.

Su medicina o don sanador es la de la nobleza, es decir, la impecabilidad, la fortaleza interior, la pureza de acción e intención, la alegría y la paz. Los unicornios, desde su realidad, generan ondas luminosas e invisibles capaces de llegar allí donde se necesita paz y felicidad para sanar la desesperanza, el miedo, la injusticia, la violencia y los conflictos de la tercera dimensión, cuya inestabilidad y violencia impide, en gran medida, su gran efectividad.

Los unicornios se consideran a sí mismos como la *luz del mundo*, una especie de Grial reparador de energías oscuras y desarmónicas a través de su amor incondicional por el espíritu del planeta Tierra, espíritu o energía femenina a la que sirven. Ellos simbolizan la redención, la valentía, la alegría y la más pura y bendita inocencia.

La naturaleza del unicornio es pacífica, aunque son valientes y feroces, si es necesario, ante una causa injusta u opresora. Jamás ningún unicornio ha empleado los poderes de su único cuerno de manera violenta; al contrario, gracias a algunos relatos y leyendas se sabe que lo han usado para sanar heridas y corazones maltrechos. Quizá por este motivo su único cuerno tiene la forma sagrada de la espiral de la vida, de la vida eterna, capaz de convertir en sagrado y luminoso todo lo que toca.

Los unicornios se alejaron a otra franja frecuencial, a otra dimensión sutil, aunque hubo un tiempo antiguo, cuando las hadas y algunos seres mágicos como ellos sí se relacionaban con las personas humanas, en el que solían dejarse ver, pero cuando los corazones humanos abandonaron su pureza e inocencia por el veneno de la codicia, los unicornios fueron perseguidos y torturados, pues se extendió el rumor de que el cuerno del unicornio poseía unos poderes mágicos extraordinarios. Pero no es cierto; la magia del cuerno del unicornio solamente se despliega si el unicornio está vivo y se siente libre.

Altar para las hadas de las flores

El mejor altar para las hadas del linaje de las flores es la misma naturaleza, sobre todo los lugares donde las flores silvestres crecen de manera libre y forman auténticos lienzos de belleza y color en plena naturaleza. Ellas sienten la vibración de las personas que están fascinadas por la belleza natural de las flores. Cuando elaboramos un altar para llevar a cabo una celebración o una meditación, o cuando, por el motivo que sea, incluimos flores naturales, es una manera de invitarlas, de tenerlas presentes y de que formen parte del ritual que vamos a iniciar.

En qué pueden ayudarnos las hadas de las flores

Su ayuda es poderosa, valiosa y muy eficaz, pero de manera indirecta: a través de la belleza, de los aromas, de las fragancias, de los perfumes elaborados con flores o de los elixires florales realizados con determinadas flores sanadoras, las personas recibimos su ayuda alquímica, el amor con el que cada hada de cada flor ha contribuido a su cuidado y crecimiento.

El enfoque y el vínculo de las hadas del linaje de las flores, aunque originariamente pertenezcan a las hadas del arcoíris, se encuentran en las flores, en la naturaleza, más que con los seres humanos, pero su proximidad cuando hay seres humanos, y sobre todo niños a los que les encantan las flores, les permite generar vórtices energéticos de armonía, vitalidad y alegría que nos benefician especialmente a los seres humanos.

Deseos

La gran mayoría de las hadas del linaje de las flores no se relaciona directamente con los seres humanos, pero es curioso observar que las flores, desde que existen, han inspirado bellos deseos de amor, de amistad, de consuelo, de belleza y buen gusto como obsequio de expresión entre las personas.

En el caso de que se desee visualizar a las pequeñas hadas del linaje de las flores, se puede elegir un día de primavera o verano en el que nos encontremos en algún lugar de la naturaleza donde abunden las flores silvestres.

Hay que decantarse por un lugar donde sentarse cómodamente, y, a través de la mente o en voz alta, se les debe pedir que se dejen ver, ya sea con los ojos abiertos o, sobre todo, con los ojos cerrados, ya que su movimiento, incesante, es muy rápido. Es así de sencillo. Cuando se adquiera la suficiente práctica, incluso es posible realizar esta meditación/conexión para visualizarlas en el jardín o alrededor de una de nuestras plantas domésticas que estén floreciendo. Nos sorprenderán gratamente las hadas bellas y estilizadas de las orquídeas, al igual que las de las flores de otras plantas como la caléndula o las que se incluyen en el apartado de algunas hadas del linaje de las flores.

Lugares especiales para contactar con ellas

Las personas sensibles siempre han visto hadas donde ha habido flores, sobre todo en la naturaleza; pequeñas hadas ataviadas de indumentarias mágicas, femeninas, revoloteando con gracia cerca de las flores. Y son las hadas las que se encargan de orquestar su forma, su crecimiento y su color; de alguna manera, su vida está en relación directa con la planta a la que están vinculadas y a sus flores, como si de su pequeño ángel de la guarda se tratara.

En ocasiones, las hadas de las flores dejan que los niños y las por personas sensitivas las vean, y muchas veces aparecen en las fotografías que tomamos a flores de la naturaleza o de jardines, e incluso a las plantas de nuestro hogar.

Las diferentes hadas del linaje de las flores

Las hadas del linaje de las flores reciben el mismo nombre que la flor que las representa. Quizá, de entre todas ellas, la más nombrada a través del tiempo ha sido el hada de las rosas.

Hadas de las rosas

Las rosas son las flores preferidas tanto de las mujeres como de las hadas en general. La rosa es la representación de la belleza y de la fragancia más perfecta, y se dice que cada rosa posee su propia hada, sobre todo las rosas silvestres.

Las propiedades medicinales de las rosas son milagrosas, y las hadas de las rosas son sus especialistas. Si te gustan las rosas, tienes la bendición de las hadas de las rosas.

Al igual que las hadas de las flores, se trata de hadas diminutas con un aspecto etéreo y juvenil que, en ocasiones, pueden manifestarse en una fotografía. No suelen proyectarse a gran tamaño, su vibración es muy rápida y sólo algunas veces pueden dejarse ver por niños o personas sensitivas.

¿Qué ocurre con su hada guardiana cuando la rosa silvestre o la preciosa rosa de nuestra maceta o cortada en el jarrón con agua en nuestro hogar se marchita? Lo mismo que sucede con las demás flores, que en su proceso de descomposición intervienen los elementales de agua, tierra, aire, fuego y éter para que su energía se revierta a sus fuentes elementales naturales de origen, es decir, son los elementales quienes reciclan su descomposición.

Ya sabemos que en la naturaleza nada se destruye para siempre, sólo cambia de forma, vuelve de alguna manera a su origen: las moléculas de oxígeno regresan al aire; las de tierra, a la tierra; las de agua, al agua; las de energía vital, al fuego vital; y las del éter, al éter. Y el hada que orquestaba su forma, su color, su belleza y su fuerza vital ahora ya es un poco más especialista en la belleza y la flor de la que era su guardiana, y siguiendo su camino evolutivo, se enfocará en el crecimiento de otra flor, de otra planta con flores, siguiendo el ciclo inagotable e infinito de la vida. Nada muere, sólo cambia de forma más allá de nuestra percepción.

Algunos datos sobre las rosas

Además de ser considerada la flor más bella de todas las que existen, también es la más medicinal. Sus cualidades energéticas son numerosas. Aquí se incluye algunas de ellas. Por ejemplo, su nombre botánico es *Rosa canina*, y hace referencia a sus espinas (como dientes de perro).

La rosa es una de las plantas más antiguas que se utilizan como planta medicinal, ornamental y de belleza. Todas las especies de rosas (más de 150 variedades, y cada año surgen otras nuevas) derivan de la rosa silvestre o *Rosa canina*, que, aunque su período de floración se centre entre los meses de mayo y junio, ha permitido que su extensa variedad de cultivo haga que los rosales estén en permanente florecimiento y podamos disfrutar de rosas en la mayoría de países durante todos los meses del año.

El aroma de la rosa silvestre es el más extraordinario de todas las rosas, jamás superado por las rosas cultivadas. La rosa ha sido desde siempre uno de los emblemas del amor, de los enamorados, de la felicidad, de la feminidad, de las Diosas y de la belleza extraordinaria e insuperable de todas las flores conocidas.

La antigüedad de la rosa data de millones de años, tal y como se hace patente en los fósiles encontrados en los restos arqueológicos de todos los continentes del planeta. La rosa está presente tanto en los remedios medicinales como en los cosméticos y también la cocina, ya que sus pétalos pueden ser comestibles.

Para los alquimistas de la Edad Media (y también para los de hoy en día) era una de sus flores inestimables por poseer la fuerza reparadora griálica (portadora de vida y esperanza), dadora de alegría, sabiduría y belleza, un auténtico elixir de eterna juventud y belleza para el cuerpo, el corazón y el alma.

El hecho de que la rosa tenga espinas en sus tallos indica su energía protectora: para acercase a su fragancia y a su belleza hay que ir con cuidado: sabe protegerse de quien no valora su belleza.

Las rosas han sido una fuente inagotable de inspiración para los poetas y para las personas enamoradas, y también han sido, en numerosas ocasiones, el símbolo de paz en conflictos entre pueblos o naciones, como cuando se incluyen en blasones, escudos, estandartes, sellos, etc., como lo atestigua la rosa blanca del linaje de la casa de York, o la rosa roja del linaje de los Lancaster. O como la rosa blanca, que simboliza la pureza de las enseñanzas de Alá y su profeta Mahoma, o cuando está presente en reuniones secretas como testigo de protección para los persas, o la mítica leyenda del rey Arturo y los caballeros de la Mesa Redonda, donde se dice que en el centro de la gran mesa de roble circular siempre se colocaba una rosa como emblema de protección y honor. La rosa está presente a lo largo de la historia de todos los continentes.

Cualidades medicinales de las rosas

La energía de la rosa (cuando se toma como infusión) protege el sistema inmunológico, limpia la sangre de toxinas y favorece el sistema endocrino al potenciar el equilibrio de las hormonas segregadas por las glándulas maestras de todo el cuerpo. Sanadores de gran renombre aconsejan que se coloque un ramo de rosas rojas en la mesita de la habitación de un enfermo para que su energía protectora le ayude a recuperar la salud y la fortaleza anímica.

Para las personas irritables, es medicinal tener cerca rosas, ya que la energía de estas flores aporta protección, calma, sosiego, tranquilidad y belleza: es su fuerza alquímica.

Aplicaciones prácticas de las rosas

Todo cuanto se sugiere a continuación se centra en mi experiencia y práctica como técnico en Dietética y Nutrición especializada en el poder medicinal de las flores, sobre todo de las rosas, la flor más medicinal de todas, cuyas hadas son de las más poderosas y entregadas a las cualidades que nos benefician a los seres humanos.

Aceite esencial. Añadir unas gotas de aceite esencial de rosas en el agua del baño favorece la resistencia física y áurica, y, además, limpia el aura de las energías estancadas originadas por los propios pensamientos e ideas negativas, limitadoras o de desesperanza: nos protege de nuestros propios pensamientos negativos.

Perfume. Los perfumes elaborados con rosas (de manera natural, no con aromas sintéticos) ejercen un efecto medicinal protector, además de potenciar el magnetismo personal al generar una aureola energética poderosamente positiva y protectora.

Efecto rejuvenecedor. Este efecto medicinal rejuvenecedor de las rosas es más intenso si se añaden tres gotas de esencia pura de rosas (especial para ingesta y de precio elevado debido a que su elaboración artesanal requiere muchos kilos de pétalos de rosas para producir una esencia de rosas auténtica) a una infusión de escaramujo (fruto del rosal) y se toma tres veces al día durante siete días (o lo que cada persona considere necesario de manera intuitiva). Además de rejuvenecedor, también tiene un efecto de protección celular.

Hadas lilas / hadas violeta

La mayoría de las hadas de los siete linajes son hadas diurnas, ya que están relacionadas con los elementos, con el *prana* vital, con la luz del sol, con los colores del arcoíris y con la belleza de las flores. Sin embargo, hay algunas hadas cuya frecuencia y afinidad es lunar y nocturna. Es el caso de las denominadas hadas lila o hadas violeta.

Se trata de unas hadas bellísimas, muy mágicas y femeninas cuyo entorno es la naturaleza, los bosques y los parajes naturales, tanto elevados, como valles y prados. Son hadas especializadas en remedios sanadores de los corazones sinceros y afligidos, especialmente femeninos.

Las hadas del linaje de las flores, también llamadas damas lila o damas violeta, son especialistas en contactar con nosotros en el mundo de los sueños, y, aunque no podamos recordarlo, su encuentro sana nuestra posible tristeza, melancolía, añoranza y las heridas de un corazón maltrecho. Al despertar nos sentimos con una vitalidad renovada, con un mayor impulso para seguir con nuestra vida e ir dejando atrás lo que nos aflige, lo que nos provocaba desequilibrio emocional o falta de ilusión para seguir con nuestras ilusiones o nuestros proyectos. Ellas, las hadas violeta, son especialistas en ayudarnos a sanar o reparar nuestra dignidad.

Algunas cualidades energéticas de las violetas

Hay más de quinientas especies diferentes de violetas. Quizá de entre todas ellas la más conocida sea la llamada violeta africana (por ser oriunda de África), que crece muy bien en macetas pequeñas, ya que no suele superar los quince centímetros de altura. Sus florecillas pequeñas son de color violeta, aunque también podemos encontrar estas violetas en color rosado, blanco o azul. Es una planta delicada que necesita mucha luz, pero no la intensidad del sol directo, por lo que podemos tenerla en el interior de casa en lugares luminosos. Aunque nunca debe estar encharcada, necesita mucha agua y, además, nunca debemos regarla con agua fría, sino templada (nunca caliente).

Para la tradición de las plantas mágicas, la energía de la violeta es protectora del amor: representa la lealtad del amor y de los amantes, la perpetuidad de los votos de amor, la dicha y alegría de que el amor se mantenga mágico, alegre y vivo entre una pareja de enamorados sinceros.

Otra de sus virtudes energéticas es que aporta una energía de bienestar ambiental especial allí donde la coloquemos; además, proporciona serenidad y alegría en los corazones en el campo áurico de la persona o personas que la cuidan y miman, lo que hace que esta delicada plantita sea una poderosa sanadora de las posibles heridas de los corazones vulnerables y sensibles. Su presencia en el hogar siempre ejercerá una resonancia conciliadoramente amorosa.

Las hadas de las violetas son tan pequeñas y benévolas como estas preciosas florecillas, pero, asimismo, son poderosamente mágicas, sobre todo respecto a su ayuda en cuestiones de amor.

Hadas de la caléndula

Las hadas de la caléndula pertenecen al linaje de las hadas de las flores, y también tienen un tamaño pequeño y, aunque son silvestres, su amor por los seres humanos ha hecho que, desde tiempos antiguos, se hayan adaptado a estar cerca de las personas tanto en jardines como en pequeñas macetas, prodigando sus cuidados para que esta flor, tan especialmente vigorosa y anaranjada, nos beneficie con sus numerosas cualidades.

La caléndula es una flor muy antigua que se ha utilizado medicinalmente.

De su nombre latino, *calendas*, deriva la palabra *calendario*, ya que tiene una estrecha relación con su significado: «cada primero de mes», en referencia a la maravilla de que las flores de caléndula florecen cada mes. Siempre hay caléndulas a menos que el clima sea especialmente frío. A la caléndula le gusta el Sol, y, cuando amanece, se abren todos sus pétalos, que se cierran cuando el Sol se pone.

Las flores de la caléndula son preciosas, de color anaranjado y amarillento. Florecen desde los primeros días de verano hasta bien entrado el invierno, y suelen decorar la mayoría de parques y jardines más espectaculares de las ciudades. Se trata de una manera de que sus pequeñas hadas estén presentes en la vida de las ciudades, cerca de las personas.

Sintonizarse de manera intuitiva con las hadas de las flores es más fácil de lo que parece, ya que la sensibilidad especial que impulsa a una persona a tener y cuidar plantas con flores es, en sí mismo, un reclamo positivo para recibir la ayuda desinteresada de las hadas de las flores.

Se dice que las antiguas sacerdotisas de la Diosa, cuando eran novicias, aprendían a comunicarse con los pajarillos del bosque ayudadas por la caléndula (estando cerca de la planta o teniendo flores de caléndula entre sus manos o en su cabello).

Ungüento excepcional. A nivel tópico, el ungüento o crema de caléndula posee propiedades curativas; por ejemplo, cura las grietas en los pezones de las madres que están dando el pecho. Con la caléndula se elabora un ungüento cuyas propiedades sanadoras son regeneradoras para la piel, ya que, por su composición, favorece la regeneración celular, además de ejercer un efecto profiláctico en la zona de la piel dañada donde la apliquemos. La caléndula es oriunda tanto de Europa como de Oriente.

Hadas violeta de la lavanda

Las hadas del linaje de las flores que están especializadas en la lavanda son expertas en la medicina de las flores, y es que la lavanda tiene un gran poder medicinal. Aunque la lavanda es una flor oriunda de Europa y del norte de África, hoy en día se cultiva en todo el mundo por su aplicación en cosmética (aceite esencial, cremas, lociones, etc.).

Las florecillas violáceas de intenso aroma se conoce con el nombre de lavanda y, en ocasiones, espliego, y es que para muchas personas y en diferentes lugares, la lavanda y el espliego se confunden o hacen referencia a la misma planta aun siendo diferentes. Esta confusión es bastante común, ya que a la lavanda se la denomina espliego común y al espliego se le llama lavándula.

La lavanda es una flor silvestre que puede crecer en cualquier parte y en las condiciones más adversas; es como si esta benévola planta nos quisiera brindar a los seres humanos su ayuda protectora para que podamos disponer de ella de una manera fácil, estando siempre cerca; allí donde está la naturaleza, estará la lavanda al alcance de la mano. Su esplendor energético se sitúa en los meses de verano, y la tradición mágica aconseja que se recoja especialmente en el día de san Juan, el día del solsticio de verano. En este sentido, el efecto protector-liberador de energías desarmónicas de la lavanda ha sido empleado desde siempre por las sacerdotisas de magia blanca para preparar las condiciones energéticas de un ritual o ceremonia. Su energía limpia, libera y transmuta cualquier energía negativa del cuerpo y del campo áurico.

Los seres del otro mundo relacionados con la lavanda son tanto hadas como elfos vinculados con los seres humanos interesados en el poder sanador de las plantas mágicas; a nivel energético, ellos conocen nuestros propósitos, intenciones, interés y agradecimiento por el poder sanador de las plantas mágicas, y precisamente por ello nos aportan a nivel intuitivo su ayuda, de ahí que la tradición antigua aconseje el agradecimiento y la bendición, e incluso dejar ofrendas en la naturaleza cuando vamos en busca de plantas silvestres como la lavanda.

Las flores de las hadas

Las flores son la belleza del reino vegetal. Además de aportar belleza a nuestras vidas, algunas de ellas son especialmente medicinales, pudiendo incluso utilizarlas deshidratadas como infusión o frescas en ensalada (las que son comestibles). Con algunas de las flores más emblemáticas se elaboran perfumes, aguas de colonia, elixires florales, tinturas, lociones, sales de baño, jabones perfumados, cremas y cosméticos de alta gama.

Como hemos visto a lo largo de estas páginas, el reino vegetal sigue un ciclo evolutivo diferente al reino humano. Sus protectores, cuidadores, los seres que velan por su crecimiento, desde una briznita de hierba a un árbol grandioso, son los llamados seres del otro mundo; en especial, las hadas son los artífices alquímicos de la belleza y cualidades de las flores.

Remedios florales. El poder sanador de las flores se debe a que, energéticamente, contienen el don sanador de la planta, sus principios activos, como bien sabe la fitoterapia y los insectos que las polinizan. Este poder lo transfieren al agua mediante infusión solar. El doctor Edward Bach investigó y comprobó su poderoso e inocuo efecto con sus remedios florales a través del método de infusionar flores-agua-sol, para que los principios activos de la flor, energéticamente, transfirieran su poder al agua expuesta a la luz directa del sol. Aunque este método de medicina natural, sencillo y poderoso, fue validado por el doctor Edward Bach, su validez y eficacia no fue aceptada por la OMS (Organización Mundial de la Salud) hasta el año 1976.

Más que un adorno. Reconocer la belleza de una flor es reconocer el trabajo energético de un hada de las flores cuya entrega está en todo lo relacionado con la planta y especie a la que pertenece, desde su raíz, tallo, hojas, semilla, fruto, etc.

En tu altar para las hadas de las flores puedes colocar flores naturales, flores secas, fotografías de flores, dibujos o imágenes de hadas de las flores, figuritas de las hadas con flores, etc. Las flores poseen una energía vital poderosa. La emiten aunque estén deshidratas o secas, y sólo la pierden cuando empiezan a marchitarse y comienza su proceso de descomposición, por lo que no conviene tener flores cortadas en casa cuando empiezan a marchitarse. Como ya se ha comentado, cuando la flor se marchita, el hada se integra en su elemento y sigue evolucionando en su camino. Lo único que puede dañar a una flor y a las hadas de las flores es el desprecio, la agresión, la destrucción de las flores. Si puedes cultivarla en maceta, hazlo, cuida de ella, ponle música, háblale, tenla en cuenta... Es un ser vivo y sensible. Lo único que daña a una flor es el desprecio, la violencia, la agresión o la maldad. Al cortar una flor se alivia a la planta para que siga produciendo más flores. Tener flores cortadas en casa es homenajear a las hadas que las cuidan al llevarlas y cuidarlas en nuestro hogar para embellecerlo. Lo demás son prejuicios y supersticiones. La flor es la obra maestra de un hada; tenerla en casa es reconocer su entrega y dedicación.

Tu flor preferida

Quizá ya tengas una flor preferida; sin embargo, siempre puedes ampliar tus preferencias y descubrir otras flores por las que puedes sentir afinidad. Cuanto más sepas sobre las cualidades de las flores que te atraen, mayor resonancia tendrás con ellas y sus hadas, quienes, con su magia única y especial, te ayudarán a que conozcas más de su don sanador.

Puedes, si lo deseas, hacer fotos o recortar imágenes de tu flor o de tus flores preferidas para tenerlas a la vista. Cómprala como flor cortada (como se ha comentado, a las hadas de las flores les encanta que tengamos flores cortadas en jarrones para alegrar y embellecer nuestros hogares o nuestro altar personal; para cada flor hay una pequeña hada del color y de la suerte aportando su maravilla a nuestra vida, ya que es la máxima vinculación para una flor: que esté en nuestro hogar).

Tu flor favorita tiene un hada que sabe que es tu flor predilecta, y, de alguna manera, es tu medicina de alegría, de felicidad para tu corazón humano. Cuanto más sepas sobre tu flor o flores favoritas, más conocerás sobre las hadas, aunque sea de manera intuitiva y más conexión existirá con las hadas de las flores.

Aromaterapia

El arte de extraer el aroma de las flores es muy antiguo (se calcula que hace más de cuatro mil años); sin embargo, este tema tan amplio supera el objetivo de este libro.

La aromaterapia trata sobre cómo extraer el aceite esencial de la flor. Es una poderosa terapia natural que consta de unos cuarenta aceites básicos esenciales de flores. Pura alquimia de sanación, práctica, efectiva e inocua.

Resumen del linaje de las hadas de las flores

* Las hadas del linaje de las flores son alegres y aportan suerte y bienestar a los seres humanos a través de las flores.
* Las hadas de las flores llegaron a la Tierra más tarde que las hadas reinas o las hadas guerreras.
* Su cometido se relaciona con el color, la belleza y las cualidades medicinales de las flores.

* Las hadas de las flores suelen ser de tamaño pequeño. No se relacionan directamente con las personas.
* Su aspecto está relacionado con las flores de las que son guardianas.
* Las hadas de las flores no son hadas madrinas ni conceden deseos; sin embargo, las flores artífices de su magia de belleza y color son empleadas por las personas para desear bienestar, felicidad, alegría y amor.
* El animal emblemático de las hadas de las flores es el unicornio y sus atributos mágicos.
* Allí donde hay hadas suele haber unicornios.
* La medicina del unicornio es la de fortaleza interior.
* La energía mágica de los unicornios sana la desesperanza.
* Los unicornios se consideran la *luz del mundo*.
* El altar idóneo para las hadas de las flores se sitúa en la misma naturaleza donde crecen las flores silvestres.
* Las hadas de las flores sienten la sintonía, amor, admiración y respeto de las personas que aman las flores.
* Los niños pequeños pueden ver con facilidad a las hadas de las flores en los lugares donde abundan las flores.
* Algunas hadas de las flores son nombradas por su asociación con la flor y sus cualidades, como, por ejemplo:
  * El hada de las rosas.
  * Las hadas lila o hadas violeta.
  * Las hadas de la caléndula.
  * Las hadas de la lavanda.
* El poder medicinal de las flores se debe a que contienen en sí mismas el don sanador de la planta, sus principios activos.
* Los principios activos de las flores y su fuerza vital pueden transferirse al agua mediante el método probado y divulgado por el doctor Edward Bach.
* Lo único que daña a una flor es la violencia y el desprecio.
* Tener flores cortadas en casa, ramos de flores, flores en el cabello o en la indumentaria es una manera de admiración

y tributo a las hadas de las flores al reconocer su entrega y admiración.

* Tu flor preferida puede ser un remedio natural para tu vitalidad y alegría.

* Cuantas más cosas sepas sobre las flores, especialmente sobre las que más te gusten o prefieras por su forma, por su aroma o por su belleza, más irás aprendiendo sobre las cualidades especiales y únicas de las hadas de las flores.

* Algunas flores son comestibles y nos sirven para preparar ensaladas o mermeladas.

* La aromaterapia es el arte de saber extraer el aroma de las flores, y hoy en día constituye una de las terapias vibracionales más efectivas a través de los aceites esenciales de flores.

Tercera
Parte

Hadas de Avalon

Avalon

Avalon es un enclave energético, mágico, real en su nivel de realidad, que ha inspirado todo tipo de relatos y leyendas a lo largo del tiempo, sobre todo en la Edad Media, con la difusión de las leyendas artúricas. Avalon significa «manzana».

Se trata de un enclave mágico que se conoce también, entre otros, con los nombres del País de la Eternidad, la Isla de la Juventud, el Reino de las Mujeres (de las mujeres del otro mundo, el mundo mágico), la Isla de las Manzanas y el País de las Hadas. Avalon fue (y sigue siendo) una isla sagrada custodiada por sacerdotisas que conservan las enseñanzas e iniciación en los misterios de la Diosa Blanca. Avalon está ubicado en otro nivel de realidad superpuesto a un pequeño pueblo en la zona de Somerset (Inglaterra), cuyo nombre es Glastonbury, *el Lugar del Cristal Brillante.*

Al salir el Sol, cada mañana, Glastonbury está rodeada de las legendarias nieblas de Avalon. La leyenda dice que es en ese momento, cada día, cuando Avalon se separa del mundo visible y cierra sus puertas a todo aquel cuyo corazón no es tan puro como el de un cristal. Desde siempre, los que viven allí, a medio camino entre el Avalon sutil y el Glastonbury físico, llaman a estas nieblas matutinas la Dama Blanca... pues se cree que es a estas horas cuando la Diosa, las sacerdotisas, las druidesas, Morgana y todas las hadas pasan por unos segundos el umbral dimensional y bendicen con su fuerza, su magia y su poder a todo aquel que está en Glastonbury-Avalon, ya sea un lugareño, un peregrino, un místico, un aventurero, un religioso, un turista, un hombre, una mujer o un niño. Y es por eso por lo que, en la mayoría de hogares de Glastonbury, a modo de bienvenida, se puede encontrar esta frase en sus puertas: «Que el espíritu de Avalon te acompañe».

Glastonbury es considerado hoy en día como uno de los lugares de poder más emblemáticos para el despertar de la conciencia y de la consciencia de la llamada Nueva Era. Glastonbury es un lugar especial por ser la contraparte física y material de Avalon, donde resulta más fácil ver, sentir y entrar en contacto con las hadas de Avalon (hadas de todos los linajes) precisamente por la proximidad de este enclave especial.

Pero antes de hablar de las hadas de Avalon, también llamadas reinas de Avalon por su vinculación con las sacerdotisas de la Diosa en los tiempos del matriarcado, vamos a recordar lo que distingue a un lugar de poder.

Lugares de poder

Los lugares de poder son aquellos sitios de la Madre Tierra que poseen, de manera totalmente natural, puntos telúricos de fuerza altamente energéticos constituidos por las llamadas líneas ley y líneas Wird. Éstas son corrientes energéticas y telúricas que circulan por el interior de la Tierra. Estas líneas telúricas, que hoy en día pueden medir los sensores y los medidores de alta tecnología, rodean la Tierra, y ya en el siglo XIX, se empezó a divulgar el hecho de que, de manera inexplicable, los pueblos antiguos paganos y celtas conocían la existencia de estos sitios altamente energéticos y los utilizaban como lugares sagrados para

erigir sus construcciones megalíticas, por lo general círculos de piedras, y realizar allí sus rituales y ceremonias. Estas líneas energéticas están, además, unidas entre sí formando una especie de malla o red que une otros lugares sagrados y su energía, como, por ejemplo, algunas colinas, cumbres, pozos, manantiales, etc. Incluso hay especialistas que afirman que se trata de patrones de geometría sagrada a modo de flor de la vida interna de la Tierra.

Los especialistas en geobiología afirman que un punto denominado Wird es el que abarca la intersección de al menos siete líneas ley. De entre todos los lugares poderosamente energéticos de Glastonbury, en la llamada colina del Tor abundan más líneas ley, por lo que, además, se le considera un punto energético Wird. A este tipo de lugares energéticos o líneas ley se les llama también líneas del dragón. Ésta es una antigua denominación, ya que, antiguamente, el dragón era considerado un protector del camino espiritual.

La línea telúrica llamada del dragón atraviesa gran parte de este planeta; va desde Pune, en India, y lo atraviesa en línea recta hasta concluir en Tor. Las líneas ley son puntos de intersección idóneos que unen la realidad material con la realidad llamada del otro mundo, el mundo de los seres etéreos, Avalon, donde están las llamadas hadas o reinas de Avalon, por lo que es importante tener en cuenta la importancia de estos lugares tan altamente energéticos, su poder, su fuerza y su capacidad facilitadora para comprender la maravilla de por qué Glastonbury y Avalon son enclaves de hadas y del legado de la Diosa.

En ocasiones, las líneas ley se representan como líneas ondulantes, serpentinas. Por este motivo, la mayoría de entidades o figuras femeninas adoradas por las tradiciones y las religiones son portadoras de serpientes (por lo general bajo sus pies), lo que indica el lugar donde la fuerza terrestre es poderosa. Asimismo, la energía llamada *kundalini* se representa por medio de una serpiente enroscada que, cuando se yergue, puede activar y potenciar todos nuestros centros vitales o *chakras,* que, al llegar hasta el entrecejo, abre la percepción y visión interna del llamado tercer ojo. La serpiente es el símbolo de la medicina, de la sanación, y también simboliza la electricidad, el magnetismo, la fuerza y energía de las corrientes terrestres: las corrientes telúricas propias de enclaves especiales o lugares de poder.

La fuerza de un lugar de poder

El poder de un lugar de este tipo lo constituyen las frecuencias vibratorias o confluencia de irradiaciones únicas que lo caracterizan y que sólo se dan en ese sitio en concreto por entrar en resonancia con nuestra aura o campo vibratorio cuando nos encontramos físicamente en él. En este sentido, cada lugar de poder es diferente a otro como distintas son también las posibles sensaciones que podemos experimentar cada uno de nosotros en un mismo lugar de poder: no todos los lugares de poder sintonizan por igual con todas las personas. En un mismo lugar de poder, una persona se puede sentir alegre, mientras que otra puede entrar en trance y recordar vidas pasadas, y otras pueden canalizar, visualizar, sentir a los seres del otro mundo como algo natural. O también puede ocurrir que otra persona no note ni sienta nada especial. En estos lugares especiales se puede sentir afinidad, amor, rechazo, atracción, repulsión, indiferencia, etc., dependiendo de la vibración personal, la creencia, la intención, la sensibilidad, la información o la expectativa que se tiene con dicho lugar de poder. En general, la energía de un lugar de poder es muy elevada, aunque hay que tener en cuenta que elevada no quiere decir ni positiva ni negativa, sino poderosa.

Lo que siente cualquier persona que va a un lugar de poder, sabiendo que se trata de un lugar sagrado y especial, es la *fuerza* que hay allí, y cada una la experimenta y la interpreta de un modo subjetivo.

Los llamados lugares de poder pueden estar al aire libre: un círculo de piedras, una montaña, una colina, un árbol, la entrada a una cueva, un manantial, una pirámide, un valle, etc., o en el interior de una estructura: un templo, una construcción religiosa ubicada en un antiguo enclave de poder, una pirámide, una casa, una habitación, un altar personal de meditación, etc. Los lugares de poder son, en su mayoría, capacitadores.

Capacitadores: lugares de gran poder energético

Estos enclaves altamente energéticos son zonas que marcan, determinan, señalan y definen a los lugares de poder en sí mismos, convirtiéndolos en sitios sagrados como Stonehenge, Averbury o Glastonbury, por ejemplo, con una gran concentración de energía sutil y espiritual, donde el poder de la Madre Tierra invita a la paz y al silencio interior. Se trata de lugares capacitadores (capacitan, facilitan, ayudan) para fortalecer tu poder personal, expandir tu consciencia y tu conciencia, equilibrar tus centros vitales (*chakras*), acceder a estados alterados de conciencia de manera totalmente natural y poder ver, sentir y saber desde la verdad del corazón.

Enclaves sagrados. Los lugares de poder suelen denominarse también lugares sagrados. Son sagrados porque en ellos podemos elevar nuestra energía, porque facilitan los cambios que podemos necesitar y porque en ellos se produce una apertura tanto de la mente como del corazón, donde podemos tener acceso a la comprensión de muchas cuestiones tanto materiales como espirituales de nuestro camino personal.

En estos lugares especiales podemos sanar antiguas o recientes heridas de recuerdos o experiencias dolorosas y abrir otras posibilidades de destino. Son sitios donde puede desbloquearse, activarse o fortalecerse información celular de tu ADN ancestral, sobre todo si desde siempre, o desde hace un tiempo, sientes un vínculo especial por las hadas. La energía de estos lugares considerados sagrados, su configuración, posee un patrón electrónico especial.

Patrón electrónico

El patrón electrónico es el conjunto de energías características únicas de una persona (su resonancia única), un objeto o, en el caso que nos ocupa, un lugar de poder, de las que se ha impregnado y vinculado cada cosa relevante que hay allí, ya sea un árbol, una planta, una flor, y, por añadidura, una persona que se encuentre allí físicamente, sobre todo si es consciente de que se halla en un lugar de poder, en un sitio especial, porque si tan sólo le mueve la curiosidad propia de un turista, sólo sentirá que es un lugar idóneo para hacer turismo, y, en la mayoría de ocasiones, ni siquiera percibirá nada especial.

Algunos lugares emblemáticos de Glastonbury

La cercanía energética de Avalon con Glastonbury contribuye de manera extraordinaria a que resulte más fácil que en ningún otro lugar estar en sintonía con la realidad de las hadas. Cada uno de los enclaves (en-clave = llave) que a continuación se describen es en sí mismo un lugar de poder para poder sentirlas, visualizarlas y, en ocasiones, incluso verlas con los ojos abiertos y recibir sus mensajes, sus bendiciones y sus iniciaciones. A veces es posible fotografiarlas. Y no de forma metafórica, sino muy real y práctica, basada en mi propia experiencia personal (la mayoría de mis novelas de temática celta las he escrito o han sido gestadas allí). En este sentido, durante veinte años he dirigido meditaciones, rituales y ceremonias, y todas las personas que han formado parte de estos viajes han compartido muchas veces experiencias coincidentes con respecto a las hadas y las sacerdotisas de Avalon. Por supuesto, en estas páginas se incluye el modo en el que puedes sintonizarte en estos lugares especiales cuando estés físicamente en alguno de estos enclaves tan energéticos y especiales de Glastonbury.

Chalice Well

Si en Glastonbury hay un rincón donde pueda palparse la magia de las hadas, la realidad de las sacerdotisas guardianas de Avalon, éste es el pozo del cáliz, el Chalice Well. Es, además, uno de los lugares más antiguos y enigmáticos de la pequeña ciudad de Glastonbury. Su enclave, a los pies del Tor, le concede todavía más, si cabe, una enigmática y magnífica belleza. Aquí se encuentra el pozo sagrado, rodeado de leyendas, resguardado por un hermoso laurel y por un silencio gratamente sobrecogedor, acompañado de los trinos de los pequeños pajarillos que anidan en los árboles cercanos sagrados, especialmente los petirrojos.

Ni aun en épocas de duras sequías se ha secado el manantial que brota desde lo profundo en este jardín natural y cuyo flujo de agua se escucha cuando se está cerca del pozo. Este manantial nunca ha dejado de fluir (más de 100.000 litros de agua cristalina a diario, siempre a la misma temperatura, -11 °C), ya sea verano o en invierno. Su agua es del color rojo del hierro y su sabor deja en la boca un extraño sabor a sangre que proporciona toda la fuerza necesaria para seguir adelante de camino hacia la torre del Tory para comprobar sus propiedades curativas y revitalizantes.

El silencio, los tranquilos rincones, el sonido incesante del agua y el espectáculo colorido de tantas y tan variadas flores inspiran en este lugar los más bellos y nobles sentimientos hacia la grandeza de esta única combinación de magia, silencio, luz y color. Dondequiera que se posa la mirada, es posible encontrar flores de una belleza incomparable. Se sabe, por los restos arqueológicos hallados, que en este lugar ya se llevaban a cabo rituales sagrados desde la Edad del Hierro, y quizá desde mucho antes. Lo cierto es que son muchas las personas que sin tener información alguna, al llegar a estos jardines, han descrito que veían, sentían, e incluso dibujaban, a las hadas que cuidan de este lugar.

Sobre el pozo, a modo de tapa, hay un símbolo sagrado de la vesica piscis. La vesica piscis fue diseñada por Frederick Bling Bond, que además de arqueólogo era vidente y que, para realizarla, se basó en la geometría sagrada. La vesica piscis es, entre otros, el símbolo de unión de las almas gemelas. Debajo de esta tapa se encuentran dos cámaras acerca de las cuales los estudiosos no se ponen de acuerdo para explicar su utilidad, pero que sensitivos y videntes afirman que, por sus dimensiones y construcción, estas cámaras, semejantes a las del antiguo Egipto en muchos sentidos, eran utilizadas para llevar a cabo rituales iniciáticos en tiempos remotos.

El agua es una constante en este jardín mágico; para beberla está la fuente de la Cabeza del León, que desciende hasta el llamado jardín del Rey Arturo. Dentro del jardín también hay un pequeño estanque donde los peregrinos, desde tiempos antiguos, ponían a remojo sus pies como un modo de tomar las aguas sanadoras.

Hoy en día, el Chalice Well, también conocido como el Jardín de las Hadas, es cuidado y mantenido a nivel privado por la Fundación Chalice Well, que es una entidad benéfica cuya función principal, además de organizar eventos relacionados con las tendencias más vanguardistas del crecimiento personal en Glastonbury, es mantener este lugar maravilloso y mágico, que, por supuesto, puede ser visitado tanto a nivel individual como en grupo.

Colina del Tor

El Tor está ubicado en una colina de Glastonbury. La palabra Tor significa «torre» en gaélico. Mide casi doscientos metros de altura y puede verse desde cualquier lugar de poder de Glastonbury. Esta torre formaba parte de un monasterio de la Edad Media que se vino abajo por un terremoto acaecido en el año 1275. Casi cien años después se volvió a reconstruir y, como antaño, se le dedicó al arcángel Miguel. Desde la cumbre de esta colina se erigió el Tor, desde donde se puede acceder a Avalon, tanto a nivel mágico, si se sabe cómo abrir el portal energético, como en estado meditativo, estando allí físicamente, para que se realice en acople energético con la magia del lugar, y desde la capacidad multidimensional del cerebro, para que el corazón recuerde el vínculo con la isla sagrada de las sacerdotisas de la Diosa y las hadas de Avalon, las hadas reina. Desde siempre se ha creído que esta colina estaba custodiada por dragones, y se sigue manteniendo la creencia de que en su interior sigue habitando el gran dragón dorado. El hecho de que se creyera en estas criaturas fue el motivo por el que el catolicismo bautizó a la torre como torre del arcángel Miguel (y su versión como san Jorge, que *mata dragones,* por asociarlos al diablo), ya que deseaba que las personas temieran y olvidaran la existencia real o imaginaria de los dragones, afirmando que el arcángel san Miguel se aparecía para aniquilarlos. Y así, la gente empezó a temer lo que hasta entonces se había vivido de manera natural, y la realidad y protección extraordinaria de los dragones pasó a ser algo sobrenatural, peligroso y olvidado.

Antes que a Miguel Arcángel (el santo fue otro invento del catolicismo), este punto telúrico tan poderoso estaba consagrado a una deidad celta, el dios de la fertilidad Bel, de donde procede el nombre todavía hoy en uso Beltane, las festividades en honor a la madre, la Diosa, el fuego sagrado y la fertilidad de las cosechas.

Antiguamente, cuando las sacerdotisas y las hadas de Avalon se relacionaban con las personas, había enclaves en los que gobernantes celtas como el rey Gwyn ap Nydd celebraban ceremonias y procesos iniciáticos. El condado de Somerset (el lugar del verano, que también puede traducirse como «el lugar de los sumerios», procedentes del planeta Sirio) tiene como símbolo el dragón rojo. Además, el nombre Gwynn significa también «dragón rojo».

Cuenta también otra leyenda que Avalon-Glastonbury está guardada por dos dragones, uno rojo y otro blanco, que viven bajo tierra, en otra realidad. Y precisamente por esta torre dedicada al arcángel Miguel pasa la línea telúrica del Dragón. Esta torre tiene dos arcadas, una de entrada y otra de salida. Desde allí se ven cada mañana las nieblas de Avalon, el enclave donde estuvo Camelot, el montículo donde plantó su cayado José de Arimatea (la llamada colina de la Ballena, Wearyall) y los jardines del Chalice Well.

Lo cierto es que la colina del Tor es un túmulo artificial creado en tiempos prehistóricos para llevar a cabo rituales y ceremonias. En su cima se colocaron piedras paramagnéticas formando un círculo, y se realizaban cantos y ceremonias por la paz y la concordia. Las piedras, llamadas piedras azules, de la misma enigmática procedencia que las de Stonehenge, fueron derribadas con la llegada del fanatismo religioso. Dicha colina está constituida por un camino ritual creado con fines iniciáticos por los druidas y druidesas: fue concebido como un laberinto y se denominó el laberinto de la Diosa. Era, y sigue siendo, un camino de recorrido circular escalonado en siete niveles para realizar una meditación activa mientras se asciende a la cumbre, al encuentro del propio interior, estando en movimiento, llegando al centro de uno mismo, sintiendo y regresando renovado una vez que se alcanza el centro, donde se encontraban las piedras colocadas en posición vertical y en cuyo centro está ahora el Tor. Actualmente, y visto desde arriba, el laberinto de la Diosa, la colina, tiene forma de vulva, y justo en su centro se halla la torre como símbolo receptivo de las fuerzas cósmicas. En el centro de la torre, desde su interior, se siente, e incluso se puede palpar, una energía fuerte y amorosa procedente del cosmos. Este laberinto tiene siete niveles (siete círculos de ascenso en espiral), un número iniciático, mágico y especial para el ser humano y sus ciclos de vida.

El Tor, la colina, el laberinto de la Diosa es uno de los lugares más mágicos del planeta Tierra y de los más antiguos.

Abadía de Glastonbury, huerto de los manzanos

La abadía de Glastonbury se encuentra enmarcada dentro de un recinto de casi catorce hectáreas y alberga un micromundo donde se palpa en el aire toda su historia y leyenda. En el año 704, bajo el mandato del rey Ine, se construyó en este paraje una iglesia en honor a san Pedro y san Pablo, y este centro de culto se convirtió en el monasterio más rico y visitado del país.

Se sabe que san Dunstán fue abad entre los años 940 y 956, y que un incendio devastador destruyó casi por completo el edificio en el año 1184. Sus posteriores abades la reconstruyeron con la ayuda de donaciones hasta que, con el reinado de Enrique VIII y sus malas relaciones con la Iglesia de Roma, cesaron los donativos y cuidados tanto para esta como para otras fundaciones. Se ensañaron sobre todo con la abadía de Glastonbury, llegando incluso a asesinar, por decreto, al abad de la época, Richard Whiting. Fue Thomas Cromwell quien mandó ejecutarlo brutalmente acusándolo de alta traición al rey. Resulta anecdótico que un año más tarde, el propio Thomas Cromwell también fuera acusado de alta traición y ejecutado.

La abadía, así como Glastonbury, Avalon y los druidas y druidesas, quedaron en el olvido hasta el siglo xix con el resurgir de las leyendas artúricas. De alguna manera, fue Arturo, el Grial y la Dama del Lago (un hada de Avalon del linaje de las hadas de agua) quienes impidieron que las ruinas de la abadía y la magia y herencia de Avalon fueran destruidas y olvidadas, pues la inspiración de poetas, escritores, pintores y personas sensibles trajeron de nuevo al presente todo el poder de Avalon, y así hoy en día podemos visitar esta abadía y sentir toda la grandeza de un lugar que un día fue esplendoroso y a día de hoy sigue siéndolo aunque esté en ruinas.

Fue en 1911 cuando unos monjes difundieron la noticia del hallazgo casual de la tumba del rey Arturo y Ginebra debajo de una piedra en la que encontraron una cruz de plomo con la siguiente inscripción en latín: «Aquí yace el rey Arturo de la isla de Avalon». Estos restos se trasladaron a una tumba de mármol negro frente al altar principal de la abadía, justo donde hoy en día hay un letrero con la inscripción que se muestra en la fotografía. En la actualidad, la abadía pertenece al fideicomiso diocesano de las ciudades de Bath y Wells (ambas cercanas a Glastonbury).

Dentro del recinto de la abadía, se encuentra el antiguo huerto de manzanos de las sacerdotisas de la Diosa, que sigue siendo magnífico y conservando toda su magia y poder como enclave de conexión con las hadas de Avalon.

Colina de la Ballena, Wearyall

En la cima de esta pequeña colina, se encuentra el llamado espino blanco de Glastonbury. El espino blanco es uno de los árboles preferidos por las hadas, y desde este lugar de poder, al entrar en meditación, se convierte en uno de los enclaves más poderosos para sentirlas y visualizar a las hadas de Avalon. Recibe el nombre de colina de la ballena por su semejanza con la forma de dicho cetáceo cuando se observa desde la lejanía. El espino de Glastonbury, como no puede ser de otra manera, también posee su propia leyenda. Se le atribuye a José de Arimatea, tío de Jesús, que plantara su cayado sobre la colina Wearyall cuando pisó tierra firme al llegar a Glastonbury por primera vez, ya que se cree que visitaba este lugar con relativa frecuencia para estar en contacto con las enseñanzas de los druidas y druidesas, y también para comprar el estaño que empleaba en la fabricación de puertas de madera junto a José, padre de Jesús.

En aquellos tiempos, Glastonbury se encontraba rodeado de marismas, y se afirma que fue dicho cayado el que floreció dando lugar al espino blanco. Lo cierto es que este espino, que hoy en día se conoce como el espino de Glastonbury, es originario del Líbano, y su nombre en latín es *Crateagus monogyna praecox*. Este espino ha sufrido varios daños a lo largo del tiempo, hasta que finalmente sólo queda el tocón del magnífico árbol, que fue rodeado por un círculo metálico, donde los peregrinos que siguen llegando al lugar dejan sus ofrendas en forma de cintas de colores. Hoy en día se conservan algunos retoños de este espino, como el que en la actualidad se encuentra en la misma colina, el del jardín de entrada de la parroquia de San Juan, en el centro de Glastonbury, y otro más que se halla en el recinto de la abadía de Glastonbury.

Lugares de poder femeninos

Cualquiera de los lugares ubicados en Glastonbury son, en sí mismos, lugares de poder de resonancia, con cualidades y atributos femeninos que facilitan el acceso a la realidad de las hadas de Avalon. En este sentido, cada conexión, cada meditación, cada canalización que se lleve a cabo allí será una experiencia personal sagrada y única.

Las experiencias sagradas en lugares de poder femeninos se viven dentro de uno mismo como si se gestara algo, es decir, no le ocurre nada a uno, sino que sucede en uno mismo, o, dicho de otro modo, todo cuanto le sucede a uno no le sucede a él, sino en él, lo que significa que no se trata de un proceso externo, sino interno. En los lugares de poder femenino, las experiencias se viven y sienten dentro de uno mismo, literalmente como si se tuviera que gestar algo y dar a luz a ese algo, con independencia de si se es hombre o mujer. No se trata de revelaciones, sino de procesos, y un proceso, como un embarazo, implica un orden, un protocolo necesario: hay que concebir, gestar y dar a luz. A uno mismo. Se afianza la conexión con la realidad de las hadas y con el legado de la Diosa.

Avalon en el corazón

En Glastonbury, en sus enclaves de poder de acceso a la realidad de Avalon, la experiencia personal sagrada se vive a través de un sentimiento y sensación de que en el corazón, en la emoción y en la mente se está gestando algo a lo que se tiene que «dar a luz»: un cambio, un nuevo inicio, un final de ciclo, un principio de ciclo, un nuevo enfoque de vida. Se trata de cosas que pueden ser diferentes para cada persona.

En cada uno de los lugares descritos se establece para siempre el vínculo con la realidad de las hadas de Avalon; el campo áurico queda impregnado y vinculado ya para siempre con dicho lugar. Es como si ya se dispusiera de la llave de acceso para siempre más allá del tiempo y del espacio. Al estar allí físicamente, es posible tener un sentimiento especial por todos los lugares emblemáticos de la realidad de las hadas de Avalon, o puede que la preferencia personal sintonice mucho más con uno o dos de ellos, ya que, como se ha comentado en varias ocasiones, no todos los lugares de poder resuenan de la misma manera para todas las personas. Por ello es importante sentir dicha resonancia con la propia percepción.

La atención en un lugar de poder

En Glastonbury, la magia flota en el aire, sobre todo en los lugares especiales de los que se ha hablado por el hecho de ser emblemáticos como lugares de poder. Y hay donde elegir, aunque también es posible decantarse por todos, ya que, además, unos se hallan muy cerca de los otros. Sin embargo, una vez allí, propongo una serie de preguntas que deben formularse después de elegir el lugar, ya que todos ellos se encuentran en la naturaleza. Se trata de una serie de preguntas que es necesario contestar desde el corazón, con los ojos abiertos o cerrados; incluso es posible llevar un cuaderno especial de conexión con las hadas para ir tomando notas de nuestros sentimientos y sensaciones:

* ¿Cómo te sientes en este lugar?
* Escoge un lugar donde sentarte cómodamente. Déjate llevar por tu intuición.
* ¿Cómo es tu estado físico y anímico en este momento?
* ¿Qué es lo que más te atrae o te resuena de este lugar?
* ¿Qué ruidos o sonidos percibes en este lugar con los ojos abiertos?
* ¿Y con los ojos cerrados?
* ¿Cómo es para ti el aroma de este lugar?
* ¿Cómo sientes el suelo, la tierra de este lugar?
* ¿Te sientes bien recibido en este lugar?
* ¿Qué dice tu mente?
* ¿Qué dice tu corazón?
* ¿Sientes paz, alegría, bienestar?
* Aguza tu percepción: ¿sientes calidez, bendición, bienestar, neutralidad, frío, incomodidad?

Una vez definido el primer contacto con la energía de cada uno de estos lugares de poder y tras decidir dar un paso más, porque así se ha sentido, el siguiente paso será establecer la conexión con la realidad de las hadas de Avalon.

Cómo entrar en resonancia con un lugar de poder

En cualquiera de los enclaves citados donde nos sintamos como en casa, nos resultará fácil sentir, visualizar, canalizar e incluso ver las hadas del lugar del que son guardianas, y, con la práctica, sobre todo estando allí físicamente, a las hadas de Avalon. Es importante tener en cuenta la importancia de estar en persona como mínimo una vez, ya que es la manera más auténtica, fácil y sencilla para que el campo bioenergético, el aura, se configure con la resonancia del lugar, sobre todo cuando se haya sentido por cuál o cuáles de ellos, a nivel personal, se siente más afinidad, y esta vinculación permanecerá para siempre y se podrá rememorar y establecer cuando se desee en cualquier otro lugar que resulte igualmente especial, como, por ejemplo, en nuestro hogar frente a nuestro altar personal de meditación.

Quizá ya se disponga de un método para sintonizar con un lugar de poder. En caso afirmativo, hay que seguir utilizándolo, ya que los pasos están pensados para esta finalidad; en caso contrario, es posible seguir las siguientes indicaciones:

* Siéntate lo más cómodamente posible en el lugar elegido, aunque también es posible permanecer de pie, si lo deseas. Lo importante es que te encuentres cómodo. La mejor posición es sentado, ya que la columna estará recta y la visión y percepción interior estará más estimulada para visualizar con más facilidad.
* Cierra los ojos. Respira el *prana* de este lugar tan especial.
* Aguza tu percepción: siente el aire, el aroma, los sonidos que hay a tu alrededor. Toca con las palmas de las manos el suelo, el aire... la energía del lugar. Abre los sentidos internos. Hazte afín con el entorno. Bendice desde tu corazón este lugar y da las gracias por estar aquí.
* Imagina o visualiza todos tus *chakras* iluminados con sus colores energéticos correspondientes.
* Visualiza cómo desde la cabeza desciende un haz de luz blanca que, a modo de baño de luz, fortalece todo tu contorno áurico. Siente cómo te rodea y cómo te encuentras dentro de él.
* Pide ayuda de guía y conexión a tus guías más elevados en la luz.
* Da las gracias y bendice a las energías del lugar por su colaboración.

* Comunica desde tu sentimiento tu propósito de conexión con las hadas de Avalon.
* Si lo deseas, realiza una ofrenda: puedes ofrecer pétalos de flores, semillas o algún cristal o piedra que hayas llevado contigo para la ocasión, un canto, una danza, el sonido de un tambor, de un cuenco o de algún instrumento musical...
* Si ya sabes y sientes con que hada reina de Avalon te gustaría tener una conexión, ahora es el momento de realizar tu petición: invócala y exponle el motivo por el que quieres sintonizar con ella, con tus propias palabras, desde tu sentimiento.
* Puede que sientas o visualices una especie de brillo o de luz y que, poco a poco, la vayas viendo desde tu percepción interna.
* Confía.
* Sabrás cuándo ha finalizado la conexión porque ella misma te lo confirmará.

Después de que la conexión haya finalizado, hay que permanecer un poco más en este lugar y tomar nota en el cuaderno de todo lo que sea importante. Hay que recordar que aunque haya parecido real, en el momento de abrir los ojos de nuevo a la realidad física, gran parte de esta experiencia se irá desvaneciendo y muchas cosas se irán olvidando, por lo que todo lo que se anote en el cuaderno al abrir los ojos quedará reflejado de manera más real y sorprendente para cuando se lea pasado un tiempo.

Hadas de Avalon

Las llamadas hadas de Avalon son las antiguas reinas hadas vinculadas a la magia de Avalon, su legado del matriarcado y su sabiduría ancestral sobre la Diosa blanca, la Madre Naturaleza. Las hadas de Avalon pertenecen a todos los linajes de hadas, y los nombres de algunas de ellas han llegado hasta nuestros días a través de las leyendas y el folclore celta como una herencia mítica. Pero son reales. En su nivel de realidad existen, y cuando uno se encuentra físicamente en Glastonbury, en los lugares y enclaves de poder, resulta sencillo sentirlas, recibir su ayuda, visualizarlas en estado meditativo y establecer un vínculo desde el corazón, que durará para siempre si se deseas y se siente.

Hay muchas hadas de Avalon; las que se nombran aquí son sólo algunas de ellas. Lo importante es sentir desde nuestro corazón con cuál o cuáles de ellas sentimos una afinidad especial.

Brigit, «la que brilla»

Su nombre significa «brillante». También se conocía con los nombres de Brigantia, Brid, Bride, Briginda, Brigdu, Bridget y Brigid. Brigit es la entidad femenina que representa la luz de la madre divina, su fuerza creativa y el poder de la claridad que puede iluminar todo. Brigit: *la que brilla, la que te protege al abrigo de conflictos con su luz protectora.*

También fue conocida por otros nombres, la mayoría de ellos relacionados con sus atributos, dones y cualidades, como, por ejemplo, Poder y Flecha Flamígera de Poder (Breo-Saighead o Saighit). En ocasiones se la nombró como la Poeta por considerarla inspiradora de bardos, trovadores y poetas, a quienes protege e insufla el fuego sagrado de la inspiración. Es conocida también como la triple Brigit, las Tres Damas Benditas de Britannia y las Tres Madres, quizá por su ayuda incondicional a las mujeres, a las que antiguamente aconsejaba cuando se manifestaba en su visión interna, en sus sueños e incluso proyectándose ante sus ojos físicamente como una anciana, una sacerdotisa, una entidad femenina alada o una doncella, de ahí que se la nombre en ocasiones como la joven, la madre embarazada y la vieja o anciana guardiana del caldero de la sabiduría. Es decir, en su forma de triple Diosa, ella es la doncella, la mujer madura y la vieja.

Era considerada la Diosa del fuego del hogar y protectora ante cualquier guerra, y por este motivo también se llamaba Briga, cuyo significado es algo así como «guía». Sus guerreras eran las brigantes, es decir, «las guerreras que brillan». Era la protectora de los recién nacidos. Para la tradición celta, Brigit era la máxima deidad femenina, en ocasiones denominada la triple Diosa: joven, adulta y anciana, y representaba las tres etapas de la vida de la mujer.

Era venerada e invocada como la Diosa de los sanadores, los poetas y los herreros, así como del nacimiento y la inspiración. Brigit es la Diosa del fuego de la vida, del perdón, de la transmutación e inspiración. Brigit es la Diosa de la llama interior de vida, naturaleza y creación, y la guardiana del caldero y del cáliz, ya que representa el sacerdocio del Santo Grial en las enseñanzas sagradas de Avalon.

Fue invocada y venerada en Irlanda, Gales, España y Francia con diferentes nombres, como, por ejemplo:

* Diosa del fuego.
* Diosa de la fertilidad.
* La protectora del hogar.
* La protectora de los artesanos.
* La protectora de los guerreros y soldados.
* La protectora de la salud.
* La mujer del otro mundo de las artes adivinatorias.
* La que enseña los secretos de la magia y todas sus mancias.
* La Diosa de la agricultura.
* La Diosa de la inspiración.
* La Diosa de los poetas.
* La Diosa de la forja y de los herreros.
* La Diosa del amor y de los enamorados.
* La Diosa de la sabiduría y del conocimiento oculto.

Brigit tiene el poder de restaurar la dignidad, el poder femenino de cada mujer. Es considerada la Diosa del fuego tanto material como espiritual. Cuenta una leyenda que cuando nació, en lo alto del cielo se pudo ver una gran torre de fuego. Según la tradición celta, Brigit fue considerada uno de los aspectos de la Diosa Dana, asociada a la energía de Imbolc (el fuego del inicio), la primera fiesta celta del año solar.

El templo dedicado a Brigit estaba en Kildare, en Irlanda, donde sus sacerdotisas, las brillantes, mantenían físicamente la llama del fuego que la representaba. Las sacerdotisas del templo de Brigit eran siempre diecinueve, como representación del año celta. Fueron muy respetadas y temidas, y se cuenta que los romanos les pedían consejo dadas sus dotes adivinatorias. Sin embargo, el patriarcado de la Iglesia católica, al no poder destruir este culto y este «brillo», lo transformó y su templo pasó a ser un convento, y sus sacerdotisas fueron aniquiladas, quemadas o invitadas a marcharse bajo amenaza de muerte, y fueron sustituidas por monjas católicas.

La iglesia la transformó en santa Brígida alrededor del año 453 d. C., y la nombró protectora del trabajo de granja y del ganado, y preservadora del hogar, al cual protege contra el fuego y otras calamidades. Entre las numerosas leyendas que tienen a santa Brígida como protagonista (aunque, en realidad, a nivel histórico no existe documentación de que haya existido como una mujer «real»), hay una que la nombra como hija de Dubthach, un druida que la llevó desde Irlanda hasta la isla de Iona, conocida también como la isla de los druidas, para que fuera educada allí. Las sacerdotisas de Brigit fueron conocidas como las hijas vírgenes del fuego. El altar de Brigit en Kildare permaneció activo hasta el siglo XVIII, y se clausuró por la influencia religiosa de la monarquía, que ordenó que se apagara. El fuego fue extinguido por primera vez en el siglo XIII, y se volvió a encender años después, hasta que Enrique VIII ordenó la disolución de los monasterios. La hermana Mary Minchin, monja de Santa Brígida en la iglesia de Kildare, volvió a encender la llama el 2 de febrero de 1996.

Brigid representa el poder femenino de consuelo, solidaridad, fuerza, valentía y bondad. Cada mujer que la invoca en los lugares de poder de Glastonbury recibe su bendición e inspiración. La forma en la que se puede visualizar siempre es diferente, pero en cada experiencia descrita por cada mujer la coincidencia es el sentimiento de hermandad, paz y confianza que transmite en su mirada, y su aspecto casi siempre se dice que es semejante al de una maga celta, una mujer de gran poder, sabiduría y generosidad.

Gwenhwyfar, reina blanca de Avalon

Es una mujer del otro mundo, de la isla de Avalon. Es un hada reina del antiguo linaje de las hadas guerreras. Antiguamente se la llamaba la reina de las flores (mayo, primavera, Diosa de la tierra, Maia; Madre Tierra). Se pronuncia «Geinabar», y se puede traducir como Ginebra.

Pertenecía al reino de las hadas, y en tiempos antiguos, anteriores al siglo IV, podía proyectarse como una mujer casi humana para ser la consorte de hombres nobles de poder y engendrar hijos con poderes mágicos destinados a instaurar la paz y la solidaridad. Aunque esto pueda parecer pura fantasía, era un hecho bastante común en los tiempos antiguos del matriarcado, cuando no existía el lenguaje escrito, por lo que este tipo de acontecimientos sólo han llegado a nuestros días en forma de cuentos y leyendas. Pero toda leyenda tiene un origen verdadero.

En la leyenda artúrica nos hablan de ella; sin embargo, los relatos copiados de textos y dialectos antiguos fueron traducidos como buenamente se pudo, perdiendo en cada traducción el auténtico significado de su rol originario: las mujeres del otro mundo pertenecen a otro nivel de realidad, no les afecta la ley del tiempo, es decir, no envejecen, y no pertenecen ni siguen las leyes y costumbres humanas. O sea, no se comportaban como esposas, madres o hijas humanas. Incluso su aspecto era distinto, más sutil, más etéreo. Éste es el motivo por el que a Gwenhwyfar se le atribuyen comportamientos inmorales o desleales, como estar casada con Arturo y serle infiel al tener como amante a Lancelot. Algunos autores y poetas románticos la han descrito como un hada hecha de flores.

Gwenhwyfar sigue siendo un hada reina vinculada a Avalon. Su presencia se puede sentir especialmente en el Chalice Well, y puede ser invocada si se necesita ayuda, guía, consuelo o comprensión en las heridas del corazón, en los recuerdos sentimentales de experiencias dolorosas o limitadoras. Ella, que tantas heridas de este tipo experimentó en la vida humana, entiende muy bien los laberintos emocionales en los que las mujeres nos enredamos en ocasiones, y su ayuda siempre es beneficiosa. Sobre todo porque sus mensajes y sus canalizaciones se enfocan en que la persona se haga preguntas clave para comprender y pasar página en asuntos sentimentales. Ésa es su especialidad.

Airmid, hada reina de las plantas que curan

Airmid es una mujer del otro mundo perteneciente al linaje de los Thuata de Dana (la tribu de la Diosa Danu o Dana) que habitaron las tierras de Irlanda en tiempos muy remotos, y de los que apenas se sabe nada más allá del folclore y las leyendas celtas que narran su historia y naturaleza mágica adaptándola siempre a las tribulaciones propias de la realidad común y humana. Su vínculo con Avalon está relacionado con las hadas del linaje de las flores.

El legado de Airmid es un códice (extraviado) de los poderes sanadores de las plantas que curan. Es una de las hadas reinas de Avalon que nos puede instruir si nuestro interés es el de conocer los secretos alquímicos de las plantas y las flores sanadoras. En los tiempos del matriarcado instruía tanto a mujeres humanas como a las hadas. Airmid está muy vinculada tanto a Avalon como a las tierras sagradas de la Diosa, y principalmente a las islas de Iona y Môna.

Ella conoce todos los secretos de las plantas y las flores sanadoras como remedios naturales para recuperar y fortalecer la salud física y anímica. Se puede contactar con ella o pedir instrucción a través de estados meditativos en cualquiera de los enclaves descritos como lugares de poder de Glastonbury, en especial en el Chalice Well.

Hada reina de la noche, Diosa cuervo

Algunas hadas del linaje de las guerreras se llaman hadas de la noche y Diosa cuervo, como, por ejemplo, Morrigan y de Catwbodua. De hecho, el nombre de la Diosa celta Morrigan significa «reina de la noche». Son hadas reinas protectoras de la energía y el legado matriarcal de las tres islas sagradas de la Diosa: Môna, Iona y Avalon. En algunas narraciones se la denomina Badbcatha, que al igual que las demás mujeres hadas cuervo del otro mundo, puede transformarse en cuervo, corneja o lobo. Son hadas guerreras afines a Avalon cuyo cometido principal es el de proteger a toda peregrina (principalmente) o peregrino que encamina sus pasos hacia Glastonbury / Avalon.

En la mayoría de ocasiones, cuando se está en Glastonbury, sobre todo en los lugares que se describen como enclaves de poder, cuando se ve un cuervo, ella, la reina de la noche, el hada cuervo, está presente y envía un mensaje claro: «Cuenta conmigo. Te estoy ayudando. Todo saldrá bien, lo que te preocupa se va a solucionar y te traerá gran enseñanza. Confía. Sé valiente».

La reina de la noche, el hada cuervo, es una de las mujeres del otro mundo que sigue activa en la ayuda a mujeres humanas proyectándose como una mujer, por lo general con aspecto de anciana. Este hecho se conoce desde tiempos antiguos, y en algunos relatos se la llama Bansee, y aunque puede asemejarse a un cuervo que aparece de la nada o en lugares donde no suele haber cuervos, su forma preferida de manifestarse es bajo la forma de una anciana que se cruza en el camino puntualmente y que nunca más vuelve a aparecer. Este encuentro está relacionado con una prueba para averiguar el buen corazón, la bondad, la precaución, la solidaridad, la generosidad o los prejuicios de la persona. Nunca hay que menospreciar ni rechazar a una vieja sonriente, puesto que puede ser una Bansee, con independencia de que se presente en el supermercado, en la calle o en la naturaleza, o incluso en las callecitas de Glastonbury. Hay que fijarse especialmente en su mirada, que está rebosante de bondad.

Morgana, reina de las hadas

Morgana es una poderosísima y mágica hada del linaje de las hadas de agua. En este sentido, su nombre deriva de Morigena, «nacida de las aguas marinas». Es hija de la Diosa madre Modron (Diosa madre de la tierra celta-galesa) y del dios del mar celta Avallach, rey de Avalon cuando éste era un enclave más material y la sociedad humana y los seres del otro mundo se relacionaban entre sí de manera natural.

En algunos documentos del siglo xi, su nombre se atribuye a Mormorion (lenguaje antiguo bretón), que quiere decir «sirena», «hada de agua». Posee, como todas las hadas reinas de Avalon (mujeres del otro mundo), la capacidad de la transmigración y la transfiguración, es decir, puede trasladar su consciencia y su forma física a la forma de un animal y puede cambiar de aspecto físico a voluntad. También puede proyectarse como una mujer.

Morgana es una maga poderosa porque, al igual que todas las hadas reinas vinculadas a Avalon, conoce los secretos del funcionamiento de las leyes de la energía.

Como hada sacerdotisa de la Diosa, luchó para que el legado de la Diosa del matriarcado no fuera aniquilado. Así, incluso llegó a infiltrarse, en los tiempos romanos, en más de un convento como novicia y, debido a su naturaleza mágica, en ocasiones realizaba prodigios, por lo que fueron las mujeres, compañeras de los primeros conventos católicos, quienes le dieron el apodo de Morgan Le Fay (el hada Morgana).

De todas las hadas reinas de Avalon, Morgana es la más solidaria con las mujeres por ser la que más vicisitudes ha vivido como «mujer humana» por su empeño en conocer la naturaleza de sus hermanas las mujeres. Incluso hay quien afirma que hoy en día sigue «impregnando» la consciencia de mujeres de poder cuya misión de vida es fortalecer el poder personal de otras mujeres a través de libros, cursos, conferencias, sanaciones y círculos de mujeres, sobre todo a través de la canalización y/o meditaciones avanzadas, inspiración, creatividad, etc.

Morgana es una sacerdotisa suprema de la sagrada isla de Avalon que es capaz de transitar por «los corredores del tiempo», es decir, las variantes de posibilidades del porvenir. Es maga y alquimista.

Fueron los escritores masculinos quienes le inventaron una vida como hermana siniestra de Arturo, enemiga o traidora de Merlín después de haber sido su discípula, madre del asesino del rey Arturo y, por lo tanto, incestuosa, enemiga de Ginebra, bruja mala, hechicera... Todos delirios literarios.

Si tu corazón resuena con Morgana, ella misma te puede narrar su auténtica historia. Nunca dejó de existir. Es una mujer del otro mundo solidaria con las mujeres. Sigue viviendo en la isla sagrada de Avalon.

Como hada reina de Avalon, por ser la más sabia, la más benevolente, la más poderosa, la más experta y la más antigua de las hadas reinas de Avalon, se encargó de llevar a Arturo a la isla sagrada, Avalon, donde le ofreció el elixir de vida, sanó sus heridas y lo cuidó.

Arturo existió en la realidad. Fue un hombre de naturaleza mitad humana y mitad del otro mundo: su madre pertenecía al linaje de las hadas. Arturo fue un redentor cuya misión de vida era la de conciliar a los pueblos celtas y transmitir el legado de paz y concordia. Sus hazañas fueron relatadas mucho después de que se inventara el lenguaje escrito, y se mezcló realidad y ficción, pero nunca fue hermano de Morgana como dicen los cuentos y leyendas. Vivió en Camelot, enclave mitad físico y mitad mágico. La mayoría de los llamados caballeros de la Mesa Redonda también eran seres mágicos, mitad humanos y mitad seres del otro mundo.

La Dama del Lago

Los cuentos y leyendas artúricas nos dicen que su nombre es Nimue, el gran amor del mago Merlín. Su nombre celta es Niamh, y también se conoce como Vivian del Lago.

La Dama del Lago es un hada reina de Avalon, guardiana del lago. En ocasiones también se conoce con el nombre de Diosa blanca.

La Dama del Lago es una reina hada del linaje de las hadas de agua dulce. Aunque al igual que la mayoría de las antiguas hadas es un hada de linaje guerrero, sus atributos son conciliadores: es una guardiana de la paz.

En los tiempos del matriarcado se le hacían ofrendas en lugares de agua dulce como manantiales, estanques, lagos o ríos, por ejemplo, y se le entregaban armas después de una batalla como ofrenda y símbolo para que guardara la paz (se trataba de una costumbre celta de casi todos los antiguos clanes).

Junto con Morgana fue una de las hadas reinas que llevaron al rey Arturo a Avalon. Vivian del Lago es la guardiana de la espada mágica Excalibur (cuyo nombre quiere decir «fuerza eterna»), entregada por uno de los caballeros de la Mesa Redonda: sir Bedivere, tal y como le pide el rey Arturo para seguir y afianzar la antigua y sagrada costumbre celta de entregar las armas al lago, al lago sagrado.

Como hada reina de Avalon, sigue ayudando a toda persona que sigue creyendo en ella y en la magia de Avalon. Su don sanador es el del equilibrio emocional: ayuda a que la persona entregue las armas que la hieren o con las que hiere a los demás: las posibles emociones desequilibradas.

Vivian del Lago nos ayuda a las mujeres a que nuestras emociones no nos desborden, a que nuestras experiencias sean asimiladas con calma, paz y tranquilidad, a que aprendamos a fluir con cada acontecimiento, con confianza, fe y esperanza. Su enseñanza y su ayuda están relacionadas con procesos personales en los que resulta necesario que comprendamos que la vida no es una lucha. La aceptación, fluir y bendecir cada experiencia, por muy conflictiva o complicada que sea, es la clave para lograr el bienestar, el equilibrio tanto interno como externo.

Elaine, la guardiana del Grial

Elaine es una de las hadas de Avalon que pertenece al linaje de las hadas de agua y también al más antiguo de las hadas guerreras. Ella es la guardiana del Grial. También se llama la doncella del Grial.

En las leyendas artúricas, algunos autores la confunden o atribuyen su historia a Elaine de Shalotte. Y, en ocasiones, se la nombra como Elaine de Corbenic, hermana de Morgana. (En realidad,

todas las hadas de todos los linajes se consideran hermanas). La mayoría de datos los inventaron los escritores hombres de la Edad Media, que, juntos, constituyeron la leyenda épica del rey Arturo.

Elaine pertenece al linaje de las hadas guerreras más antiguas. Incluso podría tratarse de una proyección de la misma Maeve (Madre Eva), la Diosa de todas las hadas que acudieron a la llamada del espíritu de Gaia en su proyecto de gestar la vida del planeta Tierra en sus inicios, y cuyo propósito principal fue y sigue siendo que este maravilloso y azul planeta se convierta en una biblioteca energética de recursos creadores para futuros mundos y proyectos de vida. Todos los logros, hechos y circunstancias relevantes quedan grabados a nivel etérico en el llamado akasha. Ellas, las antiguas hadas, tenían como misión equilibrar la actividad de los elementos que generarían la vida en la Tierra, y su vínculo fue (y sigue siendo) a nivel evolutivo con el reino vegetal y elemental.

Elaine, la guardiana del Grial, al igual que la mayoría de mujeres del otro mundo, es un hada de agua, de agua de vida, una alquimista sagrada capaz de transmitir al agua sanación, recalificándola con la información de regeneración, de ahí sus nombres y atributos en las leyendas artúricas como portadora del Santo Grial que le permite al rey Arturo retomar sus fuerzas cuando se lo entrega Perceval. Es una de las hadas de Avalon más solidarias con las mujeres. Su medicina es el agua reparadora, y en meditaciones avanzadas (es decir, con mucha practica) es capaz de impregnar energéticamente agua sagrada, transformando el agua, informándola, convirtiéndola en la medicina reparadora que podamos necesitar para recuperarnos de nuestras heridas personales, tanto físicas como anímicas.

Igraine, hada de la prosperidad

Igraine es una de las hadas de Avalon que pertenece al linaje de las hadas de tierra. Antiguamente, en los tiempos del matriarcado, cuando las realidades mágicas y humanas estaban intrínsecamente relacionadas, muchas mujeres del otro mundo se relacionaban a nivel físico con hombres con la finalidad de que su energía quedara inscrita en el ADN de la humanidad como herencia. Este hecho, inexplicable, incomprensible e indefinible para las mentes racionales, sobre todo en una época tan antigua en la que aún no se había inventado ni el lenguaje escrito ni nada científico, se vivía de una manera totalmente natural, a la vez que extraordinaria, es decir, lo sobrenatural era vivido con normalidad. De alguna manera, los seres del otro mundo sabían que la humanidad, en su juego ignorante y peligroso de aprendizaje, necesitaría auténticos héroes y heroínas con poderes psicomágicos para que el legado de la Diosa, la concordia y la paz, no se destruyera, y los grandes secretos siempre se ocultaron delante de los ojos, abiertamente.

Estos hechos de hadas, Diosas, magos, magia y poderes extraordinarios fueron transmitidos de boca a boca, y fue y sigue siendo la inspiración de la literatura fantástica y de la ciencia ficción. Sin embargo, no se puede inventar ni imaginar algo que no haya sido real en algún momento. De esta hada de Avalon sólo se sabe que fue la esposa del duque de Cornualles, que vivió en el palacio extraordinario de Tintagel, que tuvo tres hijas, de nombre Morgana, Morgause y Elaine, y que después fue raptada por Uther Pendragón y desposada a la fuerza, y que con él tuvo a su hijo el rey Arturo. Pero la realidad va más allá de esta leyenda.

Al igual que a algunas de las demás hadas de Avalon, se le atribuyen hechos y circunstancias relacionados con las leyendas artúricas, dando por hecho que fue una mujer. Pero Igraine fue y sigue siendo una de las hadas de Avalon que siguen ayudando a todas las personas que siguen creyendo en la magia de Avalon como poderoso enclave de transformación. Igraine pertenece al linaje de las hadas de tierra, portadora de fertilidad, consuelo y alegría, así como protectora de madres y mujeres que desean ser madres, y experta en recursos de superación y en magia blanca.

Druantia, hada reina del roble

Druantia es un hada de Avalon que pertenece al linaje de las hadas de tierra. Es el hada guardiana de los portales de acceso a Avalon a través de los robles. También se conoce como la reina de los druidas y las druidesas.

Druantia inspiró a los antiguos druidas la elaboración del antiguo calendario celta, basado en la sabiduría de los árboles. En

algunos textos se la relaciona con las dríades, pero éstas son deidades griegas más recientes, no celtas.

Como hada de tierra fue una antigua instructora de los hombres y mujeres sabios, los druidas y las druidesas. La raíz de su nombre, Drus, se traduce como «puerta» y como «roble». De hecho, druida significa «hombre roble», «hombre experto en la sabiduría de los robles», por lo que fue considerada la hada reina de los druidas.

Druantia pertenece a un linaje de hadas ancestral, de los inicios de la vida en este planeta donde ni siquiera existían los seres humanos, ya que antes que los seres humanos existió el reino vegetal, cuyos seres más sabios y antiguos fueron los árboles, gracias a los cuales se pudo generar la atmosfera, el ciclo del oxígeno que permitiría que los animales y los seres humanos pudiéramos respirar.

Antiguamente se invocaba su bendición para tener buenas cosechas, para que los árboles y las plantas produjeran abundantes frutos, para que las tierras de labranza fueran fértiles, y se le hacían ofrendas para lograr embarazos y prosperidad material, dejándolas a los pies de los árboles considerados sagrados, especialmente robles y encinas, que eran mágicos para los celtas.

Druantia, al igual que la mayoría de hadas de Avalon, tiene la capacidad de la metamorfosis y puede proyectarse como una anciana, como una joven sacerdotisa, como el espíritu sabio de un árbol (principalmente roble o encina) y/o como un animal de poder.

Druantia, como hada de Avalon, es una mujer del otro mundo inspiradora de creatividad, recursos para nuevos comienzos, fuerza y poder para enfrentarse a retos y cambios. Al igual que las hadas protectoras de los árboles, son mujeres del otro mundo relacionadas con la protección de arboledas, árboles sagrados y su sabiduría. Suelen instruir a las personas que sienten un especial vínculo con los árboles, sobre todo cuando se hallan en los lugares de poder de Glastonbury.

Créditos de las fotografías e ilustraciones

Todas las imágenes de este libro proceden de la fuente libre de derechos de autor de PIXABAY, de las que consta el título de cada imagen y/o ilustración, así como el nombre de la autora o autor, tanto de las fotografías como de las ilustraciones. Las que no son de esta fuente son propiedad de la autora, tanto ilustraciones gráficas como fotografías.

Pág. 8
Cuadro propiedad de la autora. Pintado por Ana Mulet Colomer (original de color azul).

Pág. 10
Ilustración de hadas en la orilla. Título: vintage-1721911_1920. Autora: Prawny.

Pág. 16
Ilustración en color de un Hada. Título: fairy-5959929_1920. Autor: 7089643.

Pág. 46
Ilustración en blanco y negro de un hada con las alas alargadas. Título: vintage-4179487_1280. Autor: GDJ.

Pág. 53
Ilustración en blanco y negro de una madre con un bebé. Título: mother-5318282_1280. Autor: GDJ.

Pág. 55
Fotografía de un libro mágico (original en color). Título: book-1012275. Autor: Kalhh.

Pág. 57
Ilustración blanco negro de una niña con mariposas. Título: girl-5686046_1920. Autor: ArtsyBeekids.

Pág. 75
Ilustración del septagrama de la autora.

Pág. 80
Ilustración en color de un bebé en una cunita con hadas. Título: vintage-1653163. Autora: Prawny.

Pág. 124
Ilustración de una hadita con varita. Título: magic-33848_1280. Autor: Clker-free-Vector-Images.

Págs. 127, 128, 129
Dibujos de símbolos en negro de: infinito, dólar, corazón y doble círculo en blanco y negro de la autora.

Pág. 144
Ilustración a color de hadas. Título: vintage-1722368_1920. Autor: Prawny.

Pág. 152
Ilustración en blanco y negro de una casita rural. Título: sketch-5146141. Autora: Prawny.

Pág. 154
Ilustración de una mujer con ocas. Título: vintage-1653929. Autora: Prawny.

Pág. 164
Ilustración de un hada con un niño volando. Título: vintage-1721952_1920. Autora: Prawny.

Pág. 167
Ilustración en negro de una mariposa. Título: animal-2747384_1280. Autor: GDJ.

Pág. 170
Ilustración de varias mariposas. Título: butterfilies-5998777_1920. Autor: Prawny.

Pág. 182
Ilustración de hadas en la orilla del agua. Título: vintage. 1722318_1920. Autora: Prawny.

Pág. 185
Ilustración de una sirena de espaldas. Título: mermaid-5310894_1280. Autor: GDJ.

Pág. 188
Ilustración de un caballito de mar. Título: seahorse-3244196_1280. Autor: GDJ.

Pág. 189
Ilustración en negro de un caldero. Título: cauldron-41198. Autor: Clker-Free-Vector-Images.

Pág. 192
Ilustración de una sirena en blanco y negro. Título: mermaid-4391971. Autor: GDJ.

Pág. 207
Ilustración de un artilugio de alquimia. Título: steampunk-33459. Autor: Clker-Free-Vector-Images.

Pág. 218
Ilustración a color de un hada con alas de mariposa. Título: vintage-1653959. Autor: Prawny.

Pág. 225
Ilustración en blanco y negro de un ave fénix. Título: Phoenix-2773439_1280. Autor: GDJ.

Pág. 226
Ilustración en blanco y negro de un dragón. Título: dragon-3176769_1280. Autor: GDJ.

Págs. 228, 229, 230
Dibujos en blanco y negro de: sol, círculo y estrella de la autora.

Pág. 234
Ilustración en blanco y negro de una vela y abejitas. Título: candle-5180222. Autor: GDJ.

Pág. 260
Ilustración en blanco y negro del dios del viento Euro. Fuente: Wikipedia.

Pág. 261
Ilustración en blanco y negro del dios del viento Notus. Fuente: Wikipedia.

Pág. 262
Ilustración en blanco y negro del dios del viento Céfiro. Fuente: Wikipedia.

Pág. 263
Ilustración en blanco y negro del dios del viento Bóreas. Fuente: Wikipedia.

Pág. 264
Ilustración una dama elegante con flores. Título: woman-5939678. Autor: 7089643.

Pág. 265
Ilustración en negro de cuervo. Título: crow-2789537_1280. Autor: GDJ.

Pág. 272
Fotografía de un cuarzo en blanco y negro. Imagen de la autora.

Pág. 280
Ilustración recortada de un hada con reina. Título: vintage-1653156. Autor: Prawny.

Pág. 288
Ilustración a escala de un hada-elfa con colibrí. Título: fairy-2197787. Autor: thefairypath.

Pág. 290
Ilustración en negro de un colibrí. Título: animal-2727126_1280. Autor: GDJ.

Pág. 291
Ilustración en escala de grises de petirrojo. Título: red-157576_1280. Autor: OPENCLIPART.

Pág. 295
Ilustración de una niña en el bosque con un círculo de haditas. Título: dancing-4599056. Autor: GDJ.

Pág. 298
Ilustración en blanco y negro de un hada mariposa. Título: buterfly-5208089. Autor: GDJ.

Pág. 300
Ilustración de una muchacha de ojos grandes entre arbolitos. Título: art-nouveau-5319070. Autor: GDJ.

Pág. 309
Foto de la diosa Iris. Fuente: Wikipedia. Autor: Pierre-Narcisse Guérin (siglo XVII).

Págs. 310, 311
Dibujos de los colores de la autora, ya incluidos en el libro Manual de aplicación de los cuencos tibetanos (Obelisco).

Pág. 321
Ilustración en negro de un unicornio. Título: animal-2023216 _1280. Autor: Open Clipart-Vectors.

Pág. 322
Ilustración de una chica sobre un unicornio. Título: animal-1296438_1280. Autor: Open Clipart-Vectors.

Pág. 324
Ilustración de un hadita con flores. Título: fairy-2370608_1280. Autora: ArtsyBee.

Pág. 327
Ilustración de unas rosas. Título: flowers-5796927_1920. Autora: Prawny.

Pág. 329
Ilustración de una flor. Título: morning-glory-42389_1280. Autor: Clker-Free-Vector Images.

Pág. 331
Ilustración de una flor de caléndula. Título: marigold-4037651 _1280. Autor: love-vintage.

Pág. 333
Fotografía de un ramillete. Título: lavander-6109000_1280. Autor: 7089643.

Pág. 335
Ilustración de una chica con flores en el pelo. Título: vintage-5247518_1920. Autor: Emmie Norfolk.

Pág. 340
Ilustración de un hada y duendecillos. Título: vintage-1721914_1920. Autora: Prawny.

Pág. 342
Ilustración de una flor de la vida. Título: flower-of-live-1601160. Autor: NDV.

Pág. 347
Fotografía en escala de grises (original en color) de la tapa del pozo del cáliz de la autora.

Pág. 352
Fotografía en escala de grises (original en color) del cartel de la leyenda de la tumba del rey Arturo en la abadía de Glastonbury de la autora.

Pág. 360
Ilustración para Brigit. Título: background-6284805. Autor: jcoope12.

Pág. 362
Ilustración de una chica con unicornio. Título: unicorn-2099819_1280. Autor: ractapopulous.

Pág. 363
Ilustración para Airmid. Título: background-abstrac-6139733. Autor: jcoope12.

Pág. 365
Ilustración de una mujer con alas de cuervo. Título: angel-1539198_1920. Autor: Comfreak.

Pág. 366
Ilustración de una guerrera con espada. Título: fantasy-4458063. Autor: BlackDog1966.

Pág. 368
Ilustración de la Dama del Lago. Título: background-6485036. Autor: jcoope12.

Pág. 369
Ilustración de una mujer con figuras geométricas. Título: composing-5263184_1920. Autor: 1tamara2.

Pág. 371
Ilustración para Igraine. Título: forest-5961831. Autor: Schnuppe581.

Pág. 372
Ilustración para Druantia. Título: fairy-tales-4786133_1920. Autor: Schwoaze.

Pág. 374
Ilustración título: water-color-6222780. Autor: stardustpia.

Publicaciones
de Nina Llinares

Libros de Nina Llinares publicados por Obelisco
Manual de aplicación de los cuencos tibetanos
Cristales de sanación para mujeres
Oráculo de los cristales de compañía
Avalon, oráculo de conexión
Cuarzos cuánticos, maestrías atlantes

Libros publicados en otras editorales
Masaje áurico con plumas de poder (Longseller-Devas)
Niños índigo. Guía para padres, terapeutas y educadores (Kier)
Niños cristal (Longseller-Devas)
Seres de luz (Ricardo Vergara)
Cristales de sanación (Edaf)
Cuarzos maestros (Edaf)
Masaje atlante (Edaf)
Masaje atlante. Los 3 niveles de la técnica (Edaf)
Almas gemelas (Edaf)
Alquimia del alma (Edaf)
Registros akashicos. Preguntas y respuestas (Edaf)

Novelas de Nina Llinares
Rayo violeta. Historia de La-Ra
Mujeres que tejían alfombras voladoras
Atlántida-Avalon
El templo de la seducción
Avalon, sacerdocio sagrado
Avalon, el reino de las mujeres

Acerca de la autora

www.ninallinares.com

Facebook: www.facebook.com/pages/Nina-Llinares

Instagram: ninallinares1

Índice